基金项目：浙江师范大学自主设计项目《新时代乡村振兴的理论向度与实践路径研究（2009ZS02）》

乡村振兴系列丛书　　　丛书主编：朱华友

浙江省乡村产业振兴的理论与实践

朱华友　庄远红　李静雅　等 ◎ 著

中国财经出版传媒集团

经济科学出版社

Economic Science Press

图书在版编目（CIP）数据

浙江省乡村产业振兴的理论与实践/朱华友等著
. --北京：经济科学出版社，2022.5
（乡村振兴系列丛书）
ISBN 978 - 7 - 5218 - 3289 - 1

Ⅰ.①浙…　Ⅱ.①朱…　Ⅲ.①乡村 - 农业产业 - 产业
发展 - 研究 - 浙江　Ⅳ.①F327.55

中国版本图书馆 CIP 数据核字（2021）第 253954 号

策划编辑：李　雪
责任编辑：袁　溦
责任校对：王肖楠
责任印制：王世伟

浙江省乡村产业振兴的理论与实践
朱华友　庄远红　李静雅　等著
经济科学出版社出版、发行　新华书店经销
社址：北京市海淀区阜成路甲 28 号　邮编：100142
总编部电话：010 - 88191217　发行部电话：010 - 88191522
网址：www. esp. com. cn
电子邮箱：esp@ esp. com. cn
天猫网店：经济科学出版社旗舰店
网址：http：//jjkxcbs. tmall. com
北京季蜂印刷有限公司印装
710 × 1000　16 开　16.5 印张　270000 字
2022 年 6 月第 1 版　2022 年 6 月第 1 次印刷
ISBN 978 - 7 - 5218 - 3289 - 1　定价：80.00 元
（图书出现印装问题，本社负责调换。电话：010 - 88191510）
（版权所有　侵权必究　打击盗版　举报热线：010 - 88191661
QQ：2242791300　营销中心电话：010 - 88191537
电子邮箱：dbts@ esp. com. cn）

序言

乡村振兴是在新时代背景下我国农村发展的重要战略和工作部署。2005年10月，国家"十一五"规划建议要从社会主义现代化建设全局出发，统筹城乡区域发展，坚持把解决好"三农"问题作为全党工作的重中之重，实行工业反哺农业、城市支持农村，推进社会主义新农村建设。2006年2月，中央"一号文件"《中共中央国务院关于推进社会主义新农村建设的若干意见》提出要按照"生产发展、生活宽裕、乡风文明、村容整洁、管理民主"的要求建设社会主义新农村。2017年10月，党的十九大报告中提出实施乡村振兴战略。2017年12月，中央农村工作会议首次提出走中国特色社会主义乡村振兴道路。2018年1月，国务院公布《中共中央国务院关于实施乡村振兴战略的意见》。2018年9月，中共中央国务院印发了《乡村振兴战略规划（2018—2022年）》。2021年2月，国家乡村振兴局正式成立。2021年3月，国务院印发《关于实现巩固拓展脱贫攻坚成果同乡村振兴有效衔接的意见》。

乡村振兴战略要求坚持农业农村优先发展，按照产业兴旺、生态宜居、乡村文明、治理有效和生活富裕的总要求推进农业农村现代化。乡村振兴的主要目标是农业高质高效、乡村宜居宜业、农民富裕满足，主要任务是产业振兴、人才振兴、文化振兴、生态振兴和组织振兴。在乡村振兴战略中，乡村产业振兴是关键，目标是着力构建现代农业体系；乡村人才振兴是源泉，目标是着力增强内生发展能力；乡村文化振兴是灵魂，目标是着力传承发展中华优秀传统文化；乡村生态振兴是基础，着力建设宜业宜居的美丽生态家园；乡村组织振兴是保证，目标加强以党组织为核心的农村基层组织建设。

作为全国改革发展的重要窗口，近年来，浙江省深入实施"八八战略"，沿着"绿水青山就是金山银山"的路子，推进农业供给侧结构性改革，深化农村改革，全面开展农村生态文明和美丽乡村建设，农民的获得感、幸福感、安全感显著提升。为科学有序推动乡村振兴，浙江省根据《中共中央国务院关于实施乡村振兴战略的意见》《中共中央国务院关于印发〈乡村振兴战略规划（2018—2022年）〉的通知》和《中共浙江省委浙江省人民政府关于印发〈全面实施乡村振兴战略高水平推进农业农村现代化行动计划（2018—2022年）〉的通知》《农业农村部中共浙江省委浙江省人民政府共同建设乡村振兴示范省合作框架协议》，编制了《浙江省乡村振兴战略规划（2018—2022年）》。在规划的总体要求中提出"以城乡融合发展为主线，以全面深化农村改革为动力，以乡村特质发展为根本，以新时代美丽乡村建设为目标，体系化推进乡村产业振兴、人才振兴、文化振兴、生态振兴、组织振兴，加快建设乡村振兴示范省"。

浙江省乡村振兴一直走在全国前列，形成了一系列典型经验和发展模式，体现在经济、社会、文化和生态各个方面。"绿色崛起＋数字赋能"模式，如浙江省湖州市安吉县天荒坪镇余村，这里是习近平总书记"绿水青山就是金山银山"理念诞生地、中国美丽乡村精品示范村、省级"两山"乡村旅游产业集聚区核心区，是全国首个以"两山"实践为主题的生态旅游、乡村度假景区。先后获得省3A级景区村庄、省级休闲旅游示范村、省级红色旅游示范基地、全国文明村、全国美丽宜居示范村、全国生态文化村、国家4A级景区等殊荣。组织振兴模式，如浙江省武义县后陈村，在2004年建立全国首个村务监督委员会制度，成为村务民主管理的创新之举。2005年，时任浙江省委书记的习近平同志到后陈村调研，充分肯定"后陈经验"。经过多年的探索和完善，"后陈经验"逐渐成熟,先后被写入新修订的《中华人民共和国村民委员会组织法》和 2013 年、2015 年中央"一号文件",2017 年,以此为原型的《关于建立健全村务监督委员会的指导意见》发布。村务监督委员会制度已由一项"治村之计"上升为"治国之策",村务监督委员会也由自发性组织演进为农村基层组织的"标配"。文化振兴模式,如金华市武义县岭下汤村,历经八百余年,依托丰厚的人文历史承载,展示农耕文化、腰鼓、秧歌等民俗文化和民间技艺,探索发展"旅游 + 文化"的兴村之路。产业振兴模式,如丽水松阳县山头村,"村集体和村民利益共享"的联结机制催生了农村产业振兴的新业态和新模式,形成融种植、加工、观光于一体的产业链,不仅推动了当地豆制品产业以及种植业、养殖业及特色农产品产业发展,还带动了当地农村旅游业的发展。

　　浙江师范大学对农村研究有着较为悠久的历史,也有着较为深厚的积淀。2003 年 7 月浙江师范大学批准成立校级重点研究机构农村研究中心(RCC),2010 年 2 月 28 日成为浙江师范大学独立设置研究机构。RCC 致力于村域经济转型与农村可持续发展管理研究,不断践行"记忆乡村、解读乡村、服务乡村"的机构宗旨;铸造"调查固本、唯实创新,配合中心、服务基层,既定目标、雷厉风行"的机构作风;培育"自愿、合作、共赢、共担"的团队精神;长期坚持深入村落调查研究,为农村改革和"三农"发展建言献策;初步形成了"与政府密切合作,为农村改革和政策制定提供咨询,主动服务国家战略和区域经济社会发展"的机构特色。浙师大农村研究中心先后与省、部委相关机构及地方政府合作共建了 4 个研究基地,即与住房与城乡建设部政策研究中心合作设立的"村镇建设调研基地",与浙江省委、省政府农办共建的"江南村落研究基地",与浙江省农业厅和"减负办"合作共建的浙江省农民负担动态监测研究基地,同时启动了"21216 工程"(固定观察点 20 个县、100 个乡镇、200 个村、1000 个农户、60 个合作社)。浙江师范大学农村研究中心通过主办国际国内学术会议、出版学术专著、发表高级别学术论文、参与立法调研和政府政策咨询等活动,获得省以上奖励多项,被《人民日报》《光明日报》、中央电视台、人民网、光明网等媒体报道多次，形成了广泛的社会影响和良好的社会声誉。

2021年4月16日，为深入贯彻落实国家实施乡村振兴战略的重要部署，积极服务浙江省社会主义现代化先行省、共同富裕示范区建设，浙江师范大学乡村振兴研究院成立，为校级院管研究机构，是融合多学科多领域研究力量，主要从事与"乡村振兴"相关的科学研究和社会服务工作的交叉协同创新平台。业务主管部门为校科学研究院，依托经管学院管理。以学校原有农村研究中心的研究基础，汇聚力量、提档升级，整合学校社会学、法学、教育学、经济学、工商管理、文学、艺术设计、城乡规划、信息技术、生态学、环境科学等多学科领域资源，紧紧围绕乡村产业、人才、文化、生态、组织五大振兴，重点在乡村经济、乡村教育、乡村建设、乡村治理、乡村文化、乡村生态环境建设和现代农业技术生物等方面开展学术研究、决策咨询与社会服务，争取通过3～5年的建设，建成集理论研究、决策咨询、人才培养、文化传承、社会服务功能五位一体的学术高地、高端智库和服务平台。

浙江省金华市政府也十分重视乡村振兴，2021年3月18日，金华市成立了乡村振兴学院，旨在深入贯彻落实乡村振兴战略，满足农业农村发展需求及广大乡村居民的学习培训需求，打造乡村振兴人才高端智库、培养基地和实践中心。目标是将乡村振兴的理论研究和产学实践推向新的高度，为我国乡村振兴提供金华样板和金华经验。

在此背景下，我们这套浙江省《乡村振兴系列丛书》从产业振兴、文化振兴、生态振兴、人才振兴和组织振兴五个方面展开研究。相信在新时代国家政策的引领下，在浙江师范大学和地方政府的大力支持下，我们的乡村振兴研究能在实现学术贡献的同时，扎扎实实地为地方经济和社会发展服务。

此为总序。

浙江师范大学乡村振兴丛书编写组
2021年11月16日

目录
CONTENTS

| 第一章 |

绪 论

第一节 研究背景

要实现共同富裕，必须解决好我国区域经济发展不平衡问题，其重点难点在"三农"。2017 年在《中国共产党十九大报告》中正式提出，农业农村农民问题是关系国计民生的根本性问题，必须始终把解决好"三农"问题作为全党工作的重中之重，实施乡村振兴战略。2021 年 2 月 25 日，国家正式挂牌成立"国家乡村振兴局"，侧重通过城市辐射乡村、工业反哺农业的外生推力带动农村发展，日益重视农村的主体地位以及内生动力以实现农业、农村自身的发展。乡村振兴将乡村空间作为城市空间的延伸，涉及的不仅仅是农村经济、教育、卫生等几个领域，而是涵盖了经济、生态、文化、政治和社会在内的全面振兴，并提出了"产业兴旺、生态宜居、乡风文明、治理有效、生活富裕"的总目标来实现全面振兴。

乡村振兴战略是对我国优秀乡村文化的继承和弘扬。中国有长达 5000 年的历史，文化底蕴深厚。19 世纪英国工业革命之前，中华文化大多在乡村农舍、街道、田野之间流传；英国工业革命之后，农村土地大量被改造，人口急剧流失，乡村成为城市发展的原料产地和劳动力供应基地，农村带着它的文化逐渐走向衰落。据住房和城乡建设部《全国村庄调查报告》数据显示：1978～2012 年，中国行政村总数从 69 万个减少到 58.8 万个，自然村总数从 1984 年的 420 万个减少到 2012 年的 267 个，年均减少 5.5 万个。伴随着部分乡村的消失，乡村文化开始变得破碎化，很多农村地区的农民对其日积月累的乡俗、乡情逐渐淡漠。中国文化本质上就是乡土文化，中华文化的根脉在乡村。现阶段坚持乡村振兴战略，可以多角度对乡村文明进行保护与传承，对中华民族文化的传承与发展具有重要意义。

乡村振兴战略是我国实现"两个一百年"奋斗目标的坚实基础。"两个一百年"奋斗目标具体是指 2021 年全面建成小康社会，2049 年建设成为社会主义现代化国家。在此过程中，"三农"问题是不可忽视的重要组成部分。因此，在全民脱贫的新时期继续实施乡村振兴战略，促进乡村经济快速发展，推动乡村生态环境和社会治理方式的全面改善，提升乡村广大农民的综合文化素质，实现乡村人民的共同富裕，不仅能够推动农业农村现代化进程，还能推动中国建设成为社会主义现代化国家。

近年来，浙江省深入实施"八八战略"，沿着"绿水青山就是金山银山"的路子，推进农业供给侧结构性改革，深化农村改革，全面开展农村生态文明和美丽乡村建设，农民的获得感、幸福感、安全感显著提升。为科学有序推动乡村振兴，浙江省根据《中共中央国务院关于实施乡村振兴战略的意见》《中共中央国务院关于印发〈乡村振兴战略规划（2018—2022年）〉的通知》《中共浙江省委浙江省人民政府关于印发〈全面实施乡村振兴战略高水平推进农业农村现代化行动计划（2018—2022 年）〉的通知》和《农业农村部中共浙江省委浙江省人民政府共同建设乡村振兴示范省合作框架协议》，编制了《浙江省乡村振兴战略规划（2018—2022 年）》。在规划的总体要求中提出"以城乡融合发展为主线，以全面深化农村改革为动力，以乡村特质发展为根本，以新时代美丽乡村建设为目标，体系化推进乡村产业振兴、人才振兴、文化振兴、生态振兴、组织振兴，加快建设乡村振兴示范省。"

在乡村振兴战略中，产业兴旺是乡村振兴的重要基础，是解决农村一切问题的前提。随着乡村振兴战略的实施，浙江省农业农村资源要素组合利用方式发生新变化，"互联网＋""旅游＋""生态＋"深度渗透并融入农业农村发展各领域和环节，农村金融服务、物流配送、电子商务、休闲农业和乡村旅游等新产业、新业态不断涌现，产业链条持续延伸，农业功能加快拓展，农村产业融合蓬勃发展且潜力巨大。

第二节 研究意义

从脱贫攻坚的"产业扶贫"到乡村振兴的"产业兴旺"，显现出产业发展对乡村发展的重要作用。乡村振兴战略脱胎于我国城镇化进程中出现的空心化问题，而空心化、乡村衰落等问题是因为乡村缺少产业支持，难以提供就业保障，因此产业兴旺成为五大振兴首位。实施乡村产业振兴，能够实现产业发展，产业发展带动农民增收，最终实现农民富裕。

乡村产业振兴的重要意义之一在于能够实现农民富裕。乡村产业振兴能够通过两种渠道实现农民富裕，一方面乡村产业振兴坚持以农业产业为主，通过积极调整农业产业规模结构，延长农产品生产、包装、加工、销售产业链条，努力拓宽产品销售市场，壮大产业发展规模，让老百姓的钱袋子鼓起来。另一方面乡村产业振兴立足于本土特色产业，促进乡村一二三产业融合，积极发展现代制造业与服务业，以产业发展作为乡村就业的载体，发挥其稳定就业、创造就业、带动农民增收致富的功能作用。

乡村产业振兴的重要意义之二在于能够推动乡村的高质量发展。乡村产业振兴以产业发展为基础，推动乡村生态、社会、文化等方面的发展。一是不断推动乡村产业结构性改革，壮大产业规模，弥补发展短板，不断缩小城乡发展差距，提高乡村产业生产效率和产品质量。同时不断推进乡村新兴产业新业态、新模式，注重生态的可持续发展。二是以产业发展为基础，提升村民的社会意识与责任，增强社会道德感。逐步在生产生活中注重与生态环境的协调，改善与扩建乡村基础设施，提升各类公共服务水平，促进城乡融合发展，实现乡村的高质量发展与全面振兴。

乡村产业振兴的重要意义之三在于能够促进"乡风文明"进步和提升治理有效水平。乡村产业振兴战略的实施必须要坚持物质文明和精神文明共同建设，"乡风文明"重点在于提高农村精神文明建设水平，而精神文明建设是以物质文明建设为支撑的。农村经济与产业的发展并不意味着"乡风文明"一定会进步，但只要正确发挥经济发展的引领作用，就能有效促进农村精神文明建设，实现农村经济、社会和文化事业的协调发展。治理有效的核心就是自治，要发挥农村领导班子的引领作用，带领全体农民实现自治和德治，同时以法制为保障，因此从农民主体来看，随着经济水平的提高，人们的价值观念也会发生变化，由此逐步提高农村治理水平，达到治理有效的目标。

第三节 研究内容

本书从我国乡村振兴战略的大背景出发，从理论和实践两个方面研究了浙江省乡村产业振兴。理论方面：一是分析了我国乡村产业振兴的理论演进情况；二是总结了国外乡村产业振兴的经验。实践方面：首先，整体研究。一是分析了浙江省乡村产业发展的现状和问题；二是分析了浙江省乡村产业振兴的动力、模式与路径；三是分析了浙江省乡村产业振兴的效应及空间差异。其次，局部分析。对浙江省乡村产业振兴的典型案例进行分析。最后，提出浙江省乡村产业振兴的未来发展方向和发展策略。本书共分为八个部分。

第一章，绪论。主要包括研究背景、研究意义、研究内容和研究思路等。

第二章，我国乡村产业振兴战略的提出及理论演进。首先，提出乡村产业振兴是指将不合理、低层次的产业结构进行不断优化协调的过程，以达到各产业能有效利用本地资源、人口、环境、技术等优势，实现乡村的全面协调可持续发展，最终提升当地经济水平与人均收入水平。其次，将乡村产业振兴的演进分为三个阶段：一是 1978～2003 年的温饱解决阶段；二是 2004～2020 年的小康建设阶段；三是 2021～2050 年的实现富裕阶段，并分析了每一阶段的演进特征，认为 2050 年将实现乡村全面振兴，也即全面实现农业强、农村美、农民富发展目标。

第三章，国外乡村产业振兴的经验与启示。分析了引起发达国家和发展中国家乡村产业振兴的经验，如韩国的"新村运动"，日本的"造村运动"，荷兰的"农地整理"以及法国的"领土整治"等。总的来看，不同发达国家虽然内容不全相同，但在振兴本国农村的方式上仍有一些相似之处，通常开始由政府进行自上而下的主导，同时关注基层农民的参与感，注重实施符合本国国情的农村振兴政策，在全面开展乡村振兴战略的目标上，在开始阶段通常把提高农民收入作为基本目标，随着农民收入的不断提高，目标也变为促进农业可持续发展，推进绿色农业、生态农业等。

第四章，浙江省乡村产业发展的现状与问题。通过构建乡村产业发展指标体系，分析了浙江省11个地级市在2010～2019年的发展水平和产业发展现状，进而对浙江省乡村产业发展水平空间差异进行了分析，通过聚类分析描述了浙江省乡村空间非均衡发展结构。

第五章，浙江省乡村产业振兴的动力、模式与路径。认为乡村产业振兴的过程实质上是乡村产业转型升级的过程。浙江省乡村产业振兴的动力主要有科技驱动、资金推动、人才和乡贤带动等。浙江省乡村产业振兴的模式主要有农旅一体化带动模式、纵向一体化延伸模式、电商平台助推模式、村企合作共赢模式等，不同的模式中蕴含了不同的发展路径。

第六章，浙江省乡村产业振兴的效应及空间差异。首先，选取浙江省58个县市为研究范围，多维度理论分析乡村产业振兴的效应，主要包括促进农民增收、产业结构转型升级、农村经济增长、城乡协调发展、优化农村要素配置的经济效应，以及改善农村生态环境、提升农村基础设施水平的社会效应，并通过全国实施乡村振兴战略的"重要窗口"之一的浙江省县域数据来实证检验其经济效应和社会效应。其次，分析了浙江省乡村产业振兴水平的时空演变特征，表现为从"东北强、中部较弱、西南弱"演变为"东北及沿海强，西南相对弱"的空间分布格局，并且呈现出"东北扩，西南升"的发展态势。浙江省乡村产业振兴效应水平的时空演变表现为各县市的乡村产业振兴效应水平随时间推移呈现出稳定上升趋势，且各县市发展趋势不一。浙江省乡村产业振兴效应水平总体呈现出"东北强，西南弱"的空间分布格局。

第七章，浙江省乡村产业振兴的典型案例。主要包括：（1）义乌版

"普罗旺斯"——金华义乌市何斯路村；（2）深耕文旅融合——金华兰溪市诸葛八卦村；（3）"生产＋旅游＋文化"模式——金华市金东区澧浦镇琐园村；（4）全域旅游——金华市磐安县榉溪村；（5）文化资源赋能——金华市武义县岭下汤村；（6）中国春兰故乡——绍兴市棠棣村；（7）小田鱼大产业——丽水市青田县龙现村；（8）生态资源与产业融合——杭州市萧山区三围村；（9）春风十里小镇——绍兴市诸暨十里坪村；（10）资源创新重组融合——金华市武义县大田乡徐村；（11）"教育＋科技＋产业＋人才扶贫"帮扶——金华市武义县大田乡瓦窑头村；（12）构建新文旅综合体——丽水市松阳县上田村；（13）功能拓展振兴——丽水松阳县山头村；(14) 深挖本地资源——湖州市南浔区荃步村。

第八章，未来浙江省乡村产业振兴的方向与路径。提出了浙江省乡村产业发展的方向，坚持高质量发展、培育高质量乡村产业体系、建设高质量产业支撑体系、落实高效率支持保障四条主线，走特色化、融合化、绿色化、品牌化、数字化的发展路子。发展路径是创新驱动、融合发展、绿色引领、因地制宜和政策保障等。

第四节　研究思路

本书研究思路如下：（1）梳理我国乡村产业振兴战略的理论与思想的演进情况，总结国外乡村产业振兴的成功经验；（2）整体上分析浙江省乡村产业发展的现状与问题，考察浙江省乡村产业振兴的动力、模式与路径，研究浙江省乡村产业振兴的效应及空间差异；（3）开展对典型样板乡村的实地调研，归纳提炼出乡村特色"产业振兴"案例集锦；（4）提出浙江省乡村产业振兴的未来发展方向和发展路径。技术路线如图 1－1 所示。

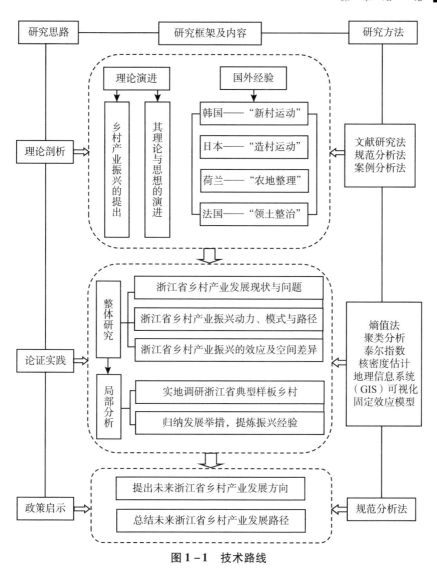

图 1-1　技术路线

第二章

我国乡村产业振兴战略的
提出及理论演进

第一节　乡村产业振兴的提出

乡村振兴战略从"三农"问题演变而来，在不同时期有着不同的形式与意义。2007 年为统筹城市、城镇协调发展提出了通过"以工促农、以城带乡"推动社会主义新农村建设；2008 年浙江安吉率先提出建设美丽乡村计划；2012 年党的十八大提出建设美丽中国，通过城乡一体化、城镇化建设解决"三农"问题；2017 年党的十九大开始研究乡村振兴战略，提出实现乡村振兴必须要优先发展农业农村问题；2018 年中央"一号文件"确立了乡村振兴的任务是要先建立起乡村振兴基本政策制度体系，再实现全国农业农村基本现代化，最后实现乡村全面振兴并达到"农业强、农村美、农民富"；2018 年 9 月国家正式发布关于"产业兴旺、生态宜居、乡风文明、治理有效、生活富裕"五大方面的具体评价指标（付岚岚，2019）。从开始的新农村建设到现在乡村的全面振兴，农村改革的步伐越来越深入和透彻，特别是 2020 我国完成全面脱贫之后，乡村振兴焕发出了新的生机。为巩固拓展脱贫攻坚成果全面推进乡村振兴，2021 年 6 月 1 日《中华人民共和国乡村振兴促进法》生效,这是第一部以"乡村振兴"命名的综合性法律文件,标志着乡村振兴战略进入新阶段(黄承伟,2021)。

新阶段中,乡村振兴战略是指导未来30年乡村发展的总纲领,将继续推动农业农村现代化,实现城乡同步发展,走共同富裕道路。为此要更加深入地解读20字总要求:第一,"产业兴旺"是基础,产业稳定实现农民增收。新阶段必须要立足农村已有资源环境,支持优势产业发展,构建具有市场竞争力的现代产业体系,盘活农村资源促进经济发展。第二,构建"生态宜居"的乡村生产生活环境是基本要求,在合理利用本地资源发展经济的同时,遵循人与自然和谐共生原则,贯彻"绿水青山就是金山银山"的"两山理论",保障广大农村居民生态福祉。第三,以"乡风文明"展现乡村文化是灵魂所在,在保留乡村文化遗址、传承乡村文化习俗、提升全体村民的综合文化素质的同时更要营造一种互帮互助、文明进步的乡村风尚。第四,以"治理有效"保持乡村稳定是关键,一方面加强顶层设计和政策引导,完善乡村治理管理体制;另一方面发挥基层民主治理,创新村民自治方式,坚持法治、德治与自治相结合,形成科学有效、治理有序的规范体系。第五,"生活富裕"是最终目标,实现农民增收、改善生产生活环境、实现农民对美好生活的盼望与向往,最终实现"农业强、农村美、农民富"的美好生活愿景(郭燕妮,2019)。

在了解乡村振兴总目标并持续推进落地过程中,也不能忽视我国农村发展的现实背景。在持续不断地解决"三农"问题过程中,要看到中国农村已经发生了翻天覆地的变化,农村整体经济水平的提升、农民人均收入持续升高、新农村建设强度和力度前所未有、农业现代化水平取得了长足发展,这些重要成就可以归结于市场化与权力下放两个方面。

农村市场化机制不断深入主要体现在以下三个方面:一是市场分工逐渐形成,以血缘、地缘为纽带的农村宗法关系逐渐弱化,农民在被动卷入全社会分工系统过程中主动寻找利益点,并逐渐细化社会分工系统,有效率的农业区域分工和产业链分工得以形成。同时"新乡贤"成为一支促进农村发展的重要力量,在与政府合作交流、促进社会和谐过程中扮演重要角色。二是要素流动市场化,农村各类资源利用效率不断提高。农村劳动力资源大量流入城市,推动了城市积极发展也改善了农村土地资源配置条件,极大地促进了国民经济发展。同时城市资本流入农村，扩展了农民自主选择权，发展了一大批农村制造业与服务业，形成一大批新型经营主体，在提升我国农村整体竞争力方面起了重要作用。三是土地资源配置市场化，开辟农村远大前景。国家实施的18亿亩耕地一定程度上抑制了城市扩张过程中的土地浪费，为进一步深化农地制度改革创造了条件。在此背景下，国家开展了一系列土地改革，如宅基地制度改革、农村集体经营性建设用地入市改革、土地征收制度改革等，建立起了兼顾国家、集体、个人的土地增值收益分配机制，保障农民公平分享土地增值收益，进一步打通城市要素进入农村通道（党国英，2018）。

权力下放，农民主动性增强主要体现在以下两个方面：一是中央权力下放给地方政府，改革逐渐深入。近些年来国家逐渐将权力下放给各级政府，促进了地方政府之间的良性竞争，改善地区内部投资、生产、生活环境。国家财政取消农业税在很大程度上解除小农生产方式对农民的束缚，增强农村经济活力，城市资金开始反哺农村。同时发展过程中农业指令性经济基本退出，除特殊时期农产品价格由市场供求决定，推动了农产品市场的多样化发展。二是地方权力的再下放，村庄自治自决权逐步确立。20世纪80年代，取消了乡镇一级的"政社合一"体制，村民自治制度逐渐确立；中共十八大后，中央支持探索村民自治组织设置下沉到村民小组一级，极大增强了村民自治权，进一步打破了村庄一级"政社合一"体制，村农自治更显活力。

这些基本事实表明，中国农村是持续发展向上的，在这样的现实背景下继续毫不动摇坚持乡村振兴战略，表明"三农"领域在发展过程中依旧存在一些需要高度重视并急需解决的问题，这些问题在进一步城市化道路上会逐渐侵蚀已有农业农村农民所取得的成就，并阻碍社会主义现代化建设道路。就新阶段我国现实来看，可以从以下三个方面解读。

一是发展不均衡问题，实施乡村振兴的一个主要目标就是解决城乡发展不均衡问题。就产业发展来说，在几十年的改革中我国整体农业水平发生了巨大变化，但是区域之间差异较大。发达地区的农村较多已经在发展特色农业的基础上，转向制造业与服务业，并取得了一定成绩，而偏远地区的农村地区面临交通、劳动力、科技水平等诸方面限制，相当一部分家庭开始回归传统小农经济模式。就整个地区来说，城市地区在产业转型与升级中往往占据优势，大量的农村劳动力、土地和资金向城市流动，农村基础设施、公共服务水平不能得到提升，乡村整体陷入衰退。

二是乡村空心化问题，首先表现为人口的过度流失，自 1960 年以来中国农村劳动力减少了 47%，农村大量房屋、宅基地空置，农村公共服务有效需求显著降低，乡村社会治理水平同步下降，部分自然村落出现总体性衰败甚至消亡现象（周立等，2018）。其次伴随着一些自然村落的衰败，优秀乡村文明也在消散，农村社会结构稳定性遭受打击。

三是环境污染问题，众所周知中国经济过去几十年的快速发展是以环境为代价的，农村发展也是如此。农业生产的投入品（化肥、农药等）、废弃物（农膜、秸秆等）和农民生产生活污染均严重破坏着农村环境，乡村振兴战略推进中在解决此类问题的基础上必须杜绝为发展农村经济所带来的制造业与工业污染等问题。

在上述成就与问题的共同影响下，不难发现我国农业在快速发展中难以满足不断提高的环境要求，农村在改造过程中面临更加多元化需求，农民在收入提高中需要逐渐缩小城乡差距，实施乡村振兴战略势在必行。

乡村产业振兴是指将不合理、低层次的产业结构进行不断优化协调的过程，以达到各产业能有效利用本地资源、人口、环境、技术等优势，实现乡村的全面协调可持续发展，提升当地经济水平与人均收入水平，最终目标是实现乡村的全面振兴。党的十九大提出了乡村振兴战略的二十字总要求，将有关产业的"生产发展"转化成"产业兴旺"，对乡村产业振兴提出了更高的要求。其中，乡村振兴位于五大振兴之首，可见其重要性。

乡村产业振兴要更加关注农村本土农业发展，以农业供给侧改革为主线，以消费结构转换推动产业结构升级，促进农业基础上的多产业形态共同发展。产业发展的"雁形理论"明确阐明了三次产业之间的交替发展，认为以农林牧渔业为代表的农业必然会弱化。然而在实际生产生活中，不难发现其忽视了农业内在的多功能性，事实上，农业除了农产品的经济效益外，还承担着国家粮食安全保障、农村文化遗产传承、生物多样性、生态环境保护、农村就业等功能。乡村地域空间也已从纯粹的地理空间向复合空间转变，由农业生产功能主导向文化、社会、农业生产等综合空间演绎。某种程度上，对于发展中国家来说，巩固农业在国民经济中的基础地位、保障农产品供给平衡、维护国家粮食安全、保持社会稳定的社会及政治效应，远大于农产品生产或者农村产业更替所带来的经济效益。

从 2004 年以来中央涉及"三农"问题的中央"一号文件"来看，中央落实在"三农"领域的大致可以按要素、结构、功能和体制分为四类，其中，农业多功能、绿色发展、农业治理、现代农业衍生功能越发受到重视，基础设施投入、科技创新投入、劳动力素质提高等在大多数中央"一号文件"中均有提及（翟坤周，2021）。因此，未来乡村产业振兴应主要落实在这些方面，主要目标可以确定为以下三个方面：

一是乡村产业振兴要协调好农村各类资源的投入，包括土地、资金、人才等要素。产业振兴的关键在于加大各类资本投入水平，土地是农村产业发展最基础要素，是农民生产生活的立身之本。资金是推动产业发展的关键动力，现在农村资金使用存在两种极端：一方面发达地区农村资金存量大，但是如何使用、如何高效使用成问题；另一方面欠发达地区农村存在大量资金缺口，限制其产业发展。人才是乡村产业振兴的重要动力，不管是农业现代化还是农村产业转型升级都离不开人才的支持，吸引高水平高素质的劳动力人口，能够有效促进农业生产率提高与整体经济发展，因此实现乡村产业振兴需要围绕如何加大各类资本投入、如何分配各类资本投入、如何高效使用各类资本等问题展开工作，通过要素保障实现乡村产业兴旺的目标。

二是乡村产业振兴要坚持农业基础地位，发展现代化农业。清楚认识农业的多功能性，保障地区农业生产。在此背景下，通过拓展农业发展空间，以绿色种养殖业为基础，手工业与制造流通产业壮大农村产业形态，乡村旅游、乡村服务业及信息产业为产业提质增效，运用当代先进科学技术，将"互联网＋"融入农村产业发展过程中，实现农业现代化发展。同时兴建农业产业园区补全农业产业链条，依托合作、契约等形式将农产品产业链上各主体联系起来，建立各种合作的利益共同体，继而保障农产品生产及供应安全，实现农产品增值与利益最大化。

三是乡村产业振兴最终要实现农民增收，推动共同富裕进程。"三农"问题的核心是农民，农民问题的核心是增收，而增收离不开产业发展与兴旺。目前我国收入基尼系数为 0.465，收入差距较大，其中最根本的原因是城乡差距。单看城市或者农村内部收入水平，两者基尼系数均小于或等于

0.4，位于全球中等水平（李实等，2021）。而截至 2020 年我国城乡收入比高达 2.56，位于全球高位，为此乡村产业振兴要切实解决农民的就业和收入问题，拓宽农民增收渠道、提高农民收入水平，形成以农民为主体、以农业为载体的、可持续、稳定的农民增收长效机制，最终实现共同富裕。

第二节　我国乡村产业振兴理论和思想的演进

　　1978 年的改革开放不仅推动了中国经济的快速发展，也促进了城市与农村地区之间的物质交流，自此农村形态、农业生产、农民生活都发生了翻天覆地的变化。从家庭联产承包制到经济体制市场化改革，再到社会主义新农村建设、乡村振兴战略的提出，农民生产积极性得到显著提高，生活幸福感不断加强。为研究这一阶段农村的发展与问题，理解乡村产业振兴的理论渊源与演进，可将 1978～2050 年分为三个阶段：一是 1978～2003 年的解决温饱；二是 2004～2020 年的小康建设；三是 2021～2050 年的实现富裕。

（一）第一阶段：1978～2003 年

　　1978 年改革开放前后，受高度集中的计划经济和二元经济结构影响，中国农业农村发展落后，农民生活艰辛。而我国作为一个农业大国，农村的发展问题错综复杂，中共中央开始连续多年发布"一号文件"对农业农村问题进行指导。1982～1986 年中央连续五年发布以"农业农村农民"为主题的中央"一号文件"，对农村改革和农业发展做出具体部署。这五个"一号文件"，在中国农村改革史上成为专有名词——"五个一号文件"。1982年 1 月中央发出第一个关于"三农"问题的"一号文件"，对迅速推开的农村改革进行了经验总结。文件明确指出了包产到户、包干到户、大包干等都是社会主义生产责任制。1983 年 1 月，颁布了第二个中央"一号文件"《当前农村经济政策的若干问题》，在理论层面说明了家庭联产承包责任制的重要作用与意义。1984 年 1 月第三个中央"一号文件"《关于一九八四年农村工作的通知》颁布，明确要求继续稳定和完善联产承包责任制。1985 年 1

月第四个中央"一号文件"《关于进一步活跃农村经济的十项政策》颁布，取消了30年来农副产品统购派购的制度，对粮、棉等少数重要产品采取国家计划合同收购的新政策。1986年1月第五个中央"一号文件"《关于一九八六年农村工作的部署》颁布，肯定了农村改革方针政策的方向。总的来看，1978~2003年国家主要通过三个途径推动农业农村经济发展：一是建立了以家庭承包经营为基础、统分结合的双层经营体制，极大地调动了农民生产生活的积极性，解放和发展了农村生产力。二是取消了农产品统购统销制度，逐步放开农产品价格调整机制；同时放开对农村劳动力转移的严格限制，促进了农村乡镇企业的发展与劳动力市场的开放，改革重心开始转向城市。三是中共十四大提出要建立社会主义市场化经济体制，进一步深化改革，推动经济快速发展。其中，农村地区的深化改革将重点放在化解农户与市场之间的矛盾，从而推进农业生产的商品化、产业化和现代化，化解农村经济在市场化转变中遇到的阻碍。在上述改革的推动下，中国乡村初步建立起了农产品市场体系，农业综合生产能力得到了显著提升，粮食及主要农副产品的供需关系发生了根本性变化，实现了由长期短缺到供需基本平衡、丰年有余的历史性转变。这一阶段，乡村振兴的重点在于推动我国整体机制体制改革，促进城乡之间要素的自由流动、解放和发展农村生产力、解决农村温饱问题等。乡村产业振兴的重点在于推动我国农业的快速发展、保障粮食安全、规范农产品市场等。

需要注意的是尽管这一阶段农村各方面的发展都得到了极大的提升，但是同期改革重心转向城市、农村劳动力过多转移到城市、农村生产增产不增收、政府财政负担过重等问题凸显，"三农"问题逐渐增多，关于农业农村、农村产业等方面的理论开始变多。温铁军（2002）认为人多地少的基本国情、城乡分割的二元结构是"三农"问题的根源；邓大才（2002）和吴敬琏（2002）认为农村人口过多，资源较少导致农民和农业水平均处于弱势；王国华和李克强（2003）认为农村基础设施和公共服务供给不足是阻碍农村经济发展和农民增收的根本原因。因此这一阶段关于解决"三农"问题的研究主要落在了如何发展农业农村和如何减少农村人口。林毅夫（2001）强调"三农"问题需要发展农村的非农产业，转移农村剩余劳动力，推动城镇化进程；陆学艺（2000）认为可以利用小城镇建设，将大量农村人口转化成非农人口，成为城镇居民；樊纲（2000）认为解决"三农"问题的本质是要解决农民的问题，工业化是最根本的解决办法，即促进农村的其他产业发展，推动农业人口就业的非农产业化等。

（二）第二阶段：2004～2020 年

21 世纪初，随着中国对外开放步伐的加快，中国整体经济水平、城镇化率都得到了大幅度提升，中央开始重视城乡发展问题。2004～2021 年连续十八年发布以"三农"为主题的中央"一号文件"，强调了"三农"问题在中国的社会主义现代化时期"重中之重"的地位。2004 年中央"一号文件"提出要提高农村基础设施建设，大力发展农村二、三产业，并确立了以工哺农、以城带乡的发展战略。随后 2005 年 1 月《中共中央国务院关于进一步加强农村工作提高农业综合生产能力若干政策的意见》、2006 年 2 月《中共中央国务院关于推进社会主义新农村建设的若干意见》、2007 年 1 月《中共中央国务院关于积极发展现代农业扎实推进社会主义新农村建设的若干意见》、2008 年 1 月《中共中央国务院关于切实加强农业基础建设进一步促进农业发展农民增收的若干意见》、2009 年 2 月《中共中央国务院关于 2009 年促进农业稳定发展农民持续增收的若干意见》、2010 年 1 月《中共中央国务院关于加大统筹城乡发展力度进一步夯实农业农村发展基础的若干意见》、2011 年 1 月《中共中央国务院关于加快水利改革发展的决定》、2012 年 2 月《关于加快推进农业科技创新持续增强农产品供给保障能力的若干意见》相继出台，减免农业税、全面取消农业税、对农业进行补贴等一系列惠农政策出台，对社会主义新农村建设做出新要求，开始从经济、生态、文化等方面推动社会主义新农村建设，逐步改善农村面貌。2013 年 1 月《中共中央国务院关于加快发展现代农业，进一步增强农村发展活力的若干意见》、2014 年 1 月《关于全面深化农村改革加快推进农业现代化的若干意见》、2015 年 2 月《关于加大改革创新力度加快农业现代化建设的若干意见》、2016 年 1 月《关于落实发展新理念加快农业现代化实现全面小康目标的若干意见》相继出台，开始重视贫困农村这一问题，提出"精准脱贫"方案，旨在通过科学有效的程序和措施对贫困人口实施精确识别、精确帮扶和精确管理。2017 年《中共中央国务院关于深入推进农业供给侧结构性改革加快培育农业农村发展新动能的若干意见》颁布，开始研究乡村振兴战略，提出"三农"问题关乎国家民生发展的根本。2018 年 2 月 4 日《关于实施乡村振兴战略的意见》正式提出，2019 年 1 月《中共中央国务院关于坚持农业农村优先发展做好"三农"工作的若干意见》、2020 年 1 月《中共中央国务院关于抓好"三农"领域重点工作确保如期实现全面小康的意见》颁布，从根本上确立了"乡村振兴"战略，也在新时期对乡村振兴提出新要求。2020 年底，全国实现了全面脱贫的目标，为实现全面小康社会奠定了坚实基础。这一阶段，农业农村正视城乡二元结构问题，迎难而上得到了巨大的发展。农业税取消、土地制度改革、新农村建设等政策进一步提高了农民的积极性，推动农村市场化改革，实现乡村的可持续发展。农村地区的功能也从单一型农业系统转向多功能乡村系统，乡村社会从温饱型转向小康建设。

这一阶段，乡村发展的主要矛盾体现在环境问题、动力增长机制和乡村内部的供需问题上，深层次的矛盾制约着乡村向更高的层次发展。对此相关研究和理论主要落在发展农村产业和提升农民生活上。陈锡文（2003）提出调整农业农村经济结构是解决"三农"问题的关键，需要进一步推动农村产业现代化。黄祖辉（2009）认为要实现乡村振兴，必须认识到农业在农村乃至全国的基础性地位，从而不断推动乡村农业发展和新农村建设。温铁军和董筱丹（2014）提出可以通过基层民主自治，提高农民自我组织、自我发展的能力，构建以村社为基本单元的多方合作框架，主张农民合作经济组织的建设。高帆（2009）认为实现乡村发展，需要不断提升农业的供给能力，逐步提高农民收入水平，进一步消除城乡发展差距。

（三）第三阶段：2021～2050 年

2020 年底全面全部人口脱贫后，标志着我国进入新发展阶段。现阶段社会主要矛盾是人民日益增长的美好生活需要和不平衡不充分发展之间的矛盾，特别表现为城乡发展不平衡和乡村发展不充分两个方面。在这样的背景下，再次强调乡村振兴战略的重要性，目的在于通过解决城乡发展不平衡、乡村发展不充分等重大问题引领乡村发展迈向更高水平阶段。2021 年 6 月，《中华人民共和国乡村振兴促进法》正式生效，从法律层面上确立了乡村振兴的地位，同时完成社会从脱贫攻坚到乡村振兴的转变，乡村振兴进入新阶段。新的目标要求我国在 2035 年需要基本实现农业农村现代化，2050 年实现乡村全面振兴，也即全面实现农业强、农村美、农民富发展目标。综合来看，未来 30 年的乡村振兴战略在注重乡村产业发展的基础上，更加注重乡村整体的可持续发展，力图将乡村建设成为一个综合的地理空间，实现经济、生态、文化等领域的融合发展。

这一阶段的相关研究主要落在乡村振兴的实施意义与发展路径。马华和马池春（2018）认为实施乡村振兴战略目的是促进乡村的全面发展和建设社会主义现代化强国，其中产业兴旺是核心，生活富裕的前提是产业兴旺。范建华（2018）提出乡村振兴的基础要求是保障粮食安全，并通过产业发展超越乡土中国。发展路径方面尹成杰（2018）提出实施乡村振兴可以依靠城市的辐射作用带动农村地区的发展，进一步改善城乡关系，缩小城乡差距。罗必良（2018）提出乡村振兴战略的主线是"人、地、钱"统一，根本目的在于促进城乡之间要素的自由流动和产业的有机融合。郭远智和刘彦随（2021）认为新阶段乡村振兴需要通过重塑城乡关系、巩固和完善农村基本经营制度、深化农业供给侧结构性改革、坚持人与自然和谐共生、传承发展提升农耕文明、创新乡村治理体系等对策措施，扭转乡村发展长期以来面临的突出问题和矛盾，破除城乡二元结构体制束缚。

| 第三章 |

国外乡村产业振兴的经验与启示

随着一国经济的快速发展，乡村的发展水平将成为影响国家经济发展速度快慢的重要力量（Chambers，2014）。实施乡村振兴需要寻找农村发展新动力。目前，随着经济的快速发展，虽然城市仍是经济发展的中心，但是农村的发展也越来越重要。一些国家为了促进经济持久发展，已经着手改善农村生活环境，提高农民生活水平，减少城乡发展差距，大力推进乡村建设运动，并在实施的过程中取得良好的效果并积累了大量经验。本章介绍世界一些主要国家农村振兴的成功经验供中国推进乡村振兴战略进行参考。

发达国家在乡村振兴上的道路上走得比我们早，经验比我们成熟，如韩国的"新村运动"（Kazuki，2001）、日本的"造村运动"（Liu，2009）、荷兰的"农地整理"（Vlist，1998）以及法国的"领土整治"（Liu，2010）等都取得了一些成就，总的来看，不同发达国家虽然内容不全相同，但在振兴本国农村的方式上仍有一些相似之处，通常开始由政府进行自上而下的主导，同时关注基层农民的参与感，注重实施符合本国国情的农村振兴政策，在全面开展乡村振兴战略的目标上，在开始阶段通常把提高农民收入作为基本目标，随着农民收入的不断提高，目标也变为促进农业可持续发展，推进绿色农业、生态农业等。

第一节 韩国经验

——"新村运动"

一、新村运动的背景

韩国在 1960～1970 年得益于工业化和政府相应的政策支持，经济快速发展，人均收入从 1960 年的 80 美元快速上涨到 1979 年的 1546 美元。创造了有名的"汉江奇迹"，实现了经济的跳跃式发展①。经济的快速发展当然离不开强有力的中央政府和高效率的决策，即通过促进私营经济的良性发展来促进整个社会经济的可持续发展，然而韩国的经济发展并不是一帆风顺的、完美的，在经济的快速发展过程中，韩国经济的薄弱环节也被暴露了出来，这是因为，当时的韩国农业人口仍然占据大多数，农民比例约为70%②，城乡经济发展出现了严重失衡，长期以来经济的发展一直倾向于城市和市民，农村农业一度处于崩溃的边缘。在这样的困局中，为了解决经济发展的不平衡问题，也为了促进韩国的农村能够进一步发展，韩国政府提出了"新村运动"（Saemaul Undong）。新村运动的出现，犹如一支强心剂，极大地缓解了韩国城乡发展不平衡的"顽疾"，对推动韩国经济社会快速和谐发展发挥了重要作用（曹彰完，2006）。韩国的文化传统与我国类似，研究韩国的乡村发展经验可以为我国指导乡村发展提供丰富的经验。

二、新村运动的历史脉络

1970 年，新村运动的初期，韩国政府向全国的行政里洞③统一发放了免

---

① 资料来源：韩国国家统计网 ［EB/OL］. http：//kosis. kr/.
② 部分资源来源：朴正熙总统纪念事业会会报 ［Z］. 2013（34）：21－49.
③ 里洞：韩国行政区划单位，相当于我国的街道。

费的水泥用于推动基层建设。不过值得一提的是，当时发放水泥的主要原因是当时的工业快速发展导致生产了过量的水泥无法消化。出于振兴内需的考虑，在政府的指导下，水泥被下发到了基层。当时政府只有一个要求，就是水泥必须"用于村庄中（满足）村民共同需求的村级项目"，而"项目的选择必须基于村民的共识"。也就是说在一开始，韩国政府就旨在于培养农民共同参与、集体协商的意识，不过政府后来发现，在34665个自然村中只有16600个村庄有积极的表现，占47.9%，连一半都没有①。由此便产生了一个重要问题：为什么近一半村庄的村民能够积极行动起来，而超过一半村庄的村民没有积极的表现？通过表现积极的村庄与表现消极的村庄对比，当时的韩国政府很快总结出了问题的关键：村庄领导人的个人能力和积极开拓奉献精神是取得成果的最大核心因素。

部分学者按照韩国"新村运动"不同阶段发展目标的不同，把新村运动分为基础、扩散和深化三个阶段（李仁熙，2016），本书结合各方观点，进一步细化，将韩国"新村运动"发展分为起步、扩大、深化和后"新村运动"发展四大阶段。

（一）起步阶段（1970～1973年）

村庄的领导者在引领本村庄村民参与新村建设的过程中有着不容忽视的作用，在运动的初期，按照政府的要求，各村庄都选出了本村的领导人，这些领导人会集中到政府机构进行相关的组织培训，之后将他们分散到农村指导各地农村的各种建设活动。在初期，村庄建设的重点主要集中在基础设施的建设，包括村庄道路的扩建、公用洗衣台的设立、屋顶墙壁的翻新、厨房卫生的改善以及种种卫生环境提高工作，并同时开展了耕地精耕细作活动，包括改良耕地方式和提高种子质量以促进粮食增产增收。一扫村庄过去凋敝的景象，带来了一片欣欣向上的精神风气。同时，基础设施和环境的改善也促进了韩国乡村经济的发展，人均国民生产总值（GNP）也从1970年的257美元增至1973年的375美元，增长了约50%②。这些显著成效让国家看

---

① 资料来源：朴正熙总统纪念事业会会报［Z］.2013（34）：21－49.
② Sang In Jun. 新村运动印象与再考［A］. 新村运动中央会. 新村运动：过去40年，未来40年［C］. 新村运动40周年国际学术会议，2010.

到了治理农村经济的新方式，随后，中央政府开始大量开设新村领导人研究院，推广和培训了大量的农村领导人。

（二）扩大时期（1974～1976 年）

该时期将农村运动的重点放在了如何实现小康上，工作内容则是集中突破如何实现农民收入增加，这个阶段已经不再是 20 世纪 70 年代初期的简单尝试，而是新村运动的扩大时期。由于前期工作的成效显著，新村运动获得了政府更多的资源支持，人力物力都有了明显的提高，运动的范围也扩大到了一般市民，通过整备水田埂、治理小河川，开展综合农业，发掘农业以外的工作。这些工作促成了农村居民收入的多元化，而这又反过来激起了一般民众的改革意识和自主行动意识。1976 年，在扩大时期结束的时候，韩国人均国民收入取得了长足的进步，为 767 美元，比 3 年前刚刚开始的时候足足翻了一倍多①。此时，以农村为基本的新村运动已经由农村成功扩散到城市，工厂、学校以及其他的工作单位都和农村有着不同程度的联系，新村运动已经成为韩国全体国民参与的运动，甚至一度成为韩国当时的国民精神。

（三）深化阶段（1977～1979 年）

1977 年后，随着新村运动在全国范围的开展，如何继续深化新村运动以促进农村农业农民更好地发展成为了当时关注的重点。所谓深化，表明这一时期政府关注的重点不再是新村运动的量，而是质的提升，这个阶段不再局限于以村庄为单元的小规模活动，而是尝试扩大活动的地域和规模。农村工作也从之前聚焦于农民收入扩大到了农村文化的发展，而城市则将工作聚焦于节约资源、提高生产率以及完善劳资双方的关系。通过积极地开展企业与工厂的新村运动，大幅提高了农村地区的生产效率并同时增加了农民收入。1979 年，韩国人均国民收入达到了 1394 美元，和三年前相比，又将近翻了

---

① 李仁熙，张立. 韩国新村运动的成功要因及当下的新课题［J］. 国际城市规划，2016，31（6）：8－14.

一倍，全国的城乡地区生活都得到了极大改善①。深化阶段的重点是从引导村庄的自立，促进农村基础设施的完善到融合村庄与整个社会的有效连接。从村庄单元提升到了地区单元，在整个地区中谋求共有资源的有效利用和共同开发带来的高效，这样不但提高了国民收入同时也丰富了韩国的国民精神。

（四）后"新村运动"阶段（1980 年至今）

1980 年后，政府主导下的新村运动开始转化为民间体制。新村运动特别设立中央总部，其意在促使新村运动发展成为有国民精神的自律运动。通过不断完善的法律法规，后来又在市道设置支部，在市郡区设置支会。到了1988 年韩国举办奥运会时，韩国国民人均收入已经扩大到 4934 美元②。新村运动发展到这个时候，工作已不仅仅局限在农村，许多工作也同样在城市展开，内容也变得更加丰富多元。甚至于新村运动的出现，还剔除了当时大量不活跃的市民团体组织，同时促进了遵守交通秩序运动、排队运动等全国性的社会改革运动的开展。20 世纪 90 年代，新村运动已不再局限于提高农村农民的收入，更是把解决社会问题放在了中心位置。到了 90 年代末期，新村运动甚至开展了帮助失业者摆脱困境的失业活动等。

同样地，随着国内经济政治环境的不断向好，新村运动不管是活动范围还是内容都有所缩小，也因此，为了巩固新村运动的成果，提高新村组织的纪律和团结性，自上到下都开展了提高社区共同体意识和道德建设的思想活动。到了 1996 年，韩国人均国民收入甚至超过了 1 万美元，这是新村运动长期发展所取得的可喜成就。

三、"新村运动"的运作模式

（一）中央新村组织：中央协调，地方负责

新村运动中央协议会负责宏观调控，而新村运动事务协议会则负责执行

---

① 李仁熙，张立. 韩国新村运动的成功要因及当下的新课题［J］. 国际城市规划，2016，31（6）：8－14.
② Sang In Jun. 新村运动印象与再考［A］. 新村运动中央会. 新村运动：过去 40 年，未来 40年［C］. 新村运动 40 周年国际学术会议，2010.

具体的事务，事务协议会由政府的各个院、部、处的事务局长构成，具体设有一名委员长，由内务部地方行政次官担任，下设成员二十二名。其负责的事务具体包括：第一，预先讨论提交给新村中央委员会的议案；第二，讨论新村运动实际推进过程中遇到的问题；第三，负责与新村运动实际推进中的各种机构组织相互协调；第四，负责新村教育计划的推进和相关教材的编写与刊发；第五，负责新村运动的其他相关任务。

（二）地方推进组织：上下相通，服务村庄

在新村运动委员会之下，韩国政府又下设了垂直体系的新村运动委员会指挥系统，即从中央贯通村庄层面的指挥系统，包括市、道协议会，市、郡协议会和面、邑执行会，由这三个协议会构成新村运动的地方管理机构。这三个层面的协议会委员长一般由相关层级的一把手担任，而各个部门的一把手则担任相关的委员职位，如表 3-1 所示。

表 3-1　　　　　　　　20 世纪 70 年代新村运动组织的等级

层级	协议会（委员会）	委员长	委员	功能
中央	新村运动中央委员会	内务部长官	各部会员（22 人）	协调、修改开发计划
市道	市道新村运营协议会	市长、道知事	有关机构人员（30 人左右）	综合计划、指责的功能分工
市郡	市道新村运营协议会	市长、郡守	有关机构人员	新村指导和支持
邑面	市道新村运营协议会	邑、面长	有关机构人员	一般事务的执行
里洞	里洞开发委员会	里长	居民代表（30 人左右）	合作实践
村庄	村会	领导人 + 负责公务员、村户户主	具体操作	

资料来源：李仁熙，张立. 韩国新村运动的成功要因及当下的新课题 [J]. 国际城市规划，2016，31（6）：8-14.

新村运动运行基础以村庄为基本单元，在村庄内部，以村庄领导人为核心，发挥引领作用。带领村民促进村庄的发展和基础设施的建设、社会环境的提升等。村庄领导人一般由国家进行培养，一方面要在他们心中建立作为村庄领导人的自豪感和使命感；另一方面要通过政治和道德教育及其他一系列的支持，指导领导人们在村庄开展新村运动相关的活动。同样地，由于新村运动并非一帆风顺的，对于村庄领导人可能面临的挑战以及付出的劳动，政府需要进行补偿，除了金钱之外，政府还设立了新村勋章和其他的奖赏来鼓励和支持新村运动领导人，并在正式的场合积极宣传他们的成就和贡献。

四、"新村运动"成功原因探讨

韩国"新村运动"无疑是非常成功的，它所取得的成就和经验，已经得到了联合国等有关组织的肯定和关注，得到全球发展中国家的关注和重视。新村运动极大地改善了韩国城乡的收入差距，提高了韩国农民的收入水平和生活水平。不过值得注意的是，新村运动开展前的两次经济开发五年计划，大大推动了韩国的工业化进程，这反过来为韩国开展新村运动所需要的财政支持提供了保障。当然我们也不能忽视韩国新村运动成功的核心因素是其"赋予并激发了村民参与其中获得收益并期待成功的心理动机"。也就是让村民深深意识到其是在建设自己的村庄，并能从中获得物质和心理的双重支持。政府通过与村庄直接签订合同，在村庄开展相应的工作，本地村民通过提供劳动、土地等增加了自身所得收入，改善了生活条件。这种结果又反过来接着鼓励、促进村民进一步参与其中。"只要做，就可以"这句韩国当时宣传的口号以看得见的成效来体现，村民已经意识到他们自己才是主导村庄变化的主体，村庄发展得如何完全取决于他们。

在新村运动开始实施并创造一系列成果之前，中央的合理规划和正确指引、地方政府的积极参与和协助在这之中发挥了巨大的作用，韩国新村运动能够成功，至少有以下四方面的原因：

（一）中央政府的统一规划和强有力的支持

政府自上到下都设立了相关的部门进行全局统筹处理，各部门相互合作，事先探讨可能的预案并作目标设定，随后进行可行性的评估，同时，为了确保项目的顺利推进，建立了一套完善的机制，包括目标管理制度、岗位责任制度以及奖惩机制等。政府还在政策、资金、制度以及技术方面给以优待，充分考虑到了方方面面。如在 1971～1978 年的政府财政预算中，光是农村开发项目费用就增加了 7.8 倍。而中央和地方的财政支持更是惊人地扩大了 82 倍。

（二）农民积极参与村庄的良性竞争

新村运动最早也尝试开展过"创建小康村庄""国民再建运动"等，但当时政府的认识不足，这些运动并不是农民主动参与推动的项目，而是国家自上而下开展物资支援的事业，因此居民缺乏参加的积极性，因而也就无法推广为全国性的国民运动。此后，中央政府意识到了村民自发参与的重要性并开始转变思路推出新村运动。新村运动一开始即注意鼓励村民的参与精神和工作热情，新村运动从改善居民生活条件入手，包括帮助居民安装清洁的自来水，修建道路基础设施，建立干净的公厕、村洗衣房、公共澡堂等，新村运动使往日凋敝的乡村焕然一新，农民收入增加。由此充分调动了村民的积极性，激励了村民的参与精神和工作热情。之后，政府按照"优先支持发展优秀的村庄"的原则，鼓励村庄之间进行良性的发展竞争，形成了新村运动发展的新动力。

（三）重视思想教育在新村运动中的重要性

思想教育在韩国发起新村运动的过程中发挥了不容忽视的作用，也是运动成功的保证。在韩国的农村，村庄都建立了"村民会馆"这个思想教育阵地，村民会馆主要是通过授课、讨论以及印制和发放宣传品等形式，向村民灌输正直善良美好的价值观，培养农民自强自立自信、勤俭团结节约的价值观，同时也培养村民作为村庄主人公的使命感，通过对村庄农民长期不间断的思想教育，使韩国村庄的村民建立了强烈的集体荣誉感、具有团结协作精神和良好的生活态度。

（四）重视基层村庄领导人的作用

中央政府从一开始就注意到了村庄领导人的积极作用，农村领导人员的实际素质和能力在乡村现代化建设中发挥着不容忽视的作用。因此，韩国政府积极开设中央研习班培训和教育村庄领导人，村庄领导人为了村庄的改造和发展而贡献自己的一分力量，通过自身的能力带动村庄的发展。

五、"韩国经验"对我国的启示

通过对韩国新村运动的学习研究，考虑到我国的国情以及未来的农村改革，我们认为至少有以下几点启示是我们需要学习的：（1）对农村地区村民思想观念的改造在新村运动中是不可缺少的重要内容；（2）村庄领导人的个人能力和奉献精神在新村运动中起到了非常重要的作用；（3）自上而下、自下而上在新村建设中都处于重要的位置；（4）开展乡村运动，要符合一国的国情；（5）开展乡村运动、实现乡村现代化，完善地方基础设施和基本的社会服务系统是一大必要条件；（6）乡村最后的发展仍然要回到城乡一体化，产业一体化的道路上。

我们必须承认，韩国的新村运动虽然在促进经济社会发展和地方经济开发中发挥了重要的作用，但同时也出现了一系列需要解决的新问题。例如：新村运动理论不能应用到实践；过分依靠政府的中央调控和依赖行政命令的力量；农民依赖政府组织从而自主性不强；在乌拉圭回合[①]之后对农产品的国际交易方面缺乏研究；农村空心化日益严重；等等。在农村的新发展阶段，对农村产业结构调整，发展特色农业，农业相关高新技术发展，绿色农业等新的事物缺乏深层次的理解。因此，我们在学习韩国经验的同时，也要关注一些新时期客观存在的新情况，如要注意培植农业特色产业、建设新时代的生态农业、可持续发展农业等，农村改革道路艰难，我们要在现行的和未来改革的农业管理体制下继续探索新的思路和经验。

---

① 乌拉圭回合：1986 年在乌拉圭举行的一场旨在全面改革多边贸易体制的新一轮谈判，故命名为"乌拉圭回合"谈判。韩国在此次谈判中大幅降低了本国关税。

第二节　日本经验

——"造村运动"与乡村振兴

一、日本乡村振兴的背景

二战结束后，随着工业化、城市化的发展，日本城乡矛盾愈加尖锐，基于此，为了缓解城乡间的问题，日本开始在农业领域进行农地改革，并确立了以超小规模自耕农为主体的经营制度。到了 20 世纪 50 年代，朝鲜战争后，日本进入经济高速增长期，城乡居民收入差距日益扩大，农村农业人口大量减少，进口农产品不断冲击国内农业，乡村生态环境破坏日趋严重，这一系列的问题使乡村发展问题逐渐受到重视，日本开始关注乡村如何实现长期发展的问题。

二、日本乡村振兴的历史发展

（一）农业规模化生产起步阶段——扩大集中、盘活地方（1947～1985 年）

二战时期，出于战争需求，日本国内将全部资源倾斜到军工行业上，农村及农业发展陷入停滞。战后，日本民生凋敝，各方面都处于百废待兴的状态，为了鼓励和重振农业农村，从二战后到 20 世纪 60 年代初期，日本先后出台了一系列的法律法规，如《山村振兴法》《半岛振兴法》《农业协同组合法》《土地改良法》《农地法》等（邱春林，2019）。这些法案构成了日本农业农村早期发展的基本框架，此后出台的法案条例，多以此为基础，针对特殊区域、特别情况进行特殊处理和细化完善。

随着日本战后恢复工作的不断推进，日本经济开始恢复甚至逐渐好转，城市作为区域经济发展的核心，会吸引大量周边地区的农村劳动力进入城市，使乡村地区出现空心化、老龄化、土地荒芜、留守儿童等一系列制约乡村发展的问题。农业发展也因此近乎陷入停滞，日本国内的粮食供给、粮食安全开始制约日本的进一步发展。为了确保农村的持续发展。日本政府在当时，确立了如下几大方针政策：（1）建立农业协同组合制度，确保优先农业生产。（2）治理农用土地零散化、分散化、抛荒等现象。（3）明确地方政府管理权限范围，促使地方焕发活力。在以上政策的指引下，日本农业重新开始发展，农产品产销一体，农业生产活动实现持续扩大。劳动生产不断攀高、生产成本持续下降，农用土地集中使用、生产成本降低，生产规模不断扩大，农民收入也不断提高。

（二）基础设施提高阶段——强化基建、推进农文旅融合发展（1986~1998年）

在上一阶段日本政府通过各种政策降低了农业成本并促进农村地区收入提高之后，日本乡村经济社会持续发展。城市资本、文化开始涌入乡村，这促使乡村地区旅游产业开始繁荣发展。此时政府顺势而为，出台了多项关于鼓励农村地区旅游的政策，如要求地方集中开发乡村绿色旅游，吸引城市居民进入乡村；加强乡村基础设施建设，建立共享农场、观光菜园等多种农村旅游经营项目。通过这些政策焕发地区经济发展活力。

这一时期由于日本政府加快了对于乡村旅游发展的力度，因此日本国内将其称为"绿色旅游"，即在农村地区休闲时期进行的休假活动。政府此时也出台相关的法律法规，如《综合休闲区发展法》《乡村地区发展法》等，这些法规进一步规范和促进了乡村旅游的发展成熟，共享田园、农业观光、乡村风景民宿和农家乐等项目蓬勃兴起。1990年，政府进一步出台了《市民农园整备促进法》，以法律的形式允许农用土地改造为商用的住宿房屋，使民宿旅游得到规范化和进一步发展，民宿旅游也提供了城市居民对于绿色休闲的需求，进一步加深了城市和乡村的交流与融合。

整体来看，这一时期持续时间较短，仅有十余年时间，如火如荼的基础设施兴建和乡村农村旅游项目的火热开发给乡村发展注入了新的血液，但是，随着日本乡村旅游规模的不断扩大，新的问题又开始出现，乡村地区的环境污染和生态问题令人不能忽视，这也是日本在接下来的乡村振兴中所要着力解决的新问题和新挑战。

（三）多元融合阶段——确立有机农业为乡村可持续发展的新模式（1999 年至今）

21 世纪以来，日本再次出现农村人口和农户数减少、农业减产、青壮年流失、乡村老龄化、留守儿童问题突出、农村弃用耕地面积增大、农村专业功能减弱和粮食供给率持续走低等情况。加上后期乡村旅游发展过程中出现的种种不合理开发以及对农村地区生态环境的不重视和破坏，日本的乡村发展再次出现了危机。为了应对上述出现的新问题新变化，保障农业可持续发展，提高农村地区活力，日本政府于 21 世纪初开始推动农业生产的现代化发展，即发展有机农业。政府出台了相关的法规，致力于维持农业劳动力供给，提升农民农业收入和农民福利待遇以及提高农业整体竞争力等。

三、日本推进乡村振兴的政策措施

以 1961 年出台的《农业基本法》为起点，日本针对城乡发展不平衡产生的诸多问题，统筹各方诉求，统一处理，通过完善立法、推动政策实施、合理使用政策工具等手段，扩大了农民收入、丰富了收入来源、提高了农村生活水平、改善了农村生态环境并最终提升乡村福祉，形成了一套完善的乡村振兴制度体系，基本改善了城乡发展不平衡的问题。但是实现这样的变化不是通过任何一方面的推进可以单独解决的，而是合理利用法律、政策、制度文化等诸多方面打出一套完美的组合拳从而实现乡村的振兴。

（一）统筹诉求，完善立法

1961 年，日本开始实施《农业基本法》以缩小城乡居民收入差距、解决城乡发展不平衡的问题以来，又陆续出台了《山村振兴法》（1965）、《小笠原诸岛振兴开发特别措施法》（1969 年）、《冲绳振兴开发特别措施法》（1971 年）、《半岛振兴法》（1985 年）、《促进特定农山村地区农林业发展基础整备法》（1993 年）和《促进过疏地区自立特别措施法》（2000 年），同时也对《离岛振兴法》（1953）、《奄美群岛振兴开发特别措施法》（1954年）进行了修订。以上这些法律在日本被统一称为"振兴八法"。这些法律为日本乡村振兴发展搭建了基本框架，之后都是在此基础上进行不断修改优化。这些法律将地理位置偏僻、人口少、交通不便的山村、离岛等地理区位条件差的地区统一划定为扶持区域，明确地区职能、发展目标和具体措施，为长期持续推动乡村振兴发展提供了坚实的法律基础和制度保障。1999 年之后，日本又制定了《新基本法》，以法律的形式确认每五年一次制定《食物、农业、农村基本规划》用以指导乡村振兴。根据新农业基本法规定，中央政府以五年为一周期，制定以乡村振兴为主的农业发展规划，通过构建框架、充实内容建立各有侧重的法律法规体系，日本乡村振兴发展有了指导思想和政策保障，确保了政策引导的连续性。

（二）创新机构，构建高效运作新模式

日本政府为了更好地指导乡村振兴，高效地执行相关政策，2000 年，日本政府在农林水产科特别设立了农业振兴局，将原农林水产省内的结构调整局和国土交通省下辖的地方振兴局一同并入农村振兴局。农村振兴局下设总务课、农村政策部、整备部三个机构，如图 3－1 所示，其中农村政策部下辖农村计划课、地域振兴课、都市农村交流课以及农村环境课五个处。整备部下辖设计课、土地改良企划课、水资源课、土地资源课、地域整备课以及防灾课6 个处室。其工作内容是研究和制定日本乡村振兴的公共政策和总体发展规划，讨论实施可能的项目。同时，日本还在省一级别的地方农业局分设相关机构用来沟通各种民间组织和农协等和农业密切相关的机构。确保中央和地方可以做到信息上通下达，实现整体的有效沟通和衔接。此外，日本政府还建立了相关工作单位中层干部互派制度，要求中层干部通过实地学习、实地调研了解相关工作单位的日常处理流程，以及工作中遇到的难点和要点。这样日本政府就可以有效地统筹各方，能够集中一切资源共同发展乡村经济。

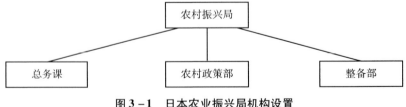

图 3－1　日本农业振兴局机构设置

资料来源：笔者自绘。

(三) 以农为本，完善村民参与机制

为了能够顺利推进乡村振兴，提高效率，日本政府鼓励农村自发成立社会小团体合作组织，并力图使其发挥第一线的核心作用。让农民充分认识到他们是在为了自己的利益而奋斗。主要的措施有：一是引导支持农民组建"土地改良区"这样的团体合作组织，主要的工作内容是建设农村公共基础设施并提供相关的日常维护工作。允许这些组织向国家申请满足农民实际需求项目的相关经费。这笔费用由中央和地方平均承担来帮助农民振兴自己的村庄。二是帮扶农民建立以经济发展为重点的农林渔协，鼓励其参与产业融合，提高农业的附加价值，比如开办粮食加工厂、超市等，拓宽村民就业途径，扩大村民收入来源。三是拓宽基层农民合作组织的范围，允许其在合理的范围内自由经营，包括但不限于养老院、文化园、幼稚园等。四是提升农村整体福利，丰富农村文化生活，提高村民文化水平，使村民能够更有效地参与到乡村振兴的具体项目中。五是对中央和地方的部分职能进行下放，委托农林渔协相关组织承担部分行政职能，提高政策执行的效率和灵活度。

(四) 资金保障，完善政策性支农体系

日本乡村振兴资金种类多、数额大，涉及范围广，包括农地改良、农业基础设施建设、环境保护、城乡融合、产业融合、休闲农业等多方面。为了保证资金的供给，保障乡村振兴的顺利进行。日本政府采取财政补贴、税收减免、退税以及金融支持多管齐下的方式来进行操作。具体措施包括：一是大力推进建设农村必需的基础设施建设以及农村福祉水平的财政资金投入；二是加大税收减免力度，对合乎规定（指"振兴八法"）的中小企业给予固定资产税折旧折扣比例减免固定资产购置税和固定资产税等优惠；三是完善政策性金融体系，对于达到要求条件的项目提供低息甚至贴息扶持，项目费用由中央和地方共同承担。

(五) 收入保障，拓宽农民增收渠道

日本在实行了一段时间的乡村振兴之后取得了显著的成效，农民可支配

收入上升，农业产量不断攀升，农村生活水平不断提高。但随着农村地区的不断发展，越来越多的村民"持地待沽"，将农村土地集中用于生产越来越困难，成本不断攀高，农产品市场价格日趋下跌，日本政府审时度势，认为通过集中生产农产品提高产量来促进农村发展已经变得十分困难。因此日本采取了发展新产业来促进农民收入增加，包括鼓励生态友好型农业发展，发挥农业多功能性，促进农村地区产业融合，推进农村旅游项目。提高工资水平，对于区位条件差的农村村民直接发放补贴，增加贫困人群转移性收入等经济政策。

四、日本的启示

日本文化与中国文化相近，因此在乡村振兴的过程中也面临许多中国推进乡村振兴过程中出现的问题，如城乡差距过大，农村地区老龄化、空心化、土地荒芜等问题。但通过多年的发展，日本致力于提高农产品产量，通过调整农村产业结构、吸引城市资本和保护农村生态环境等方式再度焕发了农村的活力。吸取日本的经验和教训，可以为我国的乡村振兴战略提供一些思路和指引。

（一）成立单独乡村振兴工作机构，全面统筹乡村振兴工作

日本为推进乡村振兴单独开设乡村振兴局，全面统筹乡村振兴工作，提高效率，确保各项举措的统一实施和管理。乡村振兴战略包括农业农村农民，涉及产业融合、生态环境保护、人才培养、文化建设、乡村治理等多个方面，这些方面相互联系相互影响，因此必须要成立统一的组织机构来单独整合和统筹指导全部工作，确保乡村振兴有序推进。

（二）不生搬硬套，因地制宜指导乡村发展

日本在振兴乡村的过程中，不生搬硬套，能够针对不同的村落因地制宜制定不同的对策。如对人口少的村落制定了《过疏地域振兴特别措施法》，对于某些方面，如自然环境、国土或者水源有重要意义的边缘山村制定了《山村振兴法》，针对离岛地区制定了《离岛振兴法》，针对和城市规划区域

重叠的村落，制定了《聚落低于整备法》等，我国地大物博幅员辽阔，不同地区差异巨大，因此应因地制宜，针对不同区域经济发展水平、资源禀赋、自然环境等条件进行详细分析，再制订有针对性的振兴方案。

（三）高瞻远瞩，大力发展可持续农业

日本在开展乡村振兴之后，遇到了农业增产的瓶颈，之后日本政府转变思路，针对可持续农业、有机农业和绿色农业进行鼓励，颁布了一系列相关的法律，如 1999 年的《粮食、农业、农村基本法》《持续农业法》，以及 2006 年颁布的《有机农业促进法》。这为乡村振兴发展进一步提升奠定了基础。

第三节 荷兰经验

——"农地整理"

一、荷兰推进农地整理的历史依据

荷兰是一个高度发达的资本主义国家，同样地，荷兰在农业领域也十分发达，在世界农产品净出口的排行榜上，荷兰一直是仅次于美国的存在，且在世界富裕国家排名中进入前十五位，在全球国际竞争力排行榜位居第四。但是实际上，荷兰是一个典型的人多地少的国家，土地面积仅为中国的 0.35%，人均耕地仅有 0.06 公顷①。

因此，土地整理在荷兰这样土地贫瘠的国家就显得尤为重要。荷兰人在 20 世纪即已开展全国范围的土地整理，可以说，土地整理工作伴随荷兰整个 20 世纪的历史，在长久的发展中，荷兰人建立了完备的土地整理相关的

---

① 蔡松柏，何峰，钟蓉，等. 荷兰土地整理的特点及对我国土地整理工作的借鉴 [J]. 高等教育与学术研究，2008（2）：165–169.

法律制度、土地储备制度、土地税收制度以及土地治理相关的整理机构（蔡松柏，2008）。在多方面因素的推动下，荷兰才能够在农业上取得现在我们所看到的成就：世界第二大农产品出口国，花卉、蔬菜全球第一大出口国，乳制品全球第三大出口国，动植物油全球第三大出口国，肉类产品全球第四大出口国。荷兰每年的农业净出口额达到了惊人的 500 多亿美元，86% 的蔬菜会销往全国各地[①]。

1950 年，荷兰政府特别出台了《土地整理法》，其意在对政府在乡村治理中的各项职责和具体权限作清晰说明并建立了荷兰乡村振兴的基本框架。之后，荷兰政府又通过了《空间规划法》，对荷兰乡村的农地整理作了更为清晰详细的说明，确保乡村的每一块土地都能够最大程度地发挥效率。1970 年之后，政府又进一步修订了之前农地整理的相关条文和发展目标，通过更科学化的规划和管理，最大限度地减少农地利用零碎化现象，确保农地经营实现规模化，成本下降而收益上升。

荷兰乡村的土地主要以整理和开发两种模式进行推进，具体而言，土地整理是指通过对农民零碎化的土地进行分析，然后通过最优化方案重新分配农户的土地，重新分配的主要方式是农户间的互相交换，这样可以最大程度上减少土地碎片化，而土地一旦规模化成本下降，就可以创建更好的农业生产条件，提升农业生产效率，这是一种不断循环的农业优化措施。而土地开发则不仅仅关注经济效益，更加注重自然保护、生态环境构建、乡村旅游发展以及景观治理等多种功能发展，是一种综合性的乡村发展手段。

从荷兰农地整理发展的方向来看，政府另辟蹊径，改变了过去就农业说农业的单一方向，现在政府更加强调多元化、多目标、多方向的乡村发展，推进可持续发展的生态绿色农业，改善乡村环境质量，增加投入鼓励乡村旅游，治理乡村生态环境，满足地方需求。通过农地整理，荷兰的乡村现在不仅景色美丽，生态环境良好，而且农村经济发达，农民生活水平也有了显著提高。

---

① 赵友森. 欧洲的"菜园子"——荷兰农业的奇迹［J］. 北京农业，2013（34）：52 – 59.

二、荷兰推进农地整理的相关措施

(一) 土地整理法律制度

在伴随荷兰开展土地整理的过程中，相关的法律也在实践中得到不断完善，目前来看，荷兰农地整理相关的法律制度大致分为以下四个时期：

1. 幼稚时期

20 世纪初，为了在荷兰实现大规模机械化耕种，降低成本，荷兰政府在 1924 年出台了《土地整理法》和 1938 年再次校订了《土地整理法》，规范了农村地区农地整理的方针、政策以及实施远景。荷兰政府发布政令的初衷是正确的，但是该法案过分强调行政力量而忽视了农民的积极能动性，农民缺乏参与感和获得实际的收益，因此农民参与的热情普遍不高，这两个法案后来很快就被放弃了。

2. 扩大时期

1947 年，荷兰政府吸取之前的经验，重新颁布了《瓦赫轮岛土地整理法》，该法案标志着荷兰从之前的单纯对土地空间的简单分配转变为更加复杂的土地发展计划。这一时期荷兰农地整理的代表法案包括 1954 年重新订正的《土地整理法》和 1965 年出台的《空间设计规划法案》。1954 年的《土地整理法》明确提出，允许流出 5% 的土地服务用于除了农业生产之外的其他目的，如自然保护、生态治理、休闲娱乐、文化建设、村庄改造以及景观改善。这就给了农村村民更大的自主能动性。

3. 深化时期

到了 20 世纪 70 年代之后，社会经济快速发展，人们的意识也开始发生了转变，特别是由于环保意识的加强，以及农民收入增长受限，旧有的《土地整理法》已经不能适应新形势下的需要，在这样的背景下，政府开始探索农地管理的新方向。到了 80 年代，政府相继出台了《乡村发展的布局安排》《户外娱乐法》《自然和景观保护法》以及《土地开发法》，通过以上法律的规定，为农村发展户外休闲娱乐、农村旅游、自然保护等方面提供了更多的可能性。

4. 可持续发展时期

进入 21 世纪以后，单纯的就农业提农业的方式已不再有效，政府此时更加关注农村土地的多重利用，主流趋势开始转向生态农业、绿色农业和农村生态环境等，注意从农村土地使用类型、生态便利设施和景观等形式设计中找出乡村规划发展的新方向。2004 年，政府再次出台新法案，对土地整理在农村发展过程中的范围做了更加细致的规划。

（二）土地储备制度

荷兰是世界上第一个推行土地储备制度的国家。人多地少，城市迅速扩张，经济繁荣是荷兰推行土地储备制度的重要原因。此外，由于荷兰是一个低地国家，许多土地位于海平面之下，这些土地需要进行工程改造才能再利用，因此，荷兰必须要建立相应的部门来对土地进行处理，土地储备制度应运而生。

荷兰土地储备制度的运行机构并非政府，而是各个自治区的开发公司，这些公司按照市场行情按需收购，政府只做宏观管理，要求 50% 土地用于基础设施和公共事业建设，30% 用于建造受补贴的房屋，其他则用于私人住宅、商业用地以及厂房等。

通过土地储备制度，荷兰政府实现了对于城市规划发展和住房调控的有效管理，荷兰土地储备制度的成功得益于对于城市边远地区的管理，同时通过金融体系提供充裕的资金用于购买土地。

（三）农地整理机构

荷兰农地管理的相关机构也在根据需求不断做出调整，进入 21 世纪以来，政府已经逐渐把农地整理的权限下放到了区域政府或省一级政府，同时，区域政府也接管了农地整理部分项目实施的权利。在荷兰，现在农地整理项目的实施单位是农村土地资源管理局。

1. 土地整理委员会

土地整理委员会是农地整理的核心组织，该委员会负责最终决策和项目的规划设计、组织公众听证和投票表决，同时也负责监督项目的具体实施和验收工作。

2. 土地整理局

土地整理局在荷兰政府与农村间扮演了极为重要的中间人角色，土地管理局自成立以来一直都占据着十分重要的位置，特别是随着近些年来，农地整理的范围已经从单纯强调农业发展扩大到了与农业相关的方方面面，如生态环境保护、农业相关产业的融合等，因此，土地管理局在协调不同利益集团推进农地整理项目实施上愈加重要。

3. 土地资源管理局

在日常项目实施中，土地资源管理局负责农地整理和农村具体项目执行过程中的管理工作。此外，每一个农地管理的项目都会成立一个协调各方利益集团的土地整理委员会，负责地方决策的具体执行。委员会的秘书长往往由土地资源管理局的官员兼任。另外，之前实施中的田地划分工作，则交到地籍管理部门。

4. 土地管理基金

土地管理基金是为计划方案和正在实施的土地整理相关项目提供金融支持的，内容包括但不限于收购土地、产业发展等，因为有些土地整理项目实施可能需要政府出面购买土地作为赔偿或者进行土地的置换。

三、荷兰发展现代农业的具体措施

（一）发挥农业比较优势，大力推进规模化农业

荷兰的天然地理使得它不适合进行粮食的种植，自 20 世纪 50 现代以来，荷兰大幅削减了粮食的种植面积，转而大力发展畜牧业、园艺业等。粮食则选择从其他国家进口。荷兰虽然不适合种粮食，但是荷兰境内雨水充沛，地势平坦，十分有利于牧草的成长，这反而是开展畜牧业和园艺业的得天独厚的优势，因此荷兰大力发展园艺业、畜牧业等欧洲市场需求旺盛的产业。

除了充分利用本地优势发展特色农业之外，荷兰也在不断提高农业的集约化程度和生产效率。据统计资料，1980 年荷兰有 14.5 万个农场，净出口额为 44 亿美元，到了 1999 年，农场减少到 10.2 万个，下降 29.66%，但是

农业的出口额却不减反增，从 44 亿美元上涨到 142 亿美元，增长率高达223%。到了 21 世纪的 2008 年，荷兰的集约化成果明显，农场数进一步减少到约 7.5 万个，随着农场数量的减少，单个农场规模不断提高，单位劳动产出不断上升，农民收入也不断攀升，荷兰做到了农业的高产量和高效益并存①。

（二）发挥本土优势，延长农业产业链，构建产业集群

荷兰不仅在农业制度方面走在前列，在积极引入科学技术到农业方面也在时代前列，通过引入机器人、计算机技术、生物技术等高新技术到农业生产领域，荷兰构建了一套完整的现代化农业生产经营方式，提高了荷兰农业的生产质量，延长了荷兰农业产业链，构建了以农业为基础的完整的生产体系，提高了荷兰农产品的附加价值，拓宽了农民收入来源，也为荷兰农业参与国际竞争打下了坚实的基础。

在高新科技和农地整理政策的双重作用下，荷兰涌现了一批优秀的产业集群，这些产业集群代表了荷兰农村产业融合和振兴发展的最高水平，主要代表就是"食物谷"和"绿港"，"食物谷"走的是荷兰农业"铁三角组合"路线，即政府、科研机构、企业三者相互联结，互为依托，充分利用本土研究机构的优势资源配合企业的实际利益需求，展现出强大的研发能力，吸引了国内国际大量的食品相关企业入驻设立研发中心。"绿港"全称荷兰绿港全产业链联盟，在今天，农业行业是一个涉及不同产业链的高科技、高投入的生态系统，而"绿港"就是负责整合整个产业链，使种子、育苗、生产、贸易、加工、物流等相关产业高度集中，实现以农业为基础，一二三产业的全产业贯通链。同时，"绿岛"也依托政府支持、科研机构的科技研发以及自由的金融流动充分发挥本土优势。这样，"绿岛"就保障了荷兰在国际市场的竞争力。

（三）积极创新，提升农业产品附加值

荷兰的农业产业，不仅在科技上走在世界前列，而且还尝试融入了大量

---

① 崔林. 荷兰如何创造出农业的奇迹［J］. 北京农业，2013（10）：38－39.

文化、制度、组织等非技术因素，这既提高了创新的效率，也提高了其农业的附加价值水平。

典型代表产业就是花卉产业链（周丕东，2019）。在研发和育种环节，荷兰重视花卉资源收集和新品种培育。荷兰有专业的育种公司，这些公司每年都会投入大量资金用于新品种花卉的研究与培养。此外，荷兰还倡导大力发掘地方文化资源，使新培育的花卉能够体现地方特色并增加文化附加值，如荷兰举办的"郁金香节"每年都会吸引全世界数以百万的游客前来参观，这种花卉文化极大地提高了荷兰农业的附加值。在生产和加工方面，目前荷兰已经有70%的花卉生产采用现代化的新型温室无土栽培，电脑自动控制，全部环节机械化作业。最后在储运和销售方环节，荷兰已经建立了一套成熟的物流和销售体系。

（四）注重农民核心利益，提高农民参与热情

荷兰最早推行《土地整理法》，不注重基层农民的实际情况，导致农民参与热情普遍不高，后来荷兰政府吸取教训，把农民利益放在核心位置，推广家庭农场经营模式，农民按照民主资源的原则，建立互惠共赢的农业合作组织。荷兰的农业合作组织有两种类型：一种是为农场提供各种社会化服务的合作社，这些服务涉及产业链的各个环节；另一种是为特定产业服务的合作社，通过联合农户，在特定产业形成自己的市场势力，从而在整个大市场拥有一定的话语权，如商业协会等。

（五）大力推行 OVO，抢占现代化农业高地

农业科研、教育和推广系统，三者结合在一起构成了荷兰的农业知识创新体系（OVO）。这是荷兰政府在探索现代化农业过程中建立的一套成功模式，政府鼓励相关企业研发农业相关科技，并通过培训等学习手段提高农民和农业从业人员的专业认知，最后通过完整的推广系统将技术推广到全国的农业地区。可以说，OVO 是荷兰保持核心竞争力的重要武器，坚持 OVO，就可以获得持续的发展。

OVO 体系的主要内容，概括来说就是政府作为主导方，通过各种优惠政策鼓励农业技术的创新和农民受教育水平的提高，再通过实践的方式将农

业新技术用于实践并不断加以推广，不断推动整个荷兰现代化农业的发展（赵霞，2016）。同时，通过技术收集全国的农业生产信息并为有需求的农户提供相应的帮助，方便农民更好地进行生产。可以说，OVO为荷兰农产品深加工提供了重要的技术支撑，提高了荷兰农业整体的生产效率。坚持OVO，就可以持续获得发展的动力。

四、荷兰经验的启示

荷兰人多地少，且土地多呈现碎片化分布，我国土地宽广，幅员辽阔，但是丘陵地区面积广阔，人少地贫，土地利用率低下，因此荷兰和我国的情况是大致相同的，借鉴荷兰的经验对于改善我国贫困地区的土地稀缺情况十分重要。

（一）推进规模化生产，提高效率

荷兰通过政府指导，民众参与的方式，在农地相对有限的情况下，通过对土地的合理整合，精耕细作和多重利用，达到了规模化和专业化的经济效益，降低生产成本、有助于专业化配置。一方面促进了农民收入增加，农村生活水平上升；另一方面也提高了农产品质量，同时专业化生产促进了专业领域的研究。我国历史悠久，土地使用分布零散，这样会造成农民交易成本过高，应该学习荷兰经验，对土地进行整合利用，鼓励农村农民成立互助小组，政府进行指导并提供政策、资金等支持。

（二）注重以人为本，保护农民利益

推进乡村振兴的根本目的还是在于要让农民富起来，荷兰推进农地整理一开始只是单纯自上而下的行政指令，由于缺乏对农民的关注，行动遭到失败。因此我国在推进乡村振兴战略过程中，要注意农民的参与感，要切实提高农民的生活质量和收入水平，不能仅仅依靠行政力量主导乡村振兴，要以行政力量为主，基层动员为辅，共同促进乡村振兴。

（三）科技至上，推进农业可持续发展

荷兰在农业发展过程中，采用政府、科研机构、企业的"铁三角"组合，充分调动了政府的协调作用，研发机构的创新性和企业的主观能动性，三者互相联系，互相沟通，不断延展，持续创新共同促进农业高质量发展。我国在推进乡村振兴的过程中，也要注意创新对于农业发展的重要作用，企业是创新的主体，政府应该做好牵线人这一角色，沟通企业和科研机构，实现科研机构的理论转化为企业的现实成品，打造质量过硬的农产品。

第四节　法国经验

——"领土整治"与农业现代化发展

法国是传统的资本主义国家，实力雄厚，三大产业发展都比较好，不仅工业实现了现代化，农业也实现了现代化。但是法国农业的发展也经历了一番曲折，就在20世纪50年代，法国作为欧洲大陆上农业人口接近50%的国家，其主要农产品的来源仍然依靠广袤的殖民地区，二战结束后，法国开始着手研究如何促进法国农业的长足发展。这主要分为两个时期，第一个时期从二战结束到60年代初期，这个时期法国主要是恢复农业发展的基础；第二个时期从60年代初期开始一直到70年代法国实现农业现代化，成为全世界引领农业发展效果最显著的几个国家之一。法国仅仅用了20多年就快速地实现了农业现代化，其中的经验教训值得我们细细研究。

法国能够在短时间实现农业的现代化，主要得益于两方面的原因：一是法国强大的工业能力创造了对农业产品的大量需求；二是源于法国政府在农业改革中采取了有力的国家政策。法国农业改革的核心就在于"领土整治"和推动农业现代化发展。此举卓有成效，历经20多年的努力，从1971年起法国由农产品净进口国变为净出口国，成为世界上最重要的农产品出口国之一。纵观法国农业改革发展始末，法国一方面重视"领土整治"，通过经济干预落后地区农业发展，推动全国农业的均衡发展；另一方面，法国也预见

未来农业的发展是农业一体化方向，因此大力推进相关政策，建立了一套完整的农业现代化工作体系，解决了工农城乡协调发展问题（周建华，2007）。今日的中国在乡村振兴的过程中，同样面临着农村经济发展的不均衡、城乡发展差距巨大、农村产业发展多数仍处于低端产业等问题，在这一背景下，总结研究法国"领土整治"和农业现代化发展的成功经验对我国乡村振兴必定大有裨益。

一、法国"农村改革的主要内容"

（一）开展"领土整治"

法国农业发展并不均衡，绝大多数以小农场为主，小农场不论是在数量上，还是在经济地位上都占有重要的地位。法国的一些大城市周边则存在着一些大农场和集约化程度高的专业化农业区，这种不均衡极大制约了法国的发展。鉴于此，在 20 世纪 50 年代中期，法国开展了大规模的"领土整治"工作。其工作内容，就是国家通过行政力量对经济相对落后和不发达的地区进行政策支持和经济援助，使经济相对落后和不发达地区能够尽快发展，实现现代化工业，同时减轻城市工业过度集中的压力，实现生产力的合理布局。

（二）推动农业一体化发展

农业一体化是现代农业的核心。所谓一体化农业（agricultural integration）就是在农业专业化生产和协调其他行业的基础上，联合农场主与商业资本家采取联合控股或者签订利益相关的合约等形式，把传统的农业及其上下游工业服务业以及其他的相关部门结合起来，再依靠现代科学技术和现代企业制度组成高效的利益共同体。这种农业与工业、服务业等其他有关部门的相互联系相互促进的崭新关系，有利于改造传统农业，提高农产品的附加值。

一体化农业在法国的发展始于 20 世纪 50 年代中，彼时，法国经济已经迅速从战争的阴霾中恢复过来，城市人口激增，工业服务业快速发展，农业人口大大下降，农业已经无法跟上工业和服务业发展的脚步，这就要求农业必须具有相对应的发展。此外，快速发展繁荣的工业也要求更多的农业原料以及更广阔的销路，银行过剩的资本也需要找到合适的投资方向。在多种因素的影响下以及政府为了促进更长久的发展，法国采取了包括补贴、投资、税收优惠和低息甚至无息贷款等方式，为农业及其相关联的上下游产业、服务业提供支持，这种资金支持加快了这些部门的资本积累和集中速度，延长了农业产业链，在长期内实现了对农业的支持和产业融合。

法国一体化农业存在不同的表现形式，主要可以分为以下三种类型：

1. 互相控股类型

农业、工业、服务业及其他相关企业互相控制股份组成的企业。由于囊括了和农业相关的绝大部分行业，他能合理地利用劳动分工为其建立巨大的经济利益并使生产更加高效化和现代化。

2. 垂直的合同关系

这是一种通过合同的方式把农业及其相关行业组织起来的结合体，也称垂直的不完全的一体化，这种类型在法国占比最大。

3. 各种类型合作社

法国的合作社类型多种多样，发展成熟，如购销合作社、服务合作社、农产品加工合作社和农业合作社等。

二、法国农村改革发展模式研究

相较于荷兰的精简节约，韩国的自主协同以及日本的因地制宜型，法国的发展模式应该可以总结为综合发展型。所谓综合发展型就是指以满足农村现代化发展为核心，通过农村建设的集中化、专业化以及大型化方式，推动乡村的综合发展。法国作为一个发达国家、一个工业强国，具有其他后发国家不可比拟的工业基础优势，这是他可以在短短20余年里实现农业强国的强大后盾。在强大的工业基础之上，法国采取了有力且高效的行政指令，积极地推动着农村改革。总体而言，法国的农村改革主要分为两大主线，这两大主线是平行同时开展的。一是大力推广"一体化农业"发展。实行"一体化农业"通过引入其他部门的资金和技术使传统农业产品的附加值上升，带动农业建设，实现对农业的推进和反哺（沈费云，2016）。二是开展"领土整治"，通过国家层面出台相应的法规政策帮助和支持落后区域的农村工作，实现社会资源在农村的合理配置，以此促进法国农村的均衡发展和现代化建设。这些措施有效地提高了农村地区的经济发展水平，缩小城乡发展的差距，城乡经济水平和预期目标趋于平衡，促进城乡一体化，实现均衡发展。

三、法国农村改革的启示

（一）重视政府的作用

法国农村改革启示我们，在工业化过程中，政府的作用十分重要，甚至可以说，政府干预是十分必要的。目前我国也存在着当年法国农村发展不均衡、农民还是弱势群体的问题。单纯依靠市场调控，资本只会流向回报率高的地方。因此，中国政府在乡村振兴的过程中，应该担负起相应的责任，建立相关的专业机构，出台相应的政策法规，积极引导城市龙头企业进入农村共同发展。同时，由于信息不对称的存在，政府无法全面地掌握农村发展情况，存在制定错误的发展计划的可能，因此政府应当积极对农村问题进行研究，尽可能地掌握更多信息，做出更有利于发展的相关政策。

（二）注意协调区域经济发展

城乡收入差距持续扩大，区域发展不断趋于失衡，关键在于资源过度倾斜到了城市，农村获得的太少。农业弱、农民多、农村穷是中国农村的普遍特性。必须把解决"三农"问题同促进区域经济增长结合起来。在乡村振兴的过程中，也要注意由于各地区发展不均衡，要因地制宜制定差异化政策。

（三）要大力培育农民合作组织

法国的经验证明了农民合作组织是缩小城乡差距、减少农业剥削、提高农民收入、增加农业产出并建立现代农业的有效途径。我国开放后推行的家庭联产承包责任制，把农业的基层单位重新按照户来操作，必须承认这极大地调动了农民的生产积极性，但也必须认识到，这种分散化的方式不利于集约化发展从而降低成本。特别是我国现在农村发展进入了新的历史性阶段。如何合理应用农民合作组织提高农业集约化水平和与工业的对接能力，是我们未来乡村振兴发展的一大重点。

第五节 本章小结

与中国地理相邻的韩国，文化也和我国相近，韩国历史上也曾面临城市工业化过快而导致城乡收入差距过大的问题。但是韩国政府通过发起"新村运动"、推进基础设施建设、扩大政府财政投入、提高农民积极性扩大、拓宽农民收入渠道及农业规模化生产等措施提高了韩国农民的可支配收入，缩小了城乡发展差距，实现了低成本推行农村跨越式发展，其中的经验是我们需要学习的。

日本无论是土地结构还是文化都与我国相似。人多地少，可耕种土地有限。因此日本在推进乡村振兴运动——"造村运动"中，注重町村合并、培养乡村特有产业，实现"一村一品"，最终改变了日本乡村产业结构、市场竞争力和地方吸引力。这里面所积累的相关经验对于中国发展乡村振兴具有一定的启示意义和借鉴意义。

荷兰国土面积狭小，土地碎片化严重，然而荷兰却能通过发挥比较优势、提高集约化程度和大力促进创新成为了农业大国，在世界农产品出口上仅次于美国，因此我们要学习研究尚兰集约化生产、发挥比较优势的成功经验。

法国是欧洲大陆上的传统资本主义国家，农村发展不均衡，法国通过实行"领土整治"和农业一体化，对缩小地区间的差距、加快落后地区的发展起了积极作用。虽然最发达的巴黎地区的发展速度有所减缓，但是西部落后的农村地区发展明显加快，这显著增强了法国整体的经济活力，有利于地区间的均衡发展。

| 第四章 |

浙江省乡村产业发展的现状与问题

第一节　浙江省乡村产业发展的现状

"三农"问题一直是我国经济发展过程中的重点所在，乡村振兴战略是我国在多年发展农村经济的工作中总结出来并在充分结合我国国情后提出的，针对农村发展的新时代背景下的工作部署。中国乡村振兴战略要求坚持农业农村优先发展，按照产业兴旺，生态宜居，乡村文明，治理有效，生活富裕的总要求推进农业农村现代化。其中，产业兴旺是乡村振兴的关键，是乡村振兴战略的实施要点。

浙江省作为全国唯一一个省部共建的乡村振兴示范省，在农业部与浙江省共同建设的两年多工作中，落实了总书记的"三农"指导思想，深化并总结了以往的成功案例与实践，围绕乡村振兴战略探索出许多鲜活宝贵的浙江经验，为全国各地农业农村现代化建设提供引领性、科学性、政治性、可操作性的借鉴。因此，本书以浙江省为研究对象，对浙江省乡村产业的发展现状进行分析，提出目前浙江省农村产业发展过程中存在的问题，为后续研究奠定基础。

一、浙江省概况

浙江省，位于长江三角洲地区，中国东南沿海，陆域面积 10.55 万平方公里，海域面积 26 万平方公里，辖 11 个设区市、90 个县（市、区）、1360个乡镇（街道），有村民委员会 20402 个，农村常住人口 1755 万人，是全国农业现代化进程最快、乡村经济发展最活、乡村环境最美、农民生活最优、城乡融合度最高、区域协调发展最好的省份之一①。

农村人口数量大幅减少，农业生产能力不断提升。浙江省农村常住人口逐年下降，2010 年底共计 2090 万人，2019 年底减少至 1755 万人，人口流失趋势明显，农村劳动力资源纷纷流向城镇以及二三产业，年底乡村劳动力仅有 2255.98 万人。另外，浙江政府着手稳定物价，提质保量，近 10 年全省农、林、牧、渔、服务业增加值稳定增长，在 2019 年底上升至 2135.25亿元，在满足居民日常生活需求的基础上，不断适应城镇及农村等不同人群的多样化消费习惯②，如图 4-1 所示。

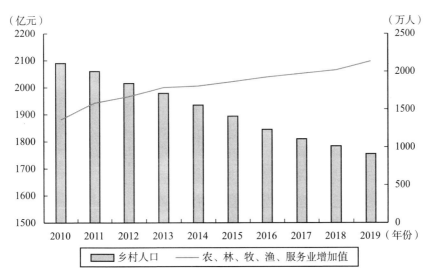

图 4-1　2010~2019 年乡村常住人口及农、林、牧、渔、服务业增加值

资料来源：浙江省统计局，国家统计局浙江调查总队.浙江统计年鉴［M］.北京：中国统计出版社，2011-2020.

---

①②　资料来源：浙江省统计局.浙江乡村振兴报告（2019）［N］.农村信息报.2020-10-31.

农民收入高位增长。全省全面实施万元农民收入新增工程，为民生做好实事，挖掘经营增收潜力、健全增收机制，真正做到惠民富民，以全体人民共同富裕为标准，实现农民收入在高基数水平上持续增长。如图 4-2 和图 4-3 所示，近 10 年，浙江省农村居民人均收入保持逐年稳定上升，其中年底，浙江省农村居民家庭人均可支配收入达到 29876 元/人，与去年相比增长 9%。全省农民收入超过 30000 元的设区市从 6 个增加到 8 个，所有市均水平跨度达到 20000 元，水平最低县农民年收入 18805 元。此外，全省城乡居民收入水平比值连续 10 年维持整体下降趋势，且收入差距在 2013~2014 年间大幅缩小，农民可支配收入提升速度远远高于城镇居民。至 2019 年底，全省城乡居民收入水平比值缩小到 2.01∶1①。

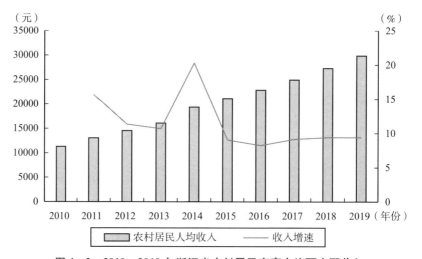

图 4-2　2010~2019 年浙江省农村居民家庭人均可支配收入

资料来源：浙江省统计局，国家统计局浙江调查总队. 浙江统计年鉴［M］. 北京：中国统计出版社，2011-2020.

---

①　资料来源：浙江省统计局. 浙江乡村振兴报告（2019）［N］. 农村信息报. 2020-10-31.

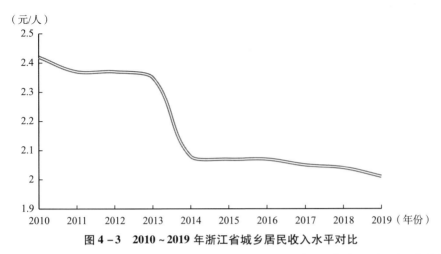

图 4 - 3 2010 ～ 2019 年浙江省城乡居民收入水平对比

资料来源：浙江省统计局，国家统计局浙江调查总队. 浙江统计年鉴［M］. 北京：中国统计出版社，2011 - 2020.

乡村整治全面提升发展。持续深入践行"两山"，农业生态与环境全面提升，完善乡村基础配套设施，改善生态及人居环境，提升村民幸福感。全省治理水土流失面积在 2013 年大幅提升，2013 ～ 2019 年基本保持稳定，治理能力达到高水平。除涝面积整体呈波动扩大趋势，2019 年底提高至 557.6 千公顷，节水灌溉类机械引进套数从 2010 年的 23600 套增加到 31000 套[1]，如图 4 - 4 所示。另外，全省域推进农村垃圾分类处理，农村生活垃圾分类处理行政村覆盖率 76%，无害化卫生厕所普及率 99.1%，且获得 2019 年全国农村人居环境整治监测第三方评估总分第一，国家级自然保护区建设数 11 个，总面积达 14.9 万公顷[2]。全面推进新时代美丽乡村建设成果突出。

---

① 资料来源：浙江省统计局，国家统计局浙江调查总队. 浙江统计年鉴［M］. 北京：中国统计出版社，2011 - 2020.
② 资料来源：国家统计局国民经济综合统计司，国家统计局农村社会经济调查司. 中国区域经济统计年鉴［M］. 北京：中国统计出版社，2020.

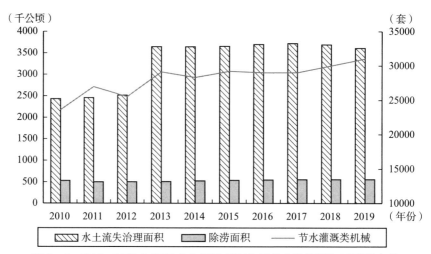

图 4-4　2010~2019 年浙江省乡村治理面积及节水灌溉类机械引进套数

资料来源：浙江省统计局，国家统计局浙江调查总队．浙江统计年鉴［M］．北京：中国统计出版社，2011-2020.

文化、教育、医疗与社会服务资源大面积覆盖。城乡公共资源配置更加协调，推动基本公共服务均等化，补齐农村配套设施短板，进一步推进城乡融合发展。2019 年底乡村文化站共计 951 个，文化礼堂 14341 家，乡镇综合文化站、村级文化活动室全覆盖。农村幼儿园占比达到 96.6%，乡村小规模学校和乡镇寄宿制学校全部达到基本办学条件，义务教育入学率、巩固率分别为 99.9%、100%，义务教育标准化学校比例 96.8%。卫生院和村卫生室个数近年来稍有减少，但卫生质量大幅提高，村级卫生室规范化率达到 56%，设置卫生室的村与行政村个数所占比例在 2017 年达到最低谷，近两年迅速增长，如图 4-5 所示。城乡基本养老保险参保人数整体上处于上涨趋势，2019 年底达到 4230 万人，养老金最低标准为 155 元/月，参加城镇基本医疗保险人数逐年增加，年底达到 5461 万人，财政补助标准为 540 元/年，同时不断推进农村社会救济项目，农村最低生活保障支出持续增长，年底高达 333000 万元，相比上年提高 21000 万元，如图 4-6 所示①，新增各

① 资料来源：国家统计局国民经济综合统计司，国家统计局农村社会经济调查司．中国区域经济统计年鉴［M］．北京：中国统计出版社，2020.

类机构养老床位数2.9万张，建成乡镇示范型居家养老中心387个①。

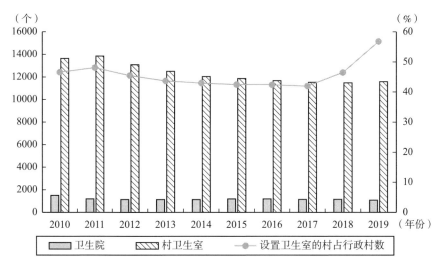

图4-5 2010~2019年浙江省卫生院、村卫生室数量及设置卫生室的村占行政村比例

资料来源：国家统计局国民经济综合统计司，国家统计局农村社会经济调查司. 中国区域经济统计年鉴［M］. 北京：中国统计出版社，2011－2020.

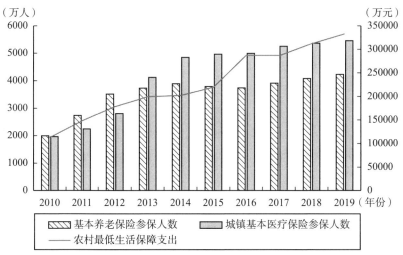

图4-6 2010~2019年浙江省基本养老保险及基本医疗保险

参保人数、农村最低生活保障支出

资料来源：国家统计局国民经济综合统计司，国家统计局农村社会经济调查司. 中国区域经济统计年鉴［M］. 北京：中国统计出版社，2011－2020.

① 资料来源：浙江省统计局. 浙江乡村振兴报告（2019）［N］. 农村信息报，2020－10－31.

二、浙江省乡村三次产业发展现状

（一）浙江省乡村第一产业发展现状

乡村振兴的基础是农产品供给，近年来，在稳价提质等稳固粮食生产的手段管控下，浙江严格保护54万亩粮食生产功能区，全年农业增加值增长2%。除此之外，由于国家也开始重视甜菜、棉花等经济作物的发展，因此浙江省在农业结构调整上做出了诸多努力，以种植粮为主的种植结构已经改变。随着人们物质文化水平的不断提高，对各类其他农产品的需求不断增加，大力重视乡村的渔业养殖，优先发展生态渔业养殖和绿色养殖等，水产养殖面积逐年扩大；全力以赴打好生猪粮食保供战，2019年改造提升万头以上规模猪场。如图4-7所示，截至2019年底，浙江省农、林、牧、渔、服务业产值分别占总产值的48%、5%、12%、32%和3%，结合图4-8可知，渔业比重上升最快，畜牧业则表现为整体上比重逐年下降，其他分项的变动幅度较小，基本保持稳定。

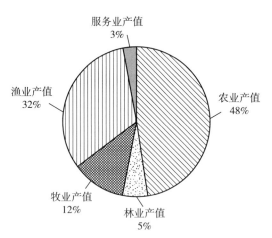

图4-7　2019年浙江省各分项产值占比

资料来源：浙江省统计局，国家统计局浙江调查总队.浙江统计年鉴［M］.北京：中国统计出版社，2011-2020.

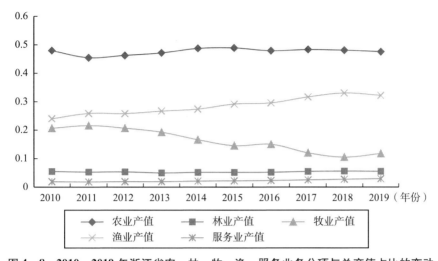

图 4 – 8　2010～2019 年浙江省农、林、牧、渔、服务业各分项与总产值占比的变动

资料来源：浙江省统计局，国家统计局浙江调查总队. 浙江统计年鉴［M］. 北京：中国统计出版社，2011 – 2020.

乡村振兴战略提出之后，我国的农业经济成功进行了过渡，大部分农村开始由以前单一的种养结构向全面的农牧林渔业绿色生态进行转变。农业的发展方式也从原来增加产量向增加品种质量转变，生产能力也稳步提升。

（二）浙江省乡村第二产业发展现状

从 1975 年以来，我国农村的第二产业开始迅速发展壮大。然而，在快速发展的过程中产生了一些粗放型的开采造成资源浪费、效率低下、环境破坏等问题。乡村振兴战略提出之后，浙江省开始着手调整产业和产品结构，提高农产品加工品的质量和产量。由于浙江省人口稠密，农业资源和劳动力较为丰富，增加农产品加工业的比重，加快食品工业和食品加工业的发展更有助于适应居民的更高层次的生活需求，如表 4 – 1 所示为以农副食品加工业、食品制造业、酒、饮料和精制茶制造业、烟草制品业等为例的主要农产品加工制造业 2019 年企业总产值。此外，截至 2019 年底浙江省新增"三品一标"农产品 931 个，建设国家地理标志农产品保护工程 5 个，主要食用农产品中"三品"比率 55.6%。

表 4 - 1

表 4 - 1　　　　　2019 年浙江省主要农产品加工制造业企业总产值　　　单位：亿元

主要农产品加工业	企业总产值
农副食品加工业	866.3
食品制造业	521.0
酒、饮料和精制茶制造业	437.0
烟草制品业	535.9
纺织业	4494.6
纺织服装、服饰业	2176.6
皮革、毛皮、羽毛及其制品和制鞋业	1129.6
木材加工和木、竹、藤、棕、草制品业	454.0
家具制造业	988.3
造纸和纸制品业	1480.6
印刷和记录媒介复制业	500.5

资料来源：浙江省统计局，国家统计局浙江调查总队. 浙江统计年鉴［M］. 北京：中国统计出版社，2011 - 2020.

　　在乡村生产能力方面，全省坚持加强农业科技水平创新及农业专职人才培育力度，从装备、设施、技术等方面入手，推进农业生产方式转变，增强农业生产能力。2019 年全省农业机械总动力达到 1946.4 万千瓦，其中在耕作、植保、排灌、农副产品加工等作业环节中都引入科技机械设备作为支撑，大大提高了生产效率，增强农业可持续发展能力。如图 4 - 9 所示为2016 ~ 2019 年浙江省生产能力相关指标，可以发现大中型拖拉机、联合收割机的机械动力在近几年处于稳定增长的趋势，在植保作业中所使用的机动喷雾器则小幅增长。

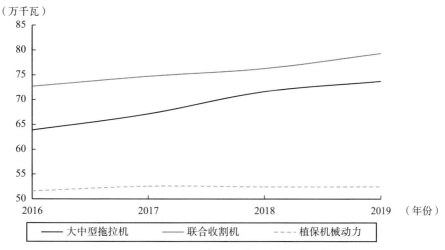

（万千瓦）

图 4 - 9 **2016～2019 年浙江省生产能力相关指标**

资料来源：浙江省统计局，国家统计局浙江调查总队. 浙江统计年鉴［M］. 北京：中国统计出版社，2011 - 2020.

（三）浙江省乡村第三产业发展现状

随着农村经济社会发展不断提高，农村的互联网服务化发展也越来越迫切。从 1980 年以后，浙江省农村网络普及数量发展迅速，乡村产业与电子商务相融合发展势头不断加强。数字农业与数字经济在农村加速布局，2019 年底，浙江省建成农业物联网基地 614 个、增加 112 个，开展建设数字农业工厂 72 个。新增农村电子商务专业村 467 个、累计 1720 个，新增电商专业镇 126 个、累计 256 个，数量均居全国前列。拥有活跃涉农网店 2.2 万家，实现农产品网络零售额 842.9 亿元，增长率高达 26.26%[1]，如图 4 - 10 所示，即为浙江省农产品网络零售额增长情况，2016～2019 年全省总额稳定持续增长。

---

[1] 资料来源：浙江省统计局. 浙江乡村振兴报告（2019）［N］. 农村信息报，2020 - 10 - 31.

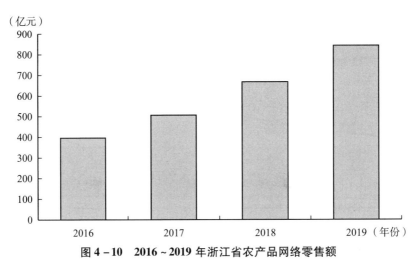

图 4 – 10　2016～2019 年浙江省农产品网络零售额

资料来源：浙江省统计局．浙江乡村振兴报告（2019）［J］．农村信息报，2020 – 10 – 31．

　　农业观光旅游得到进一步发展。其中，农村观光旅游以"农家乐"为主打产品，推进"农家乐"向标准化服务、品牌化经营方向发展，乡村休闲旅游的发展同时推进了餐饮业、住宿业以及其他服务业的兴起。据统计，2019 年底浙江省乡村休闲旅游总产值达 442.7 亿元，总计接待游客数 2.5 亿人次。全省农家乐总经营户数 2.12 万，累计创建高星级（四、五星级）农家乐经营户（点）944 家①。通过浙江省旅游局、农业局的积极引导，浙江省先后开展了创建全国农业旅游基地示范点、休闲渔业示范基地的工作等，形成了以奉化滕头村、浙江传化农业高科技园示范区、舟山沈家门渔港等多家国家农业旅游示范点。同时，与乡村旅游相关的特色产业层出不穷，"百县千碗"品牌不断得到大众及市场的认可，民间社会组织大力开展"妈妈的味道"等知名美食活动，知名美食品牌"缙云烧饼"营业收入高达 22 亿元。此外，各类农家小吃、乡村非遗产品、文创等具有地方特色、蕴含乡愁记忆的新产业新业态蓬勃发展，培育代表性农家特色小吃 50 个。生产性

---

　　①　资料来源：杭州网．浙江久久为功建设美丽乡村"浙"里的乡村村村见风景［EB/OL］．https：//news．hangzhou．com．cn/zjnews/content/2021 – 09/23/content_8059476．htm．

　■■　浙江省乡村产业振兴的理论与实践

服务业和生活性服务业渐成体系，建成省级农村放心农贸市场440家，乡村星级农贸市场覆盖率占75%①。

第二节 浙江省乡村产业发展水平测度

一、指标体系构建与数据来源

在对于乡村产业发展水平的研究中，多数学者将乡村产业的产生、发展及其升级的整个过程定义为农村产业发展，既包括单一产业也包括整体产业，既包括单一产业内部的有关企业个数、产品数量、产值总量等的数值变化，也包括产业结构的优化升级、主导产业的调整更替等的质量上的变化。

综观新农村建设中的实际研究成果，专家和学者对农村产业发展概念的使用可分为两类：一类是从相对狭隘的视角研究农村资源利用、特色产业培植、农业产业化、农村工业、农村服务业、农村主导产业培植等其中的一项或少数几项；另一类则试图从农村三次产业的划分角度出发，系统地研究三次产业的问题、成因和对策建议。

目前，在有关乡村产业发展水平测度方面的研究较为稀少，大多学者以具体的乡村产业作为研究对象，从而测度该乡村产业的发展水平进行空间差异和时间顺序分析（高红贵、赵路，2019；李健、韦素琼，2011；李涛等，2017）。徐腊梅等（2018）结合乡村振兴战略的实施重点，从产业兴旺、生态宜居、乡风文明、治理有效、生活富裕五个方面分别选取二级指标，构建指标体系。詹慧龙等（2007）则从三次产业的划分角度出发，分别以一二三产业的总产值作为乡村三次产业发展水平的直观体现，进而利用通径系数分析法来剖析农村产业发展的影响因素。部分学者将乡村产业发展水平、产业振兴、产业兴旺等概念融为一谈，且指标体系并未有统一的标准。另外，

---

① 资料来源：浙江省统计局. 浙江乡村振兴报告（2019）[J]. 农村信息报，2020 – 10 – 31.

针对浙江省乡村产业发展水平的实证研究更是少之又少，因此，本书借鉴以往学者的研究经验（王露爽等，2021），考虑到数据的可得性，构建如表4-2所示的指标体系，并采用熵权法——综合指数的方法来测度浙江省乡村产业发展水平，同时，在此基础上对浙江省乡村产业发展水平的时间演化与空间差异特征进行分析。

表4-2　　　　　　　　　浙江省乡村产业发展水平指标体系

指标	性质
生产总值（亿元）	正向指标
第一产业增加值（亿元）	正向指标
第二产业增加值（亿元）	正向指标
第三产业增加值（亿元）	负向指标
农村常住居民人均可支配收入（元）	正向指标
城乡居民储蓄存款年末余额（亿元）	正向指标
农、林、牧、渔业总产值（亿元）	正向指标
有效灌溉面积（千公顷）	正向指标
农业机械总动力（万千瓦）	正向指标
农林水事务支出（万元）	正向指标
农村就业人员（万人）	正向指标

资料来源：全球统计数据/分析平台（eps数据平台）。

如表4-2所示，本书采用生产总值，第一产业增加值，第二产业增加值，第三产业增加值，农村常住居民人均可支配收入，城乡居民储蓄存款年末余额，农、林、牧、渔业总产值，有效灌溉面积，农业机械总动力，农林水事务支出和农村就业人员共11个指标，从乡村产业整体产值状况、乡村产业现代化程度、乡村产业容纳就业量、乡村三次产业融合情况、乡村产业发展情况几个方面反映出浙江乡村产业的发展现状。以上涉及的所有数据均来自eps数据平台中的浙江省市级统计数据（2010～2019年）。

二、研究方法与研究对象

借鉴以往研究成果（程广斌、杨春，2020），同时考虑了面板数据的适用性和结果的纵向可比性，基于可操作性、科学性、动态性原则，本书采用引入时间变量的改良后的熵值法通过分析指标间的相关度和信息来决定指标的权重来确定各指标的权重，相比于主观赋权法能在一定程度上避免主观影响带来的偏差。具体实现步骤如下：

第一，数据标准化。由于各个指标的量纲不同，因此为消除各指标之间量纲和正负取向的影响，采用极值法对各项指标进行标准化处理，正向和负向指标的标准化公式分别为：

正向指标：

$$y_{\lambda ij} = \frac{x_{\lambda ij} - \min(x_{\lambda ij})}{\max(x_{\lambda ij}) - \min(x_{\lambda ij})} \tag{4-1}$$

负向指标：

$$y_{\lambda ij} = \frac{\max(x_{\lambda ij}) - x_{\lambda ij}}{\max(x_{\lambda ij}) - \min(x_{\lambda ij})} \tag{4-2}$$

其中，λ 表示第 λ 年（$\lambda = 2010$，2011，$\cdots$，s；s 为最大样本时间），i 表示第 i 个观测对象（$i = 1$，2，$\cdots$，m；m 为观测地级市），j 为第 j 项指标（$j = 1$，2，$\cdots$，n；n 为指标个数），$x_{\lambda ij}$ 为第 j 项指标的第 i 个市在第 λ 年的原始数据；$y_{\lambda ij}$ 为第 j 项指标的第 i 市在第 λ 年的标准化处理后的值；$\max(x_{\lambda ij})$ 和 $\min(x_{\lambda ij})$ 分别为第 j 项指标的第 i 个市在样本期间的最大值和最小值。

第二，各指标熵值：

$$e_j = -k \sum_{\lambda=1}^{s} \sum_{i=1}^{m} p_{\lambda ij} \ln(p_{\lambda ij}) \tag{4-3}$$

其中，e_j 为第 j 项指标的熵值，$0 \leq e_j \leq 1$；$k = 1/\ln mn$；$p_{\lambda ij} = y_{\lambda ij} / \sum_{\lambda=1}^{s} \sum_{i=1}^{m} y_{\lambda ij}$，$p_{\lambda ij}$ 为第 i 个市的第 j 项指标在第 λ 年的贡献度。

第三，各指标差异系数：

$$g_j = 1 - e_j \tag{4-4}$$

其中，g_j 为差异系数，e_j 为第二步得到的指标熵值。

第四，各指标权重确定：

$$\omega_j = g_j / \sum_{j=1}^{n} g_j \qquad (4-5)$$

其中，ω_j 为指标权重。

第五，计算得分：

$$S_{\lambda i} = \sum_{j=1}^{n} \omega_j y_{\lambda ij}$$

其中，$S_{\lambda i}$ 为最终得分，即代表第 i 市在第 λ 年的农村产业发展水平。

本节以浙江省及其 11 个地级市为研究对象，构建浙江省农村产业发展水平的指标体系来测算 2010～2019 年浙江省乡村产业发展水平，并深入分析浙江省乡村产业发展的现状。同时，为更清晰地探究浙江省乡村产业发展的时间演化特征，本节使用 ArcGIS 软件对 2010～2019 年的乡村产业发展水平进行可视化操作。

因此，通过上述方法可对浙江省 11 个地级市在 2010～2019 年的数据进行计算，得到各项指标的熵值、差异系数以及权重结果，如表 4－3 所示。

表 4－3　浙江省乡村产业发展水平各项指标的熵值、差异系数以及权重

指标	熵值	差异系数	权重
生产总值（亿元）	0.917	0.083	0.135
第一产业增加值（亿元）	0.944	0.056	0.090
第二产业增加值（亿元）	0.925	0.075	0.121
第三产业增加值（亿元）	0.904	0.096	0.155
农村常住居民人均可支配收入（元）	0.971	0.029	0.046
城乡居民储蓄存款年末余额（亿元）	0.926	0.074	0.119
农、林、牧、渔业总产值（亿元）	0.951	0.049	0.079
有效灌溉面积（千公顷）	0.975	0.025	0.040
农业机械总动力（万千瓦）	0.954	0.046	0.075
农林水事务支出（万元）	0.960	0.040	0.065
农村就业人员（万人）	0.955	0.045	0.073

三、浙江省乡村产业发展水平测度与发展现状分析

利用表4-3中各指标的权重，根据上述浙江省及11个地级市乡村产业发展水平的计算方法，对浙江省及11个地级市在2010～2019年的数据加权计算后可得到乡村产业发展水平的得分结果，整理后如表4-4所示。

表4-4　2010～2019年浙江省及11个地级市乡村产业发展水平得分

地区	2010	2011	2012	2013	2014	2015	2016	2017	2018	2019	平均值	排名
杭州市	0.4474	0.5119	0.5580	0.5937	0.6338	0.6846	0.7373	0.7684	0.8071	0.8936	0.6636	1
宁波市	0.4431	0.5114	0.5518	0.5797	0.5927	0.6360	0.6696	0.6855	0.7234	0.7787	0.6172	2
嘉兴市	0.2001	0.2303	0.2494	0.2693	0.2769	0.2964	0.3046	0.3143	0.3253	0.3456	0.2812	7
湖州市	0.1233	0.1443	0.1587	0.1751	0.1856	0.2044	0.2173	0.2184	0.2342	0.2298	0.1891	8
绍兴市	0.2582	0.2954	0.3209	0.3429	0.3583	0.3829	0.4074	0.4054	0.4176	0.4396	0.3629	5
舟山市	0.0427	0.0728	0.0903	0.1026	0.1089	0.1286	0.1486	0.1480	0.1670	0.2014	0.1211	9
温州市	0.2644	0.3019	0.3161	0.3391	0.3496	0.3832	0.4078	0.4214	0.4478	0.4856	0.3717	4
金华市	0.2217	0.2523	0.2765	0.3001	0.3116	0.3360	0.3548	0.3434	0.3578	0.3711	0.3125	6
衢州市	0.0628	0.0806	0.0895	0.1058	0.1117	0.1212	0.1311	0.1288	0.1381	0.1468	0.1116	10
台州市	0.2992	0.3472	0.3642	0.3844	0.3979	0.4247	0.4523	0.4746	0.4938	0.5140	0.4152	3
丽水市	0.0404	0.0583	0.0714	0.0896	0.0991	0.1111	0.1253	0.1257	0.1351	0.1648	0.1021	11
浙江省	2.4032	2.8063	3.0467	3.2824	3.4262	3.7092	3.9560	4.0338	4.2468	4.5711	3.5482	—

从表4-3各指标的权重中可以看出，乡村第三产业的发展对于乡村产业发展的推动力最为强劲，生产总值次之，紧接着是第二产业增加值和城乡居民储蓄存款年末余额。而第一产业增加值所占权重反而较小，这反映出要想提高整体乡村产业发展水平，就要拓宽产业的发展模式，加强产业间的融合力度，延长乡村产业链，二三产业越发成为促进区域产业发展的重要因素，第一产业数量的作用反而逐渐减弱了。同时需要清楚的是，促进乡村产业发展，推动乡村振兴战略，目的是发展乡村经济，让农民们依靠自身能力实现脱贫增收，因此其关键就在于"人"（樊维聪，2019），也即，主体利

益是十分重要的发展驱动力。作为乡村产业发展的主体，若能够在亲身参与乡村产业发展的过程中获得足够的收益，经营主体们就会自发地扩大生产规模，积极参与到产业融合发展中，延长农产品加工链，引进高技术设备等，甚至主动提高自身职业素质水平，着力开发新业态等，进而带来乡村产业的升级发展，结合城镇化发展的趋势来推进乡村振兴战略。

1. 总体分析

由表4-4和图4-11可以发现，从整体上来看，浙江省乡村产业发展水平得分在2010~2019年始终处于整体上涨的趋势，说明这期间全省的乡村产业发展具有良好的发展态势，并且整体发展水平的增长率在2011年时达到16.77%，在近几年里达到了巅峰，这可能是由于2010年时，浙江省的新农村建设水平较低，总体的乡村产业发展基数很小，仅仅只有2.4033，可见具有巨大的上涨空间。而浙江省的乡村振兴实际开始的时间要早于国家政策的提出，乡村建设成效在全国范围内也一直处于领先的地位，因此给全省提供了适宜发展乡村产业的政策环境和资源要素。除此之外，2019年的浙江省乡村产业发展水平增长率达到了7.64%，尽管2018年时全省整体发展水平基数已经达到4.2468之高，但仍然是继2015年之后增长速率最快的一年，说明在2017年初党的十九大报告中明确提出乡村振兴战略的背景下，浙江省得到国家政策和财政的支持，已经适应了2016~2017年的农村产业结构调整，并不断向乡村产业结构升级发展推进。

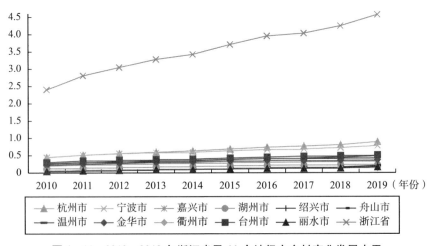

图4-11　2010~2019年浙江省及11个地级市乡村产业发展水平

2. 局部分析

通过对浙江省 2010～2019 年 11 个地级市的乡村产业发展水平进行比较分析，由表 4-4 和图 4-12 可以发现杭州市和宁波市的发展水平指数始终处于遥遥领先的地位，分别位居 11 个地级市的前两名，台州市、温州市、绍兴市、金华市和嘉兴市则处于较为中间的第二梯队，乡村产业发展水平均值位于 0.3～0.5，而其他四个地级市——湖州市、舟山市、衢州市和丽水市的发展指数则相对较低，均没有达到 0.2，这说明虽然整体上看各市的乡村产业发展水平都取得了不错的进步，但区域之间依然存在不小的差距，由于不同农村地区的文化基础、资源环境、风俗习惯、技术水平等方面都存在差异，必然导致不同区域的消费、生产特点不同，因此乡村产业发展水平的地区性差异的存在是正常的（欧阳楚田，2020），但是过度的空间差异会导致出现农村经济发展失衡的现象，对此，本书将展开更加具体的地区差异研究。

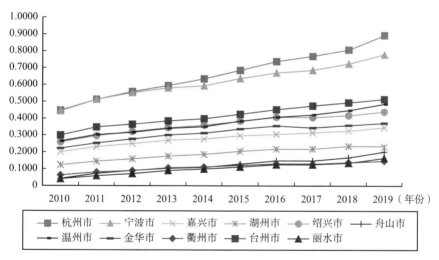

图 4-12　2010～2019 年浙江省 11 个地级市乡村产业发展水平

针对杭州市和宁波市，2010～2012 年，两个地级市之间仅存在极其微小的差距，然而 2012～2019 年，杭州市的发展水平指数迅速攀升，逐渐与宁波市拉开距离，并在 2019 年达到 0.8936，此时比宁波市的乡村产业发展指数高出 14.76%。这恰恰反映出在新形势下，杭州市相对于宁波市而言，第三产业的发展速度要远远快于一二产业，近几年杭州市作为阿里巴巴等电商企业的主要根据地，以个体户为单位的乡村电商也发展迅猛，物流业下乡已成为常态，极大促进该市服务业的发展。另外，近年来人们收入水平不断提高，消费结构也随之发生变化，人民开始更加注重精神生活的满足，旅游出行吃喝玩乐成为日常，使得"上有天堂，下有苏杭"的杭州旅游业发展也越发火热（柳雨歆，2018）。

为了更加直观地描述浙江省乡村产业发展空间演化特征，本书采用乡村产业发展水平（RIDL）指数来衡量各地乡村产业发展水平，根据自然断裂法以 2010 年、2015 年、2019 年为例，将各地级市 RIDL 指数分别分为四种类型：乡村产业发展高水平、较高水平、低发展水平以及较低水平（张仁开、杜德斌，2006），得到不同乡村产业发展类型的差异表，如表 4-5 所示。按照时间演变顺序来看，由 2010 年、2015 年至 2019 年，浙江省乡村产业发展水平平均值逐步从 2.40 达到 3.71，再进一步上升到 4.57，大体上呈现出稳步发展的趋势。2010 年时浙江省内乡村产业发展高水平城市包括杭州与宁波，较高水平城市有绍兴、金华、台州与温州，此外，湖州、嘉兴为乡村产业较低发展水平城市，衢州、丽水和舟山则位于低发展城市的行列，在经历五年的农村建设的逐步推进之后，整体乡村发展的分布特征却无明显的变化，说明尽管五年间各市对于农村产业结构调整及提升作出了诸多努力，但是整体提升效果并不显著，省内乡村产业发展的空间分布格局保持不变，各类型城市也维持原状。然而，2015 年至 2019 年，嘉兴市的农村产业融合发展水平从 0.2964 跃升至 0.3456，农村产业发展级别也相应提高到较高发展城市，同时，舟山市发展指数从 0.1286 上升至 0.2014，从而摆脱低发展水平城市行列，跻身较高发展水平类别。另外，按照空间演变来看，浙江省乡村产业发展水平较高的市域大多集中在浙东、浙北区域，而发展水平较低的城市大多集中在浙西与浙南地区。

表 4 – 5　　　　　　　　　浙江省乡村产业发展水平空间差异

2010 年			2015 年			2019 年		
乡村产业低发展水平	0.040400 ~ 0.062800	衢州市	乡村产业低发展水平	0.111100 ~ 0.128600	衢州市	乡村产业低发展水平	0.146800 ~ 0.164800	衢州市
		丽水市			丽水市			丽水市
		舟山市			舟山市	乡村产业较低发展水平	0.201400 ~ 0.229800	湖州市
乡村产业较低发展水平	0.062800 ~ 0.200100	湖州市	乡村产业较低发展水平	0.128600 ~ 0.296400	湖州市			舟山市
		嘉兴市			嘉兴市	乡村产业较高发展水平	0.345600 ~ 0.514000	嘉兴市
乡村产业较高发展水平	0.200100 ~ 0.299200	绍兴市	乡村产业较高发展水平	0.296400 ~ 0.424700	绍兴市			绍兴市
		金华市			金华市			金华市
		台州市			台州市			台州市
		温州市			温州市			温州市
乡村产业高发展水平	0.299200 ~ 0.447400	杭州市	乡村产业高发展水平	0.424700 ~ 0.684600	杭州市	乡村产业高发展水平	0.778700 ~ 0.893600	杭州市
		宁波市			宁波市			宁波市

第三节　浙江省乡村产业发展水平空间差异

　　为探究浙江省各市乡村产业发展水平差异现状，本书运用 SPSS 22.0 软件选择组间连接法，通过离差平方和法对 2019 年浙江省 11 个地市乡村产业发展水平进行系统聚类分析，得到聚类树状图，如图 4 – 13 所示。在该谱系图距离线 5 处画一条垂直线，可以看到 11 个地级市被划分为三大地带类别，本书将三大类城市群分别定义为乡村产业发展先驱地带（杭州市、宁波市）、一般乡村产业发展地带（金华市、嘉兴市、台州市、温州市、绍兴市）和乡村产业发展滞后地带（湖州市、舟山市、丽水市、衢州市）。基于此地带分类标准，本书采用泰尔指数及其分解公式探究浙江省三大地带内及地带间乡村产业发展水平差异现状。

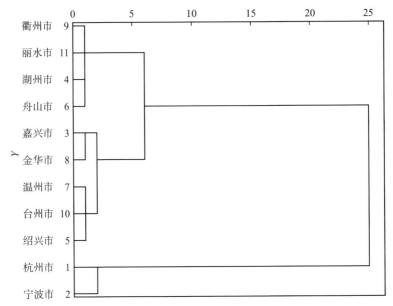

图 4 – 13　浙江省 11 个地级市乡村产业发展水平聚类分析

泰尔指数是用来衡量区域间差异的重要指标，泰尔指数的大小介于 0 ~ 1，数值越大说明差异越明显。采用泰尔指数来衡量空间不平衡具有十分显著的优点，能够以地域结构的不同将总差异进行层次分解，分别考察不同地带间的差异以及地带内部的差异。本书采用泰尔指数及其分解公式，计算浙江省乡村产业发展水平的泰尔指数并分解为乡村产业发展先驱地带、一般乡村产业发展地带和乡村产业发展滞后地带三大区域进行分析。

（1）泰尔指数总差异指数公式为：

$$T_p = T_b + T_w, \text{且} \ T_p = \sum_i \sum_j \frac{y_{ij}}{y_i} \ln\left(\frac{y_{ij}/y}{p_{ij}/p}\right) \tag{4-6}$$

其中，T_b 表示地带间的差异，T_w 为地带内部的差异，y_{ij} 和 p_{ij} 分别为第 i 个地带第 j 个城市的乡村产业发展水平和乡村农村人口数量，y_i 和 p_i 分别为第 i 个地带的总发展水平和乡村人口数，y 和 p 则分别为全省总发展水平和全省乡村人口数。

（2）第 i 地带的市域间乡村产业发展水平差异程度泰尔指数为：

$$T_{pi} = \sum_i \left(\frac{y_{ij}}{y_i}\right) \ln\left(\frac{y_{ij}/y_i}{p_{ij}/p_i}\right) \tag{4-7}$$

其中，p_i 表示第 i 个地带的乡村人口数。

（3）地带间的乡村产业发展水平差异程度泰尔指数为：

$$T_b = \sum_i \left(\frac{y_i}{y}\right) \ln\left(\frac{y_i/y}{p_i/p_i}\right) \tag{4-8}$$

（4）乡村产业发展水平总差异可被分解为地带内的差异 T_w 以及地带间的差异 T_b：

$$T_p = \sum_i \sum_j \frac{y_{ij}}{y_i} \ln\left(\frac{y_{ij}/y}{p_{ij}/p}\right) = \sum_i \frac{y_i}{y} T_{pi} + T_b = T_w + T_b \tag{4-9}$$

根据上述方法，本书以上述测得的 2010～2019 年浙江省乡村产业发展水平得分以及浙江省 11 市乡村人口数作为原始观测值，计算得到结果如图 4-14 和图 4-15 所示。

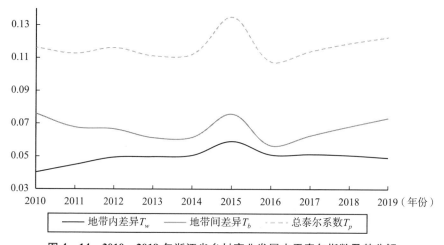

图 4-14　2010～2019 年浙江省乡村产业发展水平泰尔指数及其分解

2010～2019 年，浙江省乡村产业发展水平的总体泰尔指数在 0.10 和 0.12 之间上下浮动，在 2015 年时达到顶峰，在 2016～2019 年出现迅速回落之后又呈缓慢上涨的趋势，说明全省总体差异在 2015～2016 年时出现巨大波动后又渐渐归于平缓，目前总体差异较稳定，但根据发展态势可进行合理推测，未来几年内全省乡村产业发展水平差异会在整体区域内处于较为不均衡的局面。由图 4-14 可见，浙江省内的总体差异与地带间差异的变化趋势

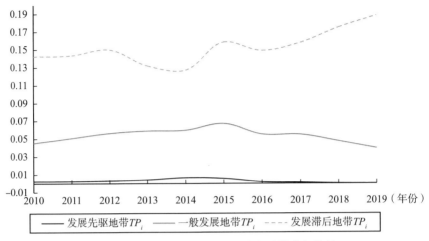

图 4 – 15　2010～2019 年浙江省各地带泰尔指数

较为相似，但是在 2010～2015 年地带间的乡村产业发展水平变化十分微小，直到 2015 年经历了泰尔系数的迅速下降后，尽管与总体差异一样地带间泰尔系数在后续几年出现些许回升，但是整体来看地带之间的差异却是越发不明显了，相反，地带内部的市域单位之间的差异在 2010～2015 年小幅增大，但在 2015～2019 年间逐年缩小。同时根据泰尔系数的分解，可以发现，地带间差异与总差异的占比始终大于 50%，例如 2019 年地带内部的差异只占总差异的 40%，这说明对于区域内部城市而言，乡村产业发展水平之间仍存在较为明显的差距，乡村产业发展先驱地带、一般发展地带和发展滞后地带三大区域的乡村产业未来将向着更加均衡的态势发展，但是目前为止，地带间的差异仍然是导致总差异的主要原因（杨丽琴，2010）。

　　图 4 – 15 反映了乡村产业发展先驱地带、一般发展地带和发展滞后地带三大区域地域内乡村产业发展水平差异的状况，可以发现，发展滞后地区城市间的发展内部差异在 2010～2012 年小幅扩大，在 2012～2016 年处于不稳定的波动状态，直至 2016 年之后泰尔指数稳定上升，也即 2016 年后该地带市级间农村经济水平的差距持续逐年变大。一般发展地带内部差异则与研究初期逐渐拉大，在 2015 年出现拐点，紧接着保持阶段性下降的趋势，这一时期一般发展地区的农村产业发展均衡程度逐年接近。而发展先驱地带内的

乡村产业发展差异变化较为不明显，内部差异指数仅在 0.00 ~ 0.01 小幅波动，说明该区域的产业发展程度几乎处于同步的状态，市域间差距微乎其微。可以发现，根据 2019 年浙江省乡村产业发展状况划分的三大地带：乡村产业发展先驱地带、一般发展地带和发展滞后地带，其分别在研究期间表现为地带内部差异基本维持不变、波动性小幅下降以及大幅波动上升的态势，整体来看，说明农村产业发展较为落后的区域其内部不平衡程度相对来说在不断地扩大，而整体发展水平较高的区域则表现为各地市发展差异趋于稳定。

第五章

浙江省乡村产业振兴的动力、
模式与路径

第一节 浙江省乡村产业振兴的动力

乡村产业振兴的过程实质上是乡村产业转型升级的过程（完世伟，2019），而乡村产业振兴的瓶颈在于乡村外生资源如何催生内生资源及内生动力（魏丹，2021）。从内涵来看，内生动力是乡村利用所有可以利用的资源，转变村庄发展思路，实现乡村产业高质量可持续发展（李凌汉，2020）。在新时代，乡村内生动力对推动乡村产业振兴具有重要作用。那么，究竟是哪些因素构成了乡村产业振兴的内生动力？有没有可以遵循的乡村产业振兴模式与路径？对于这些问题，目前还缺乏深入的理论讨论。因此本书主要从科技、资金、人才和乡贤这几个因素出发，结合浙江省乡村产业振兴成功的典型案例，探索浙江省乡村产业振兴的驱动力、模式与路径，也为其他乡村产业振兴提供一些借鉴意义。

一、科技驱动

创新是第一动力，科技是乡村产业振兴的动力引擎。乡村产业振兴需要科技的支撑、创新的驱动，需要发挥高校院所、农业科技创新型企业、专业合作社等组织在乡村产业振兴中的创新主体地位，培养符合现代农业发展的先进主体。第一，涉农高校院所是科技创新的主要来源。明确涉农高校院所在促进乡村产业振兴中的功能定位以及科学技术人才的培养作用。第二，农业科技型企业是科技需求应用主体。在乡村产业振兴的过程中，要进一步体现创新驱动力，进一步培育涉农企业，让企业在创新、研发、组织、成果转化等方面占据主体位置。在乡村产业振兴的大背景下，迫切需要培育一批能够提供专业化或综合性服务的农业企业，让小规模生产可以和现代农业生产相结合，在浙江尤其如此。第三，专业合作社是乡村产业振兴的新主体。科技产业部门可以与农业产业部门联合，在科技的支撑下，可以在以农业为主导的产业建立一批专业合作社和示范点。

长期以来，浙江省政府十分关注浙江的农业和地方科技工作。习近平同志在任期间，他曾实施了科技特派员制度；布局了"千村示范、万村整治"的工程项目，并创造性地提出了"两山"理论。《浙江省"十三五"农业和农村科技发展规划》对科技支撑产业发展能力的相关统计显示，"十二五"期间，浙江省农村科技进步贡献率达到62%，农业科技成果转化率达到59%[①]，截至2021年第一季度，浙江省农业科技进步贡献率已达65.15%[②]。科技创新支撑能力显著增强，成果转化的巨大作用有力地促进了浙江农业农村经济的繁荣。

1. 科技基地

农业科技园区。自2001年起，浙江省坚持走"政府导向、地方聚焦、政策扶持"的路子，旨在构建富含现代农业要素的集聚地，自主创新的试验地，新品种、新技术等要素的农业科技园区。依靠科学技术的进步和创新，从试点到推广，地方农业科技园的建设取得了显著的成果。为推动浙江农业科技创新和农业发展变革做出了积极的贡献。同时，为培养农业科技人才，培育农业特色产业奠定了坚实的基础。截至2016年，浙江省已建成的

<hr>

① 资料来源：浙江省科技厅. 浙江省科学技术厅关于印发《浙江省"十三五"农业和农村科技发展规划》的通知［EB/OL］. （2017 – 03 – 17）. http：//kjt. zj. gov. cn/art/2017/3/17/art _ 1229225183_1886352. html.

② 资料来源：央广网浙江频道. 浙江省农业科技进步贡献率已达65.15%［EB/OL］. （2021 – 03 – 17）. http：//zj. cnr. cn/zjyw/20210317/t20210317_525438715. shtml.

省级农业科技园区共有 12 个，其中杭州萧山区、嘉兴市、金华市和湖州市的 4 个园区已上升为国家级农业科技园区①。

星创天地建设工作。截至 2020 年底，全省共创建国家级"星创天地"59 个、省级"星创天地"36 家。各类星创天地累计建立成果转化基地 8.93 万公顷，提供 4746 个创业站，拥有各类专业技术服务人员 1703 名、创客 5851 人，孵化企业 564 家，在孵企业 1023 家，开展技术培训 1433 场，培训人员 61915 人②。一是打造了一批产业主导型星创天地。围绕一条产业主线，提供全流程服务的创新创业模式。如湖州三零现代绿色生态农业星创天地，依托微植物健康栽培技术体系，打造零农药残留、零化肥使用、零环境污染的农业产业园，同时为企业、团队和个人提供专业性技术服务，通过技术支撑实现传统农业转型升级。二是打造了一批成果转化型星创高地。借助大学和科研机构的现有资源，促进科学和技术的成果转化。如杭州临安区用"互联网＋"模式打造农业星创天地，促进了当地农业的转型发展。三是打造了一批综合服务支撑型星创天地。通过为创业主体提供综合型服务，促进农业农村领域的创新创业。如杭州安厨星创天地通过建立统一的农产品溯源、安全检测、仓储、冷链物流和其他基础设施，包括县、乡两级建立农创客服务中心，帮助创客们通过安厨供应链及微店进行销售。

2. 科技平台

浙江在搭建传统科技成果转化平台的基础上，打造了一个致力于科技成果转化与技术转移的新技术交易平台——中国浙江在线科技市场，它将成为浙江科技成果快速转化为生产力的重要桥梁和纽带。一是建立了浙江省网上技术市场，截至 2020 年底，该平台已累计发布技术成果 274914 项、技术的需求 102531 项，所在专家 67332 名、院校 32021 所、会员 184937 人③。总体规模和各项指标保持全国领先。同时，技术市场还为农业科学和技术成果的转化开展了特定的交易平台，汇集了来自浙江省一些农业科学院和各地级

① 资料来源：科技金融网．"十二五"浙江农业科技发展回顾 [EB/OL]．（2016 - 06 - 24）．http：//www.kjjrw.com.cn/system/2016/06/24/012396818.shtml.

② 资料来源：浙江省人民政府．浙江省科学技术厅印发《关于建设"星创天地"的实施意见的通知》[EB/OL]．（2017 - 03 - 17）．http：//www.zj.gov.cn/zjservice/item/detail/lawtext.do? outLawId＝04b0f421 - b8c3 - 4b4b - 9c44 - b0f13397b81a.

③ 资料来源：浙江新闻．驶向科技成果转化"新蓝海" [EB/OL]．（2016 - 11 - 27）．https：//zjnews.zjol.com.cn/zjnews/201611/t20161127_2119978.shtml.

市的良好的农业科学资源。二是在各地级市和县区进行试点。2016 年，浙江省以市场为导向，打造以服务为目标的商业模式，先后在 6 个地级市和 20 个县区进行了科学技术市场建设的试点。结合区域产业现有的模式和企业创新的现实需要，各试点单位不断创新方法，专门设立工作小组，精心研究试点方案；针对资金问题建立专项资金；推进政策的落实、保障试点工作稳步推进。三是对国家科技中介机构的培育。浙江省已培养了 102 个国家主要的科技中介机构以及 3090 名工作人员；推进 7400 个技术转让和技术开发项目，技术交易额接近 40 亿元（陈万钦，2016）。如此显著的成果体现出地方科技中介服务机构在推动浙江省农业科技创新中的重要性。

3. 科技特派员

从 2003 年开始，浙江省建立科技特派员制度，已完成派遣了 15600 个科技特派员、125 个特派员小组和 19 个法律负责人组成的科技委员会，共推广了 14000 多个新品种和新技术项目，完成 120000 多场的技术培训[①]。一是推广了一批科学技术。科技特派员通过科技普及、主动对接从事生产经营的公司，实行"一对一"指导和技术培训，推广了很多应用性很强的科学技术。例如，浙江省农业科学院驻武义柳城畲族镇的科技特派员金梅松，推广"十里荷 1 号"新莲子品种，指导建立"十里荷花"旅游观光园区，有力地推动了武义传统特色"宣莲"的发展。二是转化了一批科技成果。例如，浙江农业科学院食用菌小组的科技特派员，通过对菌类多样性的创新、产品的推广和宣传指导，帮助武义县建立 20 多个专业的菌类生产线和 100 多个示范区，还促进了当地农业经济的增长，带动了当地农民致富。如今，武义县已有 23 家年收入超过 20 万元的菌类专业户[②]。三是完善了农村科技服务体系。主要通过成立各类农村技术协会、农民专业合作社和农业科研机构，技术服务机构等。例如，由浙江农林大学、浙江省林业科学院牵头，联合中国林业科学院亚热带林业研究所成立的 9 个科技特派员产业团队，汇集了相关领域的人才，全方位服务安吉、龙游等竹产业特色县。现已有 112 个

---

① 资料来源：浙江日报. 16 年来浙江万余科技特派员助力乡村振兴［EB/OL］. https：//baijia-hao. Baidu. com/s?id = 1648683976076646803&wfr = spider&for = pc.

② 资料来源：中国经济网. 我国科技特派员制度推行 20 年直接服务 6500 万农民［EB/OL］.（2019 - 11 - 19）. https：//baijiahao. baidu. com/s?id = 1650595505769551394&wfr = spider&for = pc.

专业合作社、57 个科技示范区和 15600 个示范户，有效促进竹产业的发展。四是培养了一批乡土人才。例如，中国科学院茶叶研究所科技特派员李强，通过开办"黄贡星创天地农业创客学院"、组织专业技术培训和创业孵化指导等方式，培养了一批了解黄茶的乡土人才，从单一的植株发展到黄茶成品，实现了产业多样性的发展①。

二、资金推动

资金是浙江省乡村产业振兴的另一股推动力。《关于促进乡村产业振兴的指导意见》指出：引导商业资本进入农业产业，扩大农民收益，支持发展大规模、集约化的种植、培养产业。产业资本投资农业产业可以带动资本、人才、技术等生产要素流向农业农村，推进传统农村产业转型升级、产业链条延长、产业更加融合、产业形态不断丰富，助推乡村产业振兴（罗荷花，2020）。更一般地，乡村振兴各项设施建设、各项工程的推进都离不开资金的支持。经过农业农村部初步计算，未来几年将要投入 7 万亿元以上的资金用来落实乡村振兴战略规的主要任务②。这些资金来源包括财政、金融和社会资本，但这三类资金进入乡村的重点、方式有所不同。财政资金方面，需要进一步整合涉农资金，进一步加强资金管理的制度改革、完备性和协同性，促进和改善农业相关资金综合整合的长效机制；对于金融资金，需建立金融资金向乡村振兴领域的倾斜支持机制，不断丰富金融产品，创新金融服务方式，降低乡村企业与农民的金融使用成本，建立更加便捷式的金融服务；对于社会资（民间）资本，针对存量进一步盘活，规范民间资本的流通与借贷方式，创新民间资本的管理组织与机制，促进民间资本的有序流转。农村金融是地方经济发展的关键要素。一个良好的农村金融环境是促进农村经济发展的基础，也是根本保障。在最新颁布的《全国乡村产业发展规划（2020—2025 年)》中强调了金融扶持的政策。地方金融机构主要将存

---

① 资料来源：中国农业科学院. 行走在茶园的致富高手李强［EB/OL］. https：//caa s. cn/zt/grb/xjsj/303778. html.

② 资料来源：中国乡村之声. 农业农村部估算：落实乡村振兴战略需 7 万亿资金投入！［EB/OL］. (2019 - 09 - 04). http：//country. cnr. cn/gundong/20190904/t20190904_524763555. shtml.

款本地化利用，建立一个银行、税率、信用相互联结的作用机制，充分发挥融资保障的作用，强化增信功能，促进实施保证贷款的贴息率政策。在最近颁布的《关于金融支持巩固拓展脱贫攻坚成果 全面推进乡村振兴的意见》中，着重强调了地方金融的投入、金融产品体系的丰富、金融机构服务能力的提升等措施。当前，浙江的乡村资金包括财政资金投入、金融信贷支持、工商（民间）资本下乡等，并做了很好的探索与实践。

1. 财政资金

为加快推进农业农村现代化发展，浙江省政府从"农业、农村和农民"三个方面增加财政投资力度。截至 2020 年底，这三个方面的一般公共预算已达 2000 亿元①。新建设用地等租用的收入也逐年增加，助推农业发展。在乡村综合改革方面，开发乡村集体经济的新模式，建立和改善村落公共福利事业的经营保护机制，完善财政奖励和补贴等政策，扶持弱势的村集体。"十三五"期间，浙江省每年获得国家的财政补贴专项资金和省级资金维持在 10 亿元左右。完成公益福利项目建设 1.9 万个，获益人数达 1500 万人②。同时，加快推进改革，促进村集体经济的发展，鼓励典型村庄发展案例推广，为广大地区的农村改革试点提供参考范本。2016～2020 年，浙江省共投入试点资金补贴 36 亿余元，共 1002 个项目，其中 19 个综合农村改革项目、2 个国家级试点项目和 16 个升级项目③。在科技兴农方面。继续增加金融投资，鼓励传统农业向机械化生产方向发展。2020 年度，浙江省收到中央政府发放的农用机器补贴资金 2.76 亿元。截至 2020 年底，有 81 个县已获申请补助，结算资金达 1.8 亿元④，带动农用机械服务收入 135 亿元，促进农户人均收入约 450 元。在绿色农业发展上，自 2014 年起，浙江省政府出台 11.4 亿元专门用于"三无"渔船的作业、远洋渔业开发和鱼苗基地的建设；到 2020 年底，省政府投入有关地级市以上的造林项目、绿色资源保护等资金达 3.5 亿元，建成了相对完整的森林生态系统。2016～2020 年，

---

① 资料来源：浙江省人民政府. 成绩单来了! 2020 年浙江省国民经济和社会发展统计公报公布 [EB/OL]. (2021－03－01). http：//www. zj. gov. cn/art/2021/3/1/art_1229396854_59085017. html.

② 傅小普. 浙江财税：探索完善有利于促进共同富裕的财政政策制度 [J]. 当代农村财经，2021 (5)：3.

③ 傅小普. 浙江财税：探索完善有利于促进共同富裕的财政政策制度 [J]. 当代农村财经，2021 (5)：8－10.

④ 资料来源：浙江省农业农村厅 [EB/OL]. http：//nynct. zj. gov. cn/col/col1589296/index. html.

浙江省每年的配给资金不少于 2 亿元，也积极寻求中央财政的帮助，力求建成生态牧场和绿色发展示范区；财政厅实施了现代种子产业开发项目达 3 亿元，支持种植和再生综合建设，强化新品种培育，鼓励生态农业的创新活动；推动农业土地的污染防护和治理。此外，建立并完善了土壤污染检测预警体系，并对桐庐等 10 个县市的土地实施重金属检测管理。在城乡融合发展上，浙江省首创"两进两回"机制，创新农业合作激励模式；引入大数据、人工智能等信息技术，打造出乡村产业融合发展新平台。同时，为了鼓励地方城乡融合发展，特别设立了省级奖金和补助资金 8000 万余元用于奖励优秀示范区，截至 2020 年底已兑现 4000 万余元[1]。

2. 金融资金

近些年，浙江农信联社在省委省政府的领导和支持下，联合地方农信社、农商行扛起乡村振兴的主力银行的大旗，大力支持乡村集体经济的发展，肩负起振兴乡村和打造共同富裕的重任。据统计，浙江中的企业每 5 家中定有一家与农商行合作，每 10 个人中至少有半数人使用过农信社的产品，最为关键的是，全省的农户贷款农信社占据 60% 以上；小额信贷高达 2600 亿元；有关土地、住宅、林权的抵押贷款将近 160 亿元[2]。在融资模式上，浙江省首推农民资产代理托管模式。由温州瓯海区首先试点该模式。流程简单易操纵，农民创业者只要出具一封"承诺信"即可贷款，不需要抵押物品或担保，大大减轻了贷款问题。截至 2021 年一季度，温州市内所有的农信社均开通此业务，获益村民已达 10 万余户，贷款资金超过 190 亿元。在村集体资产管理上，寻找一条村集体资产抵押担保的途径。湖州德清县的许多村庄完成了股份合作制的改革，总体的资产基本实现了量化到每个人，也做到了资产入股，人人当股东。与此同时，还成立了农村全面产权转让和交易管理小组，构建了县级、乡镇、村社及农户四位一体的交易系统。并搭建了统一的平台，便于日后信息发布、交易和监督等。自平台设立以来，已存有 30 万条以上的土地股权转让等信息。在金融产品供应上，浙江农业银行

① 资料来源：省财政补助 8000 万！文成入选省级乡村振兴产业发展示范建设县 [EB/OL]. (2020 – 07 – 06). https：//m. thepaper. cn/baijiahao_8145460.
② 资料来源：浙江农信再出发！王小龙：发展以人为核心全方位普惠金融 [EB/OL]. (2019 – 04 – 19). https：//www. sohu. com/a/308995944_120051007.

积极推出金融产品，提供优质的金融服务，为农户能在春种农忙季节的资金需求提供有力保障。例如，安吉县农商行的"白茶贷"、龙游县的"农场贷"和岱山县的"渔船贷"等。此外，还有一些特色贷款，例如金华成泰农商行推出的"八婺好家风"信用贷，将农户的个人荣誉和贷款数额直接挂钩。对于信誉良好的还特备给出低利息、长贷期等优惠政策。在文化产业方面，实施"文化发展助推计划"。浙江省金融机构针对具有嵊州特色的创意文化，如根雕、竹编、泥塑、仿古家具、文化包装等，推出了"创意贷款"等符合文化产业发展特点的信贷产品，灵活采用担保、抵押、质押等各种担保方式，重点扶持各类民间工艺大师、文创企业和科技文化实体。3年来，共发放文创贷款 400 多笔，贷款总额超 3.5 亿元①。

3. 工商资本

工商资本是乡村产业振兴的重要推动力。而正确引导资本进入乡村产业，是优化资源配置、振兴乡村经济、改善农村治理的重要方法，是解决农村发展不足，促进城乡统筹发展的关键所在。作为民营经济相对发达的浙江省，工商资本进军农业领域、下到农村基层的意愿有所增强，尤其是一些资本积累相对雄厚的企业家，在资金回报率要求不是特别高的情况下，自身也有对农村自然环境的向往需求，开始涉足农业领域的项目开发与经营，比如租地经营农场、实施农业种植等。据统计，2018 年嘉兴市签署了包含 63 个涉及农业产业和商业资本相关的项目，规模达 105 亿元，比上一年增长了 25.4%。浙江莲星房地产开发有限公司决定投资 1.06 亿元②，在丽水市碧湖镇里河行政村范围内，建设丽水市绿谷科技农业休闲观光园项目。另外，以温州为代表的浙南区域，民间资本的活跃度原本就比较高，因此，民间资本互助也是农村资金来源的重要渠道，比如温州永嘉合作社资金互助会专注"土、小、散"，成为农户融资好帮手。

三、人才和乡贤助推力

乡村振兴的关键在于产业是否兴旺。而要使得产业兴旺，人才是最重要

---

① 陶孟辉. 金融支持乡村振兴战略的思考——以浙江省为例 [J]. 浙江金融，2018（8）：76 – 80.

② 资料来源：中国农林科技网. 工商资本参与乡村振兴的趋势、障碍与对策 [EB/OL]. https：//www. 163. com/dy/media/T1494157702252. html.

的资源之一。新时代乡村振兴的人才主要包括农业职业经理人、农民企业家、农业科技人才、农产品电商人才和新型职业技术农民等。

农业职业经理人才是发展乡村产业最为需要的人才。当前中国农业发展的显著矛盾是生产规模和市场环境之间的矛盾。现实的国情决定了这种生产规模，而人民对美好生活日益追求也决定了市场环境。为了消除这两者之间的矛盾，需要新的合作社、地方农业专家、技术团队、"企业＋农户"等多种形式的新型农业组织。所有这些组织均融合了土地、项目、资金、技术和管理等要素。而在这当中，职业经理人的作用就是催生、促进、协调项目。农业职业经理人必须贯彻党的精神文件，尤其是对农业的优惠政策更要深入了解；适当把握市场规律和行情，具备独到的眼光主动去识别、开拓资源，才能更好地经营管理。此外，职业人还需要有爱农、敬农的个人素养，对农业具有崇高的热情。农民企业家，与一般企业家不同，他们具备较高的创业素质和创业技能（赵如，2018），这些优秀的人力资本可以改善他们的核心技术和管理方法（江永红，2018），并在除农业以外，如建筑业、加工制造业、服务业等农村非农产业的企业中发挥"领头羊"作用，促进乡村产业振兴。农业科技人才，包括了生产线上的技术人员和农业科技研究工作者。从农场栽种、培育、园艺、畜牧、养殖等再到农业休闲、观光、旅游等都和科学技术密不可分。为数不多的农业科技人才一般就职于农业研究所和各大农业院校，他们为农业新技术的研发、应用以及国外先进技术的引进贡献了自己雄厚的力量。而这些院校和科研院所作为提供人才的源泉，每年不断为地方农业的发展培养和输送农业科技人才。新型农业技术农民是指那些懂农业、爱农业、善于管理的农业人才[①]。他们以农为生，收入的90%来自农业，但区别于传统的农业人，他们具备优秀的技能。往后，这将会成为新农业生产的主体。值得注意的是，农村电商人才近年来也是被大家广为推崇的应用型人才，他们不仅要懂得电子商务，更要对农产品以及农产品的销路了如指掌，比如最火的直播带货等，这样的运作方式能帮助地方乡村开辟一条新电商之路。

----

① 戚莹，赵甜甜，陈路斯. 乡村振兴中农业科技人才现状分析与对策［J］. 江苏科技信息，2019，36（15）：38－40.

乡贤，自古以来就是中国传统优秀文化的瑰宝，也是地方精神和文化的印记，更是架起了爱国主义和乡土情结的桥梁。传统观念中的乡贤指的是乡村社会中拥有知识的、受人尊敬的人。这些人往往热心公务，为民代言，他们是影响乡村治理的乡村内部力量。如今，乡贤作为乡村发展的宝藏资源，也有了新的含义，主要分为三种人：一是"故土乡贤"。他们孩童时期生活在农村，长大后在外地从事教育工作等，但每逢佳节会返乡探亲。二是"常住乡贤"。他们是土生土长的乡里人，但有文化、有声望、品德高尚，受人尊敬。乡里有什么重大的决议等都会请他们出谋划策和表态。三是"游子乡贤"。他们也是生于乡里，但不同是由于父母的工作等原因一路的求学、工作均在外地，最后在外地工作，不过因为故乡情结而时常回来看看故土，也具有一定的影响力。此外，新时代的乡贤范围更加广泛，还包括有一定公共话语权，愿意倾听民情、民声，受民众待见、信任的民意代表们。如那些生于故土、长在故土，又甘愿奉献自己的青春于故土的基层干部、道德模范等辛勤工作者。

作为激活乡村产业发展的新驱动力，乡贤文化的作用集中体现在以下三方面：第一，"领头羊"效应。作为高质量资源，乡贤是产业振兴的主力军。在许多县域农村，产业升级为乡贤们提供一个良好的平台，可以充分展示他们的才能和价值。处在一个新旧动能转换的关键时期，乡贤发挥模范带头作用，通过变革地方农业产业发展模式，解放那些束缚生产力的枷锁，为经济发展注入新动力。第二，传帮带作用。作为传统文化凝结的精华，乡贤文化体现出一代代乡村人对"贤者"的追求。他既能体现传递文化的作用，同时通过文化的渗透，提高乡村整体的道德素养。第三，文化名片。乡贤是一张靓丽的名片，可以最大化地转化为产业效能和优势，如新产业的孵化和培养，产业升级等。不仅如此，乡贤文化还具有一种品牌效应，赋予文化产品更深、更丰富的内涵，切实提高文化产品的附加值和市场竞争力。

1. 组织、培育青年人才

由浙江农业厅、团委联合实施了浙江省"青春助力乡村振兴"专项行动。该行动是全省共青团组织参与乡村振兴战略的切入点。其中一项聚焦产业振兴，提出带动返乡创业青年致富增收。结合地方实际情况，浙江省各个团组织开展"新农人"创新培训课、"绿色创新农场"、"百万英才"等极具农业特色的项目，为返乡创业青年营造浓厚氛围，让青年愿意回到乡村、扎根在乡村，成为乡村振兴的有生力量。当前，浙江省已启动了乡村振兴青年人服务计划，9 个地级市积极响应，共建成了 43 个青年创业农场；联合省农业厅、省经济和信息化委员会等部门，举办了 22 场和农业相关的创新创业大赛，其中优秀作品多达 500 个①。如永嘉成立乡村振兴青年团，支持优秀青年下乡服务。永嘉团县委、县委农办充分利用全县 10 万名青年志愿者优势资源，同时与全国 10 多所高校开展合作，让 1 万多名有专业技能、有创新能力的青年汇聚到乡村振兴一线，开展"点对点订单式"服务。

根据浙江省乡村振兴战略规划对于人才要求统计显示，预计到 2022 年底，浙江省乡村人才资源总量将达到 1500 万人以上②，对新型职业技术农民的培养高达 15 万人，培养各类乡村领军人才达到 5 万人。对于乡村人才教育培训，浙江省建立了较为完整的培训体系。例如在 2013 年，浙江农林大学的成立，构建了"省属大学、市级学院、县区学校"的农民培训体系大框架，实现全省农民培训"全覆盖"，进一步促进了浙江省"万千农民素质提升"工程的实施，生成了浙江农村独有的应用型和创新型农民培训模式。为鼓励青年学生选择农业，浙江省实施了涉农专业免费的创新措施，浙江农林大学的涉农本科专业均列为免学费专业，有效吸引了一批青年人员就读涉农专业。

2. 人才发挥强劲动力

当前，浙江省加强了对农业人才的支持，尤其是职业农民、农民企业家、农业科技人才等人才主力军。他们可以在自己的乡村"大舞台"上尽情展示、挥洒汗水、贡献智慧，为传统农村建设浇筑新思想、构建新理念。如台州临海市因势利导，着力引进"橘专家""橘二代""职业经理人"三种类型的专家，他们共同促进产业升级、推动产业发展；积极实施人才兴农战略，形成人才集聚，延伸产业链条；实施"双带合作项目"，形成人才先致富，再带领他人共同致富的理念；成立"柑橘工作室"，打造 533 多公顷

① 资料来源：浙江日报. 青春助力乡村振兴　我省建成示范性"青创农场"43 个 [EB/OL].（2018 - 11 - 13）. https：//baijiahao. baidu. com/s?id = 1617028767466929410&wfr = spider&for = pc.
② 资料来源：中国科技情报网. 创新政策. 浙江省人民政府关于下达 2022 年浙江省国民经济和社会发展计划的通知 [EB/OL]. https：//www. chinainfo. org. cn/article/detail?id =235917.

柑橘信息示范基地，共同提高橘子产业的质量和效率；与此同时，转变以往农户的种植理念，挖掘其独有的优势，规避劣势，争取从产品生产—销售等各个环节创新突破，带领全村人民共同富裕，助推乡村产业振兴。云和县位于浙江省西南部，是唯一一家以劳动服务品牌"云和师傅"注册的商标品牌。品牌的开发和建设经过了从起步到提升三个阶段的打磨，分15批次共培养了657名品牌师傅。他们还带领15000名农民去全国各地推广产品，开拓市场，分享云和"浙江经验"，同时帮助中西部100多万名农民脱贫致富[①]。

3. 乡贤发挥强劲动力

浙江省积极推进乡贤回农村，为乡贤回归搭建了平台、创新了机制、优化了环境，有效集聚了一批新时代乡贤，服务乡村建设与发展。

依托地方的资源和优势，乡贤将以项目重组、资金回报、信息反馈、科技回报、人才返乡等形式反哺故乡，推动乡村产业振兴。一是乡贤资本下乡。浙江各地利用开展对接活动、开设乡贤座谈会、组织代表团实地考察乡贤所居之处，充分展示当地村落的生态环境、优质资源等；充分发挥乡贤们的技术、资本、信息优势，再结合区位优势发展本土产业，做大做强村庄的集体经济。例如绍兴上虞区，由当地的乡贤组成的商会联合其他几个大城市的分商会成员，携手招商引资，共同加入家乡的建设。目前，已引入145个建设大项目，资金数额高达116亿元[②]。温岭市为了重塑新的产业，扩大文化影响力，特地召回了一大批乡贤回家，其中还包括许多已在海外工作定居的乡贤。例如，为了探索具有独特海洋文化的渔民石屋建筑文化，乡贤陈斌联合其他合伙人一共投资了2000万元在温岭市建设民宿，不仅带领村民们致富，还给家乡增添了一道渔业风景线[③]。二是乡贤发挥"领头羊"作用。乡贤一般参加完理论培训和技术培训后再到群众中宣传教育，并带领村民们共同参加某些项目，这样不仅能消除村民的顾虑，更能和群众打成一片，提高他们的参与能力。如义乌市何斯路村党支部何书记，他自掏腰包100万元

---

① 资料来源：浙江日报. 讲述云和石余凤的帮扶故事［EB/OL］. (2019 – 06 – 13). https：//baijiahao. baidu. com/s？id = 163617945746639 1174&wfr = spider&for = pc.

② 蒋伟峰，方杰，何斐. 从乡贤回归走向乡村善治［J］. 农村工作通讯，2017（22）：53 – 55.

③ 资料来源：中国文明网. 浙江台州：万名乡贤帮千村　道德育村　项目扶村　文化治村［EB/OL］. (2017 – 02 – 20). http：//www. wen ming. cn/wmcz/yw_1632/201702/t20170220_4066928. shtml？t = 636240511406093750.

用于村土地的流转。当时，村土地的面积比较小且较为分散，无法进行薰衣草的种植。因此当务之急是将零散的土地集中化。何书记苦思冥想，终于想到一个万全之策，他将资金先分摊到土地大户手中，再通过他们将散户村民的土地合并到大户手中，最后转入整个村集体的土地。这样一来，村集体拥有了统一的土地，便于进一步经营和管理，也可以再次将土地租出去，降低了经营带来的风险①。三是乡贤推动乡村产业转型升级。伴随着浙江省多种举措的实施，新时代乡贤纷纷回归乡村，参与、支持、投资新农村建设，在农业产业转型升级上发挥了积极作用。例如，海宁市袁花镇乡贤甘根娣联合多名乡贤，共投资2000多万元，打造了"查爷爷"有机农场。该农场主打"有机农业""创意文化"，构建极具特色的文化旅游项目，有效促进农产品增收和农民致富②。此外，桃园村有名的乡贤王天云，利用"村集体公司"和"网络直播销售"模式成功将园艺产品销售额做到了4500万元，促进了乡村产业的发展③。

第二节　浙江省乡村产业振兴的动力模式和发展路径

浙江是美丽乡村建设和"两山"理论的主要实践地，也是乡村振兴战略的示范基地。城乡融合发展是实现乡村产业振兴的主要途径，同时也为其发展提供良好的外部环境和内部推动力。因此，浙江省的乡村产业振兴之路一定离不开城乡融合发展。伴随着地方经济的增长，也助推农村产业的转型升级。在很多村庄，一二三产业融合发展的新模式、新业态层出不穷，且不断促进当地第一产业深度发展，传统制约农业、农村、农民的问题以及不同产业间的融合隔阂问题被逐渐消除。各个乡村根据自身条件进行探索，涌现

① 资料来源：佛山在线．乡村振兴浙江行之——何斯路村：义乌"普罗旺斯"养成记[EB/OL]．（2018－08－15）．http：//www.fsonlin e.com.cn/p/242180.html.
② 资料来源：澎湃政务．海宁袁花深入践行新时代"乡贤＋"模式，奋力蹚出共富新天地[EB/OL]．（2021－08－10）．https：//m.thepaper.cn/baijiahao_13989330.
③ 资料来源：海外网．解码浙江：贯彻新发展理念的"不变"与"万变"[EB/OL]．（2021－04－16）．https：//baijiahao.baidu.com/s?id=1697239085306514206&wfr=spider&for=pc.

了一批各具特色的案例。本书通过对案例的总结，并参考袁建伟等（2020）、蒋辉等（2021）的研究，提炼出 4 个具有代表性的浙江省乡村产业振兴的动力模式，为各地进一步推进乡村产业振兴提供参考和借鉴。

一、农旅一体化带动型模式和路径

农业休闲和旅游是农村产业的主打产品，它与生产、生活、生态相适应，更是一种融通农业与工业、乡村与城市的新业态。要促进农旅一体化发展模式，实现农业强、农村美、农民富裕、居民幸福的目标，该模式遵循"农旅融合"战略布局，完全依托于当地交通、产业基础和旅游资源等先决条件，以鲜明的农业特色为主体，通过农旅一体化发展立足于拓展产业链；借助本土品牌和生态旅游的发展机会，打造农业休闲和观光旅游的功能，实现传统农业和旅游业融合发展。

附海镇位于浙江省慈溪市东北部，全镇由东海村、花塘村、东港村等 7 个村组成，有着花卉之乡、家电之镇的美誉。近年来，附海镇依托当地花木产业等优势，不断拓宽产业链，充分整合资源，积极培育观光农业、农耕体验、健康养生等农旅一体化产业，坚持走"以农促旅，以旅兴农"的发展道路。截至 2020 年底，全镇在农旅方面的收入高达 1.62 亿元，同比增长 13%，带动了 1.4 万当地农户就业，增加农民人均收入高达 3026 元[①]。

1. 资源衔接巧妙

在景观建设方面，附海镇充分借鉴发达地区农旅融合经验，依托现代农业园区华海平台，以花木村和东港村为双核心打造 200 公顷旅游休闲街区；充分利用优质的附海段地块、浙东苗木合作社树林等优势营造出四季绿意盎然，处处生机勃勃的美景。在景点衔接方面，规划设计环形观光路线，打通农村里的死胡同，让游客"一站式"游览景区。精心设计金桂路两翼苗木产业展示农田，精美打造生态花海连接景观带。投资逾 1200 万元建设 5.1 公里长的蛟门浦花木展览风情线，全面推进"绿道＋水植"生态治理工作，

---

① 资料来源：附海镇人民政府网．附海概况［EB/OL］．http：//www.cixi.gov.cn/col/col1229038559/index.html.

紧密连接三塘横江景、花木村绿景、东港村农景，描述出一幅"路就是风景"的画卷。此外，积极探索周边景区合作机制，如完成新观附公路、海中路等景区沿线道路的修建，调整机场车站和巴士路线，实现景点路线全贯通，在醒目的十字路口设置招牌，标识镇上附带的休闲区域、现代化农业公园、海韵文化风情线等景点，同时促进旅客相互交流，共同打造"过夜游""多日游"等观光线路。

2. 农旅软环境友好

在食宿保障方面，随着郑家堡餐饮住宿区的建设完成，人们整合闲置资源，利用村民住宅、庭院和承包地作为经营场所，开设海鲜夜排档、渔民文化餐厅和生态民宿，进一步延长游客在乡里的停留时间。目前，8个渔家乐已经开业，12个蓄势待发中，截至2020年，餐饮服务业销售额同比增长35.7%。在配套设施方面，累计投资近1000万元，完善街区休闲设施建设，围绕蛟门浦花木展览风情线建设3.5公里的健康骑行路线和花木村1.8公里田园步行道。在花塘江、三塘横江沿线修建2座观光凉亭，景区内新建或改建3个公共厕所。全面倡导时尚健身、天然氧吧、绿色出行等理念，既能给游客们带去舒适的体验，也能为当地村民提供休闲养生的场所。在乡村面貌上，附海镇开展了"三改一拆""垃圾分类"等基础设施改造的工作，营造良好的生态环境，打造出宜居宜游的美丽村庄。目前辖区内7个村全部完成垃圾分类全覆盖，整改简易生活用厕1000余个，拆除违章建筑4.9万平方米，疏通整治河道5000多米，累计投入3000万余元①。

3. 发展潜力巨大

通过对经营模式的创新，附海镇建立了"农民（基地）＋合作社（组织）＋市场"的新模式，推动当地的传统农业走出了一条农业景观、农家体验和观光旅游一体发展的新道路。目前，全镇有大型农贸市场279个，年生产总值高达3.7亿元。注册推广"富海""海义"等地方农业品牌，鼓励当地农民"走出去"参加各地举办的农产品展销会。积极举办农业旅游节和花卉节吸引各地游客和商界人士前来观赏。截至2020年通过展销会和农

① 资料来源：附海镇人民政府网．附海概况［EB/OL］．http：//www.cixi.gov.cn/col/col1229038559/index.html.

业旅游节的销售订单累计超过 400 万元。在销售模式上，积极引入"电商销售""带货直播"等新模式，通过淘宝直播、抖音、快手等平台宣传乡村美景和特色产品，并不定时分发优惠券促进销售。同时，镇里还积极与第三方物流公司签订协议，打造绿色物流通道。截至 2020 年，共吸引超过 2 万名消费者，带动 730 户村民（包括 37 户低收入者）共同致富，预计每户收入增加 2 万元以上。今后，附海镇将加大对旅游产品的开发力度，发掘"旅游＋农业"新产品，充分利用向日葵、土杉等观赏苗木，开展共享苗圃、花卉、树木栽培；创新"旅游＋体验"模式，开展赶海垂钓、农作物种植等传统生态技术体验。探索"观光＋手工艺"模式，建造"花展"手工艺坊，积极开展花卉体验培训。截至 2020 年，参与农旅一体化的农户已有 28 家，累计资金超过 1500 万元①。

　　农旅一体化带动型的模式意在发展农业的基础上，充分发挥本地资源的优势，以农村特色产业发展为基础，构建产业利益共享机制，重点是实现乡村一二三产业融合发展的路径。具体而言，可以从基础设施、产业规划、信息技术和产业布局四个方面入手。

　　第一，强化农村基础设施和配套设施。2021 年，中央的"一号文件"多次提到"基础设施"。传递出一个信息，今后的新基建是重要的任务。因此，要抓住乡村"新基建"的机遇，改善当地的道路交通和农用地。将乡村交通、农田水利、校车服务、供水排污、通信网络、污水处理等基础设施和公共服务建设实施方案与"特色村落"建设挂钩。分类制定农村基础设施管理保护标准，统筹建立公共设施管理保护长效机制。分类制定农村基础设施管理保护标准，统筹建立公共设施管理保护长效机制。第二，突出各产业发展总体规划的引领作用，认真做好大园区和大项目等建设，始终秉持以"绿色、有机、生态、环保"的可持续发展理念来延伸产业链；需加快构建浙江乡村地区产业协作基地和绿色产品供应地的产业发展思路，按照更好标准制定乡村产业规划。在这过程中，应积极、有秩序地推进基于国土空间规划的要求对村庄建设进行编制，科学合理地规划不同区域产业布局，打造有

---

　　① 资料来源：附海镇人民政府网．附海概况［EB/OL］．http：//www.cixi.gov.cn/col/col1229038559/index.html.

特色、有规模、辐射能力强的乡村产业集群。第三，善于运用先进的信息技术，如大数据、"互联网＋"、"5G"等数字经济模式，积极寻找三产融合的新业态、新机制，实现区域、行业、组织的突破，通过延伸行业的价值链条，提高产品价值、生态价值和文化内涵，构建共享、互利共赢产业链。基于特色产业为融合的切入点，立足区域特色和优势产业，推动一二三产业融合发展。第四，秉持因地制宜的原则，适当调整当地产业结构布局。以农村特色产业为核心，依托科技创新力量着力培育优良产业并发挥产业集群效应；以物联网等现代信息技术为纽带，开展村庄本土化精加工或创意开发项目，逐渐拓宽企业或行业在横向和纵向的长度。

二、纵向一体化延伸型

实际上，这种模式是建立在农产品企业的基础上，拓展了上游和下游的产业链条，通过将农产品生产加工到销售流通等环节进一步深度融合，实现一体化发展，一站式生产销售的布局。这种模式也是实现三产融合最直接、最有效的方式，对于促进农民增收和助推农业发展有立竿见影之功效。但是，这种模式对于核心公司的管理能力、技术、资本、风控意识、市场敏感度等要求比较高。

浙江奉化滕头村，是中国东海之滨的一个小村庄，现居住 787 人，是第一批获得全国文明村、生态示范区的村庄，同时也是享有联合国授予的"全球生态 500 强"称号的荣誉村①。曾几何时，滕头村的田地参差不齐，道路坑坑洼洼，农田每公顷产量不足 15 斤，没有哪家姑娘愿意嫁到村里来。而现在，村庄内碧水涟漪，胜似仙境，像极了陶渊明笔下的桃花源。正是滕头村采取生态农业、立体农业、产业延伸和生态旅游等一系列措施发展成为了社会主义现代化新农村。

1. 深耕农业

在农业发展方面，滕头村顺应城市化、市场化发展趋势实施标准化生

---

① 资料来源：百度百科．滕头村［EB/OL］．https：//baike. baidu. com/item/% E6% BB% 95% E5% A4% B4% E6% 9D% 91/5111425?Fr = aladdin.

产，探索精品战略，大力发展现代化优质农业，实现了传统农业向现代化农业的成功转变。滕头村农业的发展大致经历了三个阶段：第一阶段：通过学习改良土地。20 世纪 60 年代，滕头村村民购买橘树苗种植在土堆上。经过多次尝试，树苗最终活了下来，这成为滕头村生态农业多样化发展的源头。直到 80 年代初，当地村民将一些高低不平、大小不一、常年旱涝的低产田改良成 200 多块高低一致、大小均等、沟渠纵横的高产地。第二阶段：规模化生产和专业化管理。在解决温饱问题后，滕头村开始改善居住环境。不仅在田边种植果树苗，还在自家房屋前后种植花草，同时，村民们积极探索规模化经营和专业化生产，提高劳动效率，组建了规模化的农场、牧场、果园和专业化的养殖场等，不断将传统农业的劳动力拓展到工业和第三产业上。第三阶段：科教兴农。追溯到 90 年代，滕头村善于抢抓机遇，通过科学和教育搞活传统农业，与浙江大学和农业科研院所联合成立了植物培养研究中心，还和日本大和种苗株式会社合作构建了生态农业和立体农业结合的现代化农业生产格局。

2. 延伸产业

改革开放以后，滕头村在自身农业发展良好的基础下，以市场为导向，积极寻找新机遇、新发展。2001 年初，滕头村开始建设特色产业园和工业园区，如引进纺织服装、电子信息、机械五金等产业。目前，滕头集团形成了以服装为龙头，电子设备、建筑、机械等行业共同发展的产业新格局。在一二产业稳固发展的同时，滕头村进一步向房地产、绿化、生态旅游等第三产业深度开发。其中滕头房地产公司凭借良好的品牌形象获得多项殊荣；滕头园林股份有限公司取得了全国城市景观一级资格和景观设计一级资格，是全国最具实力、规模最大的园林绿化综合企业之一，目前，股份制改造已完成，准备上市。

其实，滕头村很早就认识到绿水青山与经济发展的关系，才会走发展生态立村的路子。

1993 年初，滕头村严格管理村里需要引进的产业项目，成立了中国最早的村级环保委员会。因此滕头村的产业延伸不是盲目的，而是一个科学的过程，从轻工业到园林绿化再到生态旅游，始终权衡环境和经济发展的利弊。目前滕头村绿色产业的经济总量约占村 GDP 的 70% 以上。

3. 发展生态旅游

发展生态旅游，不仅是对产业的进一步延伸，更是一代代滕头人不懈的追求。通过不断的努力，滕头村绘出了一幅"长江春水绿堪染，莲叶出水大如钱"的江南美景图。自1993年获得联合国给的殊荣后，经过多年的布局，直到1998年滕头村才正式将生态旅游业视为重点产业发展。2001年，该村被授予"全国首批4A级旅游景区"的称号，2010年4月又被授予"5A级旅游景区称号"。滕头村带给人印象最深刻的是那些尽收眼底的绿，但除了自然景观外，充满乡土气息的农家娱乐也是吸引游客的亮点。在江南风情园内，可以看到各种农具展览；可以欣赏明清时期石匠们的石窗手工艺品；在婚育新风园里可以看到新人们抛绣球、坐花轿等当地传统婚俗；在果园里可以采摘草莓、葡萄、水蜜桃等。滕头村不断拓展生态旅游的形式。2010年，滕头村和溪口风景区一起申报了溪口—滕头国家级5A旅游景区，构建奉化全球旅游框架，促进周边乡村旅游的发展。滕头村积极推动以游促村，通过"三农"和"三生"互相促进，实现休闲农业从粗放型的规模化向集约化发展；服务质量由低端转向高端发展，探索形成"景区＋村庄""生态＋文化"的乡村生态旅游新格局。真正做到"处处有风景、家家就是景"的特色村庄。

纵向一体化延伸型的模式推动生产、生活、生态"三生融合"，是浙江省乡村产业振兴的发展方向，其本质是形成先进的生产方式和现代生活方式的共生空间。而资本、劳动力是产业发展的基础，是乡村产业振兴的内生动力。为此，依托资本、劳动力打造全产业链条是促进"三生融合"的重要途径。

首先，进一步提高政府公共服务水平和积极服务意识，加强政策和财政支持助力产业振兴。给农村"三产融合"的新业态、新模式一定的补贴和奖励，鼓励"乡村贷款"，结合实际降低贷款门槛，实行优惠利率，在以绿色产业为基础上推行绿色金融发展，重点支持农业农村中小微企业、家庭农场、农民合作社等发展；适度扩大抵押品范围，合理规划和实施主要项目，如融合产业示范区等；减少新农业项目的资金负担，实现农村产业综合利用开发；充分调动重大项目在产业融合发展中的作用。其次，要具备大局观和先富带动后富的思想，先扶持乡村内的大企业，使其发挥主要作用，突破政策的限制和地理的约束，主动与合作社、农民等深入合作交流，带领全村人民致富。最后，相关部门和利益共同体需要切实关注公共福利机构的改革，尤其养老性服务机构的完善，在贯彻以人为本、尊重自然、和谐共生的理念上，立足特色优势产业、民族和民俗人文资源、自然禀赋等因素，将农村养老服务与生态旅游有机结合，合理规划出能落地、效益好、可持续的农文康养旅游项目。这样既可以为本地居民提供绿色、健康的生活环境，又可以促进农村康养旅游和生态旅游的发展。

三、电商平台助推型

该模式主要基于互联网、物联网、云数据等最新信息技术的发展，通过建立在线销售平台和高效的物流系统，实现农业产业从生产流通到销售等各个环节的畅通，形成线上与线下融合、产销无缝对接的现代化农业产业新业态。

浙江省丽水市遂昌县，位于浙江省西南部，总面积 2510 平方公里，以山地为主，耕地面积仅占 4.06%，2018 年总人口 230912 人①。遂昌县历来属于传统农地，长期以来，主要种植粮食作物，如大米、玉米、红薯、豆类、小麦等；还有茶叶、竹子、生态蔬菜、生态畜牧业和果业五大原生态产业，享有"中国茶文化之乡""中国竹炭之乡"和"国家级乡村旅游示范区"的美誉。2013 年以前，遂昌县由于销售渠道受限，农产品销量并不高，导致当地农业经济发展迟缓。而此后依托于农村电子商务的发展，带动了农业经济效益的显著增长。

1. 电子商务遂昌模式

2010 年 3 月，在遂昌政府和各大公司的大力支持下，遂昌网络商店协会成立了。该协会的成员包括网店老板、供应商、物流公司和金融服务组织；设有职能部门，包括品牌设计、新农业开发、客户服务、技术支持、会员服务和电子商务解决方案。农业网店协会在农业电子商务的发展中发挥着重要而关键的作用，他们的目标是成为中国最专业、最具实力的电商服务协

---

① 资料来源：遂昌县人民政府. 遂昌县第七次人口普查报告书［EB/OL］. http：//www. suichang. gov. cn/.

会。自 2013 年初起，遂昌县联合阿里巴巴旗下的淘宝网建立起农村电子商务平台——"遂昌馆"。该平台的营运模式主要有以下四个方面：首先，成员包括政府、网商、服务商、供应商等均参与其中，成员间信息共享；其次，通过政府的相关平台对想要从事电子商务的群众进行教育培训，让他们更好地从事相关业务；再次，借助协会邀请一批电商专家为进驻的企业提供定制商业计划书、商品摄影、产品包装、徽标（logo）设计、售后服务等其他一站式服务；最后，是通过协会，建立便民服务系统和"赶街"电商模式，目的在于解决本地电商发展出现的支付系统、物流运输和售后保障等问题。

2. 遂昌模式生态系统

遂昌模式属于农业生态系统型，注重更好地利用信息技术，探索农产品和专业产品的市场机会。在此之中，电子商务综合服务提供商（遂昌网店协会）是核心，网店成为传统农业的驱动力。政府政策对农业电子商务的繁荣产生催化作用。遂昌农业电子商务公司和遂昌网店协会关系密切，他们共同制订电子商务解决方案并提供全面的服务。

遂昌网店协会是一个公共服务平台。其子公司内部拥有网店服务中心，将最新的生产要素和商业模式带入各个村。协会内部主要有完整的服务培训课程、供应链管理、产品展销、村落点对点指导站等系统项目，也注重对老、弱、病、残等不方便使用电子商务人群的帮扶，并提供在线网店业务培训，建立在线商务咨询平台，与政府合作解决资金筹措、安全等问题。浙江遂网电子商务有限公司是一家拥有丰富农产品供应链经验的服务平台，通过对农业资源和网络生态的整合，完成采购、运输、货运管理、仓储管理、成本管理等流程化工程，重在破解农产品流通遇到的各种难题，切实提高农产品附加价值。该公司旗下的多平台均能提供包括农产品采购、储存、质管、物流和售后等全方位服务。在线下单的购物者还可以去实体门店直接提货，也可以就近在实体店购买线上同品。浙江赶街电子商务有限公司，以市场为导向，架构起了乡村与城市的电商桥梁。他在村子里设立了服务站，再利用该服务站推行乡村消费电商、物流、金融等业务，让电子商务惠及于民，解决农村基础设施薄弱、服务跟不上等问题，完善"最后一公里"，致力于农村和城市之间的资源共享和交流。

电子商务平台模式本质是电子商务深入产业集内部，为农村产业的发展注入新动力。通过"一个村庄、一个产品和一个商店"等新形式，将特色农产品转变为乡村产业振兴主打产品。借助互联网下的东风，使得农业资源的市场转换率显著改善，利用直播带货、消费者拼单等新型营销模式占据市场份额，实现农产品的精准匹配供应，有效促进传统农业转型升级。具体有以下几个方面：

第一，促进产业集聚，打造"电商农业"平台。现如今，电子商务的应用已渗透农业各个领域，因此着力在电子商务推动农业产业集聚上下功夫，为乡村产业振兴提质增效。首先，要进一步扩大农业电子商务的集聚效应，有效推进农业往产业化方向发展。要充分发挥农业产业链条的集成优势，囊括农产品加工到售后的全产业链。其次，应扩大农业电子商务产业发展布局，促进现代化农业发展。重点关注大数据，扩大开发布局，为现代化和农业产业的转换提供创新力量。最后，应该积极革新农业电子商务的商业模式。基于"社区电子商务"创新以往的单一平台建设。通过打造一些独有的品牌，激发乡村产业振兴的活力。

第二，优化农业环境，加快生态与新农业电子商务一体化发展。必须充分把握新农业电子商务的发展要求，贯穿绿色和生态的新理念，构建宜居环境。首先，要推进电子商务和农业产业的融合，建立农业电子商务发展模式。其次，要发挥电子商务平台的优势，相关部门也要尽力优化电子商务政策，建立企业、农民、政府之间的规范化对接机制。最后，要始终贯彻绿色生态的可持续发展电商理念，贯穿于农业电子商务的全过程、全流程，打造绿色生态项目。借助现代科学技术的成果，打造生态农产品和服务。

第三，探索改善农村电子商务行业标准和增加农民收入的办法。要借助电子商务平台的优势，打造高品质产品，为村民提供丰富、可持续、稳定的收入来源。首先，应该加快农产品电子商务标准的制定。通过对农产品的生产、加工、物流、销售等环节的标准化管理，充分挖掘农业电子商务的潜在能力，从而提高农民收入。其次，要扩大发展形式，增加收入渠道。通过开发产品的包装、工艺、物流等产业形式，进一步拓宽农民的就业选择渠道，切实提高他们的收入。最后，乘着电子商务的东风，对接农家和市场，加快农产品的市场转化率，为农民的稳定收入保驾护航。

四、村企合作共赢型

村企合作模式，主要是村庄和企业采用合作联盟的形式，引入一二三产业链，在完善现有农业种植的基础上多项目并行，强化三产融合，进一步提升乡村发展质量。村企合作形成优势互补、互利多赢格局，解决了农村产业链短、资金短缺、管理人才匮乏等难题，在实践中探索出乡村产业振兴的新模式。

坐落于雁荡山北麓的下山头村，位于乐清市大荆镇，村域面积约 2.1 平方公里，由下山头、西岙和高宅三个自然村组成，风景秀丽，现有耕地面积 40.73 公顷，林地 115.93 公顷。全村共 603 户，1980 人①。早些年，下山头村是一个人均耕地不到 0.067 公顷，没有集体经济收入的穷村子。而且村域内无二三产业，被称为"无资源、无收入、无产业"的"三无"村。村里的青壮年唯有外出谋生才能勉强维持生活。为了尽快摆脱困境，在村党支部、社会组织、企业家等多方共同努力下，下山头村因地制宜，走上了"村企合作"的道路，通过三产融合、田园综合体模式，创造了"租金 + 薪金 + 股金"的"三金"收入模式，实现了乡村的全面振兴。

1. 村企合作，多方共赢

为改变村庄旧貌，村党支部和方玉友等乡贤带领全村种植优质的铁皮石斛，并确定重点致力于深加工研究的发展思路。双方决定创办企业，走上村企合作的道路，并在村集体、农户和企业权利义务上取得一致意见：公司生产经营所需的土地由村经济合作社提供并享受盈利后的分红，而方玉友带领的团队提供公司所需所有投入，独立开展经营活动并承担所有经营风险。为了保障入股农户的合法权益，团队又制定了"农村土地承包经营权流转入股合同"。2013 年，下山头村成立村股份经营合作社，村民把他们的土地转移到共同的经济合作社上，截至 2020 年底，土地流转率高达 95%。2013 年 12 月，由下山头村和方玉友等联合创造的浙江聚优品生物科技股份有限公

---

① 资料来源：百度百科．下山头村［DB/OL］．https：//baike.baidu.com/item/%E4%B8%8B%E5%B1%B1%E5%A4%B4%E6%9D%91/22914763?fr=aladdin#1.

司，集合了铁皮石斛种植、采摘、加工等一体化的观光生态旅游综合园区。到 2018 年底，公司实现产值 2800 多万元，接待旅客量 35 万人次，旅游收入高达 400 多万元①。

村企合作盘活了村庄资源，增加了农民收入，保障了集体收入，达成了多方互利共赢。利用"租赁＋工资＋股份"的分配模式提高村民收入；再将总利润的 33% 纳入村集体合作社，切实改善村集体的总体经济。

2. "三产融合"，联动发展

下山头村以石斛田园综合核心区域建设为契机，通过企业与村庄共事共建的发展模式，走三次产业深入融合、农文旅有机结合、多元产业联动发展的路子，真正实现农业增效、农村增美、农民增收。

以往的石斛种植只是一产和粗加工，没有完整产业链。而聚优品公司在继承铁皮石斛鲜条、枫斗、花等传统产品基础上，从产业内部融合、农业功能的拓展、新技术的研发、产业村和城镇的整合等各方面下功夫，研发了"枫之灵"品牌等产品，并打造了"百果园"等乡村生态旅游景点，大力发展休闲农业、观光旅游、创意农业等多元产业，实现了周边产业和旅游、农副产品销售等多元产业的共同发展。当前，下山头村在第一产业上推进铁皮石斛高标准种植和农业内部融合，已完成 14.2 公顷铁皮石斛核心区建设。

打造铁皮石斛产业园，融合铁皮石斛品种选育和智能温室栽植、林下仿野生种植、中医药养生于一体；种植粑粑柑、蓝莓、红心柚等多种水果，打造面积近 47 公顷的百果园；在第二产业上重点延伸铁皮石斛产业链，研发铁皮石斛衍生产品，扩大第三产业的农业功能，开发石斛颗粒、口服液、酒水等深加工保健品，推进农业、文化、旅游有机组合，将石斛展示厅、石斛文化博物馆、石斛生态度假酒店、石斛公园等休闲旅游项目的建设列为重点开发项目。

村企合作模式推动了企业和农村的综合发展，实现了企业合作和村企之间的双赢发展。这是一种可观察、可持续、可复制的新开发模式。具体

① 案例来源：中共温州市委党校．科研咨政．下山头村：村企合作 助推乡村振兴——《乡村振兴看浙江》案例介绍之六［EB/OL］．（2020－08－21）．http：//wzdx.wenzhou.gov.cn/art/2020/8/21/art_1229181663_58925869.html.

而言：

一是每个地区的农村都要建立一个三产融合组织，与大企业、中小企业等产业联盟建立长期合作关系，共同打造大规模、高品质和有品牌特色的地域化产业，并实时结合地方农村产业进行适当调整；加强农村地区科技创新机构如专家园、科研机构等方面的建设，从而辐射和带动周边经济发展。积极打造科技交流和公共平台，让科技和技术渗透到基层的各个方面，稳步提升产业融合的水平；聚焦精力培育新型农民职业经理人，寻找区域产业集聚增长点。产学合作需要与当地企业、大学、研究机构合作，填补当地人力资源短缺，实施有针对性的人力资源开发，实现农村经济的工业化、市场化、现代化。二是基于产业生态环境的改善，企业要有正确的改革意识，具备创新的精神从而开拓市场、发展市场，给市场带去个性化、高质量的产品，以满足不同市场的需求；结合农村良好的资源，创新自己的农村产业融合模式，有差别地选择农村生态和服务一体化型的融合模式，深入挖掘本土产品和产业的潜力，从单一的农产品生产到文体、娱乐、休闲、康养、旅游等新功能的逐步探索。三是有效地引导产业和商业资本到农村。一方面，以产业资本和商业资本为投资起点，在获得高收益的基础上再投资农村产业，例如支持适合大规模、集中经营的植树造林等。另一方面，在培养产业发展的同时，创新工业和商业资本进入现代服务产业和其他第三产业的战略性新兴产业也是行之有效的做法。四是落实好乡村振兴相关法律法规。最新的《乡村振兴促进法》不仅规定了实施乡村战略需要遵守的原则，还在促进人才、技术、资金等要素资源的合理规划上给到了更为全面、具体的制度保障。为了推进农村产业的发展，提高村民的收入，制定了一系列包括促进集体经济发展、农村产业发展等措施。这为乡村产业振兴提供了全方位、多层次、宽领域的法治保障，尽快将法治红利转化为乡村产业振兴的发展红利。

此外，还有根据产业链之间的联系刻画出的三种实现乡村产业振兴的模式，分别为全产业链模式、产业集群模式和产业融合模式，如表5-1所示。

表5-1　　　　　　　　不同产业链之间联系下的乡村产业振兴模式

模式名称	释义	特点
全产业链模式	"研、产、销"高度一体化经营理念为主导的商业模式	产业链条齐全、上下游主体协调、全程品控严格
产业集群模式	集约型村庄基础设施数量与质量、人力资本、公共服务建设	因地制宜、一村一品、高效率、自建与自我管理能力强
产业融合模式	通过不同产业之间相互交叉、渗透及其重组等手段实现融合	延长农业产业链、带动农业生产、改变生产方式、促进收入增长

　　全产业链模式。不同于"链长制"，他是专注于农产品全产业链的一种流通模式，本质是借助现代化管理机制，实现产业链上下游不同主体之间的信息、知识、资源共享，最终实现主体间的共赢。农产品全产业链主要涉及农产品的农资储备、生产、品牌建设、流通销售等，能够进行整条产业链之间的资源整合。其主要特点是产业链条齐全、上下游主体协调、全程品控严格，改变了传统单一的农产品买卖关系，建立了有效的信息沟通渠道，规范了产品质量安全体系，提升了农产品产业的稳定性（李实等，2021）。目前国内外关于农业全产业链模式的研究均已成熟，国外农业全产业链主要在融资模式上进行创新，形成了荷兰家禽产业链、洪都拉斯芭蕉产业链、玻利维亚新型牛奶产业链等融资模式，增强金融机构和农业龙头企业在农业全产业链中的核心地位，降低农业信贷风险，形成全新农业信贷经营管理模式。国内农业全产业链主要注重农村产业的融合发展和农业增收问题，引导农户通过投劳投资等形式，与新型农业经营主体、产业公司等建立紧密型利益联结，使农民分享更多农村发展增值收益。如山东省潍坊市打造的"全链食品谷"，是潍坊市食品产业高端要素资源的聚集区，通过"农户+基地+合作社+食品谷"的联盟模式，实现技术、信息、销售、物流等资源共享，搭建市场、金融、信息、技术、推广等八大服务支撑体系，为合作社和农户提供全产业链支撑（韩喜艳等，2019）。再比如浙江临平区构建的"塘栖枇杷全产业链"，不断延长产业链条。通过技术创新，开展枇杷产品全株利用，成功开发枇杷花、枇杷酒、枇杷蜂蜜、枇杷膏等系列精深加工产品，深挖枇杷食用、药用和养身等价值，增加产品附加值，提升价值链，使塘栖枇

杷在乡村振兴中释放更多"红利"。

产业集群模式主要考虑到我国农村地区分布广、差异大、人口分散等特点，借鉴了日韩乡村振兴经验，实施集约型村庄建设与开发。减少了大水漫灌式的开发以减少资金压力，通过减少小村落、打造大村落、发展特色产业，实现集约型村庄基础设施数量与质量、人力资本、公共服务建设。其主要特点是因地制宜，发挥地区特色产业优势，实现了一村一品，提高了农村地区基础设施使用效率，加强了农村的组织建设与管理，实现产业兴旺。如河南泌阳的夏南牛产业集群，形成了龙头企业领航促进产业集聚、产业链条完善扩大集群规模、叫响泌阳品牌推动价值提升三种产业集群提升路径，推动了夏南牛产业由增产向提质、由做大向做强、由增量向增收转变，形成独具特色的高质量发展产业集群，为泌阳县全面建成小康社会和乡村全面振兴提供有力支撑。再比如浙江衢江区莲花镇形成的由共享经济、主题民宿、文创研学等150家主体组成的产业集群，将现代农业产业与新兴互联网产业相结合，对农业主体开展种植设备的数字化改造升级，实现节本增效；挖掘自身文化资源、历史底蕴，实现乡村农旅、文旅融合；组建乡村共富产业联盟，培育特色小吃、传统手工艺、乡村文创等当地特色产业，是一次对实现共同富裕进行的有益探索与实践。

产业融合是乡村产业振兴中最常见的模式，主要是指当前农村建立了不同于先前生产模式的组织和生产形式，与农业相关的包括制造业、服务业在内的二三产业之间的界限逐步模糊，农业各种生产要素的区别变得不明显，现有乡村充满着交叉、渗透的生产方式（张艳红等，2021）。农村产业融合是在农业生产基础上发展与二三产业相关的产业，能够延长农业产业链，使农村三次产业形成有机整体。农村产业融合可以利用二三产业优势带动农业生产，对农业进行创新、改革以及资源的重新整合利用。这从根本上改变了传统农业的生产方式，在基础农业生产中融入加工业、休闲旅游等产业，提高产品附加值，有效促进农民收入增长。农村产业融合打破了传统产业界限，根据不同地区的资源状况、民俗文化、经济发展、基础设施等发展新型农业类型，在提高农民收入的同时也给农村带来其他方面的改变，比如改善生态环境、完善基础设施、吸引人才流入、提高居民素质等（齐文浩等，2021）。如安徽庐江县的农旅产业融合模式，做大做强茶叶产业。通过举办茶文化旅游节和茶博会，改造老茶园研发新品种、成立茶叶专业合作社等方式组织带领当地 100 多家种茶制茶企业与 2000 多户茶农走上茶乡种茶致富之路。再比如浙江诸暨市的同山烧产业融合，坚持以核心产业为主线，丰富"酒业＋"新生态，推动产业融合集成发展，加深企业与农户的利益融合，建立起酒企与种植户原料收购利益联结机制，直接促进亩均增收千余元。

第六章

浙江省乡村产业振兴的
效应及空间差异

　　乡村产业根植于县域，地域特色鲜明，要实现产业振兴需要以当地的农村资源为依托，以农民为主体，突出农村产业发展的绿色化、优质化、特色化和品牌化，加快农业农村现代化。同时乡村产业振兴要基于第一产业又不能囿于第一产业，要以农村一二三产业融合发展为路径，通过三次产业的相融相通，拉长农业产业链，提升农业价值链，在发展壮大优势产业基础上，积极培育新产业新业态，构建新型乡村产业体系，以产业兴旺带动乡村振兴。

　　浙江省是全国乡村发展最快、城乡融合度最高、区域发展最协调的省份之一，经济比较发达，具有明显的互联网优势，服务业和电子信息产业发展较快，很早就孕育出农村电子商务等新型模式。同时，作为全国美丽乡村标准化建设的发源地之一，浙江省着力发展绿色休闲农业、特色乡村旅游等，推进新业态的产生和发展，使其变为推进农村发展的新引擎。此外，通过政策扶持，浙江省大力培育专业种养合作社、特色龙头企业等新型经营主体，赋能现代化农业发展。再者，浙江省注重通过农村产业融合来激活农村要素资源，打造农村经济升级版，截至2021年已累计获批15个国家级农村产业融合发展示范园。凭借科学的发展规划、良好的经营技术和创新的商业模式，浙江省的乡村产业振兴走在全国领先地位，成为全国实施乡村振兴战略的"重要窗口"，全国乡村产业振兴的"排头兵"，因此本书以浙江省为例进行研究。

基于此，本书选取浙江省 58 个县市为研究范围，多维度理论分析乡村产业振兴的效应，主要包括促进农民增收、产业结构转型升级、农村经济增长、城乡协调发展、优化农村要素配置的经济效应，以及改善农村生态环境、提升农村基础设施水平的社会效应，并通过全国实施乡村振兴战略的"重要窗口"之一的浙江省县域数据来实证检验其经济效应和社会效应。

第一节　乡村产业振兴效应的理论分析

本节主要从乡村产业振兴的经济效应和社会效应两方面展开分析，如图 6 - 1 所示。

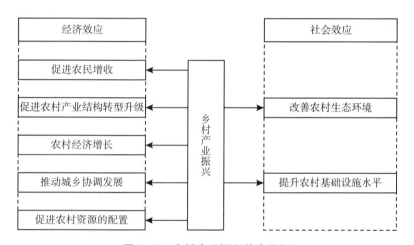

图 6 - 1　乡村产业振兴效应分析

一、经济效应

（一）促进农民增收

乡村产业振兴通过农民增收渠道的多元化和农民增收方式的机制化两个

层面来有效促进农民增收。

1. 农民获取收入的渠道多元化

产业振兴通过农业内外两方面来拓宽农民就业渠道。从农业外部来看，产业振兴着眼于优化第一产业，通过加快农业现代化促进农业生产向规模化、机械化、高效化发展，由此解放的农村富余劳动力会根据市场需求逐步向二三产业转移。从农业内部来看，一方面在科学规划引导下，充分挖掘农村资源，促进农村产业内部分工和细化，促进新业态、新模式、新功能的衍生，为农民提供稳定的、可持续的就业岗位，发挥增收效应。比如说设施农业利用工程技术手段使传统农业逐步突破自然约束，为植物提供适宜的生长环境，使其在经济的生长空间内，获得较高的经济效益，实现农民增收。另一方面，延伸产业链，促进一二三产业融合，传统的生产形式下农民只能获得农产品的生产性收入，而通过农业现代化以及农村产业融合，不仅为农民提供了除农业生产之外，包括农产品加工业、农村旅游等领域的更多就业岗位，让农民参与到农产品加工、流通、销售等环节的收益分配，增加农民收益，还可以通过打破产业之间的界限，减少不同产业间的交易成本，降低生产经营成本，从而进一步提高农民的收入。

2. 农民获取收入的方式机制化

除了拓宽就业渠道之外，乡村产业振兴还为农民多元化的增收渠道形成了稳定的机制，由此降低因不确定所带来的风险，促进农民持续稳定增收。一方面通过土地出租型、订单合同型等利益联结模式，农户与企业成为平等的契约双方，实行利益共享，风险共担。利益的紧密联结强化了农民的主体身份，激发农业组织形式变革的积极性，推动农业工厂化，农业生产供销和市场活动的组织化，有利于实现农业企业化，从而增加了农户的转移性收入和财产性收入。另一方面，鼓励农民参与农民合作社或农业企业，签订合作协议，通过"保底分红＋利润返还"的再分配方式让农民获得更多收益（姜峥，2018）。

（二）促进农村产业结构转型升级

乡村产业振兴重点通过发展现代高效农业和推进农村"三产融合"这两个途径来促进产业结构优化升级。

1. 农村产业结构的合理化

产业结构合理化主要体现在产业间发展的协调度以及资源利用情况。一方面，乡村产业振兴以产业融合为路径之一，各产业间相融相通，产业链条连接愈加紧密，使资源要素在各产业间配置调整更具有整体性和有效性，助推产业间协调程度的提高。另一方面，随着乡村产业振兴水平的不断提高，农村富余劳动力越来越多地流向更高级的产业，资金也逐渐实现全产业链式的合理配置，劳动力和资金的有效利用促进了地区产业结构合理化，利于产业协同发展效益的实现。

2. 农村产业结构的高度化

产业结构高级化具体表现为农村产业间比例关系的演进与劳动生产率的提高（钟漪萍、唐林仁，2020；孙晓华，2017）。一方面，乡村产业振兴在推进农业现代化进程的基础上要促进"三产融合"，延长农业产业链，拓宽农业产业幅，使得农产业加工业、农村服务业等二三产业比重逐渐增大，促进产业结构向高度化方向演进。另一方面，各产业间联系紧密，技术相互交融，对缩小生产效率和提升速度的差异具有积极影响，这使得传统产业具有现代产业的高效率和高增长率，在整体上提高了产业发展水平。

3. 农村产业业态的多样化

产业振兴伴随着生产力提高、市场结构调整、产业组织形式优化以及技术的创新与应用。在乡村振兴战略实施下，通过市场引导和技术支持，各地区充分挖掘农村资源，拓宽农村产业发展渠道，促进农村产业内部分工和细化，催生了农村产业新业态、新模式，例如"互联网＋农业"衍生了众多新业态，如众筹、连锁、快递等，使农业业态呈现多样化的特征。

4. 农村产业布局的集群化

无论是推进农业现代化还是农村"三产融合"发展，都会在一定的地域空间内形成大量关联企业集聚存在的现象。产业振兴让农村各个产业以及产业内部的链条连接更加紧密，使得关联性强的产业在空间内日益集聚、紧密协作，共用某些基础设施、共享信息和知识，进一步降低生产成本，同时还可以通过发挥产业振兴的增收效应和社会效益，吸引更多资源和人才，这将大大提高农村经济的整体竞争力。

（三） 农村经济增长

乡村产业振兴以先进技术要素渗透为契机，提高农产品质量和产量，将农业生产与高品质农产品的需求紧密联系起来，通过农产品加工、农产品冷链物流体系以及农产品专业批发市场建设等产销对接的方式解决农户小生产与大市场之间脱节的问题，推动农业产业化、商品化、现代化，能够增加农产品有效供给，改善农产品进口依赖问题，提高农业在城市经济中的占比，带动农村经济快速发展。同时，积极发展城乡互动的农村现代化流通方式，如物流配送、电子商务等，提高农村市场化水平，既支持城市商贸企业向农村延伸，也有利于促进城乡要素的自由流动，进而促进农村经济增长。再者，依托乡村良好的生态环境资源发展观光旅游业，扩大农民的增收渠道，而旅游业发展势必会带动相应的餐饮、住宿、娱乐以及商业等方面的发展，改善农村配套的基础设施，提升乡村风貌的同时，还能提高农村经济发展水平。

（四） 推动城乡协调发展

乡村产业振兴是推进城乡协调发展良性实现的载体。一方面，乡村产业振兴通过产业融合、延长农业产业链、发展特色优势产业等模式，提供多样化的发展平台，有助于农村留住投资和人才，同时与地方特色资源结合，可以减少同质化带来的资源浪费，行业上的合理错位也为投资得到预期回报提供了有利的条件，能够弱化农村发展的回程效应，加之二三产业比重增加，尤其是农村旅游业的发展会促进农村地区的城市化进程和基础设施的建设与完善，缩小城乡差距，促进城乡协调发展。另一方面，乡村产业振兴所带来的经济效应和社会效益可以完善乡村基础，为城乡产业融合创造条件，这将有利于城市产业直接向农村的延伸，在产业关联、要素融合等方面双方共同努力，助力乡村产业提档升级，同时也使城乡的功能结构、空间结构和规模结构逐渐优化，推进城乡协调发展。再者，乡村产业振兴着眼于第一产业，可以充分挖掘农村特色资源优势，以农产品开发、深加工与精加工等农业生产项目为载体，吸引城市企业投资农村，通过资本连接、利益共享实现合作经营，提高城乡之间的联系水平，实现互动发展。

（五）促进农村资源的优化配置

1. 推进农村劳动力配置的职业化

乡村产业振兴通过加快农业现代化，提高农业生产效率，使部分农业领域富余的劳动力向加工业、服务业等二三产业流动，农民身份发生转变，由农民工转变为企业工人。再者，产业振兴着眼于第一产业，突出农业产业发展的特色化、优质化以及品牌化，农业生产经营的规模化、组织化、技术水平都在不断提高，这在客观上也要求农民具备更多的生产、技术和管理能力，有助于催生和培育具有职业化特征的新型农户，同时也有助于推动农业农村现代化的进程。

2. 推进农村资金配置的全链化

产业振兴重点在于推进农业农村现代化以及农村"三产融合"，通过促进产业链延伸，使得农村各个产业链条连接更加紧密，资金也逐渐实现全产业链式的合理配置。同时，需要引导各个资金投入主体根据自身条件以及生产经营的预期，将资金合理配置于不同的产业链条上，助推农村资金配置全链化。

二、社会效应

（一）改善农村生态环境

乡村振兴战略中还包括"生态宜居"，坚持走绿色可持续发展之路，让良好生态成为产业振兴的支持点。通过绿色农业、生态循环农业的发展，来促进农产品标准化生产，提高农产品质量，实现农业的可持续发展，有利于农业生态功能的长效化。同时，良好的生态环境资源是旅游业兴旺的基础，通过合理的开发有望成为新的经济增长点，即农业生态功能的可持续也会反向促进农村产业振兴。例如通过菜秧发酵还田、树枝循环养蘑菇、牛粪生产蚯蚓肥等新型模式，将种植业、养殖业等有机联系，做到农业生态循环化，既能提高种植业产量，又能生产出无公害绿色农产品，保证农产品品质，实现了绿色农业的可持续发展。

（二）提升农村基础设施水平

乡村产业振兴使得参与农业产业链的企业，获得了优质可靠的农产品生产平台，降低了获取原材料的成本和市场风险，实现交易成本的节约（靳晓婷、惠宁，2019），吸引越来越多的企业入驻农村，而这些企业通过高效的运输效率来降低地区间的流通成本的需要日益增强，加之产业振兴为基础设施建设带来资金支持，加速了农村基础环境的改善。乡村产业振兴离不开人才支持，也对职业教育提出了多元化需求。随着乡村产业振兴发展水平的提升，对教育的重视程度日益增强，目的是为广大农村培养以新型职业农民为主体的农村实用人才（祁占勇、王志远，2020）。

第二节　实证研究：模型、指标与数据

一、计量模型设定

本书选取的数据是浙江省58个县市2013~2019年共7年的数据，包括时间维度和空间维度，属于典型的面板数据分析。目前对乡村产业振兴及其效应之间的相关性研究并无定论，因此，本书构建如下计量模型试图验证乡村产业振兴产生的效应水平。

$$TEL_{i,t} = \alpha + \beta RRI + \rho X_{it} + \varepsilon_{i,t} \qquad (6-1)$$

其中，TEL 为所研究的乡村产业振兴的效应水平，包括经济效应，农民增收、产业结构优化、农村经济增长、城乡协调发展指数等；社会效应，包括交通设施情况、教育重视程度等。RRI 为通过测算所得的乡村产业振兴水平，包括农业生产水平、农业科技应用水平以及"三产融合"水平，X 表示控制变量，ε 为随机误差项。

二、变量选取

（一）被解释变量

乡村产业振兴的效应水平是本书的被解释变量，目前学术界尚未有一个明确指标可以全面直观地反映乡村产业振兴的效应，本书结合浙江省实际和乡村产业振兴的内涵，并考虑到系统性、科学性及可操作性等原则，选取了6个指标来反映浙江省乡村产业振兴的效应，主要包括促进农民增收、产业结构转型升级、农村经济增长、城乡协调发展的经济效应、提升交通基础设施水平和教育重视程度的社会效应，如表6-1所示。

表6-1 浙江省乡村产业振兴的效应水平的指标体系

一级指标	二级指标	三级指标	指标属性
浙江省产业振兴效应 TEL	经济效应	农民增收 IFI	正向指标
		产业结构优化 IISU	正向指标
		农村经济增长 REG	正向指标
	社会效应	城乡协调发展指数 CUDI	负向指标
		交通设施情况 TND	正向指标
		教育重视程度 REF	正向指标

1. 增收效应指标

乡村产业振兴惠及当地农民生产生活，包括农民增收渠道的多元化和农民增收方式的机制化，选择农村居民人均可支配收入作为衡量增收效应的指标，数值越大，表明促进农民增收效应越明显，为正向指标。

2. 产业结构优化指数

考虑乡村产业振兴对产业结构的影响，包括农村产业结构合理化、高级化、产业业态多样化、产业布局集群化。尤其是产业结构的高度化，也就是二三产业比重逐渐增大的过程，用如下公式衡量：

$$IS = q_1 \times 1 + q_2 \times 2 + q_3 \times 3 \qquad (6-2)$$

其中，一二三产业的权重分别为1、2、3，q_i表示第i产业所占比重，数值越大，表明产业结构优化越明显，是正向指标。

3. 农村经济增长指数

乡村振兴的实现关键在于推动我国农村地区的经济发展，为落后的农村地区注入经济活力与动力。考虑到乡村产业振兴对农村经济增长的影响，选择地区生产总值衡量的指标，数值越大，表明对农村经济增长的促进作用越明显，为正向指标。

4. 城乡协调发展指数

乡村产业振兴可以使得农村产业获得和城市产业同步发展的条件和机会，既可以缩小城乡收入差距，也可以逐渐优化城乡的功能结构、空间结构和规模结构，推进城乡协调发展，改善城乡环境。因此，借鉴了温涛等（2020）的做法，选择城乡收入差距指标，即农村居民人均可支配收入与城镇居民人均可支配收入的比值作为城乡协调发展的指标，数值越大，表明城乡发展失衡越严重，为负向指标。

5. 交通设施情况

乡村产业振兴使得入驻农村的企业越来越多，通过高效运输效率来降低地区间的流通成本的需要日益增强，加之产业振兴为基础设施建设带来资金支持，加速了农村交通基础设施的改善。考虑到县域数据的可获得性，选取交通网密度作为交通设施情况的指标，这里用每平方公里的公路里程数（km）来衡量，数值越大，表明交通设施改善情况越明显。

6. 教育重视程度

随着乡村产业振兴发展水平的提升，对教育的重视程度日益增强，为广大农村培养以新型职业农民为主体的农村实用人才。这里参考张合林等（2019）的做法，采用教育经费投入比率（*IRE*），即教育经费总投入占GDP的比重，数值越大，表明教育重视程度越高。

（二）核心解释变量

乡村产业振兴涉及内容多、范围广，需要构建科学的评价指标体系。根据现有研究，在借鉴冯文丽等（2018）和王永华等（2018）的指标构建基础上，本书将乡村产业振兴水平划分为农业生产水平、农业科技应用水平以及"三产融合"水平，同时遵循科学性、代表性和可获取性等指标选取原则，全面系统地考虑影响乡村产业振兴发展水平的因素，在二级指标下分别细分了多个三级指标，构建出浙江省乡村产业振兴发展水平测度的指标体系，共包括 3 个维度 7 个基础指标，如表 6 - 2 所示。

表 6 - 2　　　　　　　　浙江省乡村产业振兴水平的指标体系

一级指标	二级指标	三级指标	指标属性
乡村产业振兴发展水平 RRI	农业生产水平 LOAP	农业劳动生产率（万元/人）	正向指标
		有效灌溉面积比例（%）	正向指标
		化肥施用强度（吨/公顷）	负向指标
	农业科技应用水平 AAST	设施农业占地面积比例（%）	正向指标
		农业机械化水平（千瓦/公顷）	正向指标
	三产融合水平 LTIF	农产品加工业发展情况（%）	正向指标
		农、林、牧、渔、服务业发展情况（%）	正向指标

1. 农业生产水平

（1）农业劳动生产率：该指标可以体现所选择区域第一产业的发展水平，根据所选择的地区农、林、牧、渔、服务业等第一产业的生产总值和从事该项工作的人员总数相比得来的。

（2）有效灌溉面积比例：该指标是衡量农业生产稳定程度的指标之一，通过计算有效灌溉面积与农作物播种面积的比值得来。

（3）化肥施用强度：该指标体现现代化农业发展在环境保护方面发挥的绿色功能，用农用化肥施用量与农作物播种面积的比值衡量，是负向指标。

2. 农业科技应用水平

（1）设施农业占地面积比例：设施农业是中国重点发展的农业新业态之一，通过设施农业占地面积与农作物播种面积之比衡量农业科技与传统农业结合下农业新业态的培育状况。

（2）农业机械化水平：是衡量现代化农业的发展规模的重要指标之一，用农用机械总动力与农作物总播种面积的比值来衡量。

3. 三产融合水平

（1）农产品加工业发展情况：该指标是调整农村产业结构、促进农业转型升级的重要参照，新时期农产品供给侧结构性矛盾亟待解决，大力发展农产品加工业正是破解该矛盾的有效途径之一，同时农产品加工业的发展也能够促进农村的"三产融合"发展，用农产品加工产值与农业总产值的比值来衡量（廖淑敏，2017）。

（2）农、林、牧、渔、服务业发展情况：农业与服务业之间的联动发展，这些服务业包括农技推广服务、农业信息服务、农产品营销服务、农业金融保险服务等（鲁钊阳，2013），该指标用农林牧渔服务业产值比重来衡量。

（三）控制变量

除了以上变量外，为了估计结果的有效性，本书将重要的其他影响因素作为控制变量纳入计量模型。金融发展水平（*FIN*），借鉴姚旭兵等（2017）的做法，用金融机构存贷款总额与 GDP 之比来衡量金融发展程度；人均享有医疗资源情况（*NHI*），这里用城乡每万人拥有的卫生机构数来衡量。

三、变量测度方法

在获得上述指标数据的基础上，本书进一步测度了浙江省各县市乡村产业振兴水平及其效应水平的综合指数。借鉴李晓龙等（2019）的研究思路，先对数据进行标准化处理，然后通过熵值法计算指标权重，最后运用线性加权求和法求出综合指数。具体步骤如下：

（一）数据标准化处理

首先对上述指标原始数据进行标准化处理以消除指标量纲和经济含义差异对评价结果产生的影响，采用极值处理法，计算公式如下：

$$U_{ij} = \frac{V_{ij} - V_{\min(j)}}{V_{\max(j)} - V_{\min(j)}} \tag{6-3}$$

其中，U_{ij} 表示 i 地区第 j 个指标的标准化数据，V_{ij} 表示原始数据；$V_{\max(j)}$ 表示样本期间所有地区第 j 个指标原始数据中的最大值，$V_{\min(j)}$ 表示最小值，

U_{ij} 取值为 0 ~ 1。

（二）用熵值法计算指标权重

为了尽可能地避免主观影响，本书采用熵值赋权法来确定各三级指标的权重。

先对标准化数据进行比重变换，公式为：

$$W_{ij} = U_{ij} \Big/ \sum_{j=1}^{m} U_{ij} \qquad (6-4)$$

再计算第 j 项指标的熵值，公式为：

$$E_j = - (\ln m)^{-1} \sum_{i=1}^{m} W_{ij} \ln W_{ij},\ 0 \leqslant E_{ij} \leqslant 1 \qquad (6-5)$$

最后计算第 j 项指标熵值的信息效用价值 d_j 和权重 w_j，公式为：

$$w_j = d_j \Big/ \sum_{j=1}^{n} d_j,\ d_j = 1 - E_j \qquad (6-6)$$

（三）线性加权求综合指标

运用线性加权求和法，计算 2013 ~ 2019 年浙江省各县市乡村产业振兴效应水平的综合指数，其公式为：

$$CON_i = \sum_{j=1}^{n} w_{ij} U_{ij},\ \sum_{j=1}^{n} w_{ij} = 1 \qquad (6-7)$$

其中，w_{ij} 为各三级指标的权重。

四、数据说明

参考相关研究成果，县域经济是以县级行政区划为地埋空间（陈学云、程长明，2018），因此本书选取 2013 ~ 2019 年浙江省除市辖区之外的 58 个县市为研究对象，对浙江省乡村产业振兴水平及其效应进行测度，并就乡村产业振兴效应水平做进一步分析。相关数据来源于 2014 ~ 2020 年《中国县域统计年鉴》《浙江统计年鉴》以及地级市统计年鉴和统计公报，其中农产品加工业产值为市统计年鉴中包括食品加工业等 12 个相关行业产值加总所得，部分缺失数据采用插值法补全。表 6 - 3 列示了主要变量的描述性统计结果。

表 6 – 3 相关变量的描述性统计结果

变量	平均值	标准差	最小值	最大值
乡村产业振兴水平	0.5205	0.2081	0.1670	1.1463
农民增收	24961	6726	9013	40655
产业结构优化	2.3518	0.0733	2.1896	2.6705
农村经济增长	553.78	327.91	62.76	1898.64
城乡协调发展	0.0493	0.0184	0.0210	0.1200
交通设施情况	1.1543	0.4247	0.4338	2.8047
教育重视程度	0.0348	0.0166	0.0120	0.1028
乡村产业振兴效应	0.2866	0.0697	0.1329	0.5141
金融发展水平	1.4562	0.3626	0.6845	3.2801
人均享有医疗资源情况	0.4229	0.2961	0.0536	1.4541

第三节　浙江省乡村产业振兴水平的时空演变特征

一、乡村产业振兴水平的时序演变特征

根据浙江省 58 个县市乡村产业振兴水平的综合指数，如表 6 – 4 所示，整体来看，2013～2019 年浙江省各县市的乡村产业振兴水平在总体上随着时间推移呈现出稳步提升趋势。2015 年以前，浙江省乡村产业振兴水平上升趋势相对缓慢，此后随着相关"三农"扶持政策的陆续落地，乡村发展成效日益凸显，产业振兴水平提升速度逐渐加快。尤其是 2017～2018 年的增长速度最快，这可能是因为 2017 年国家提出实施乡村振兴战略，优先发展农业农村问题，浙江省积极响应国家号召，制订浙江农业品牌振兴计划，成为全国首个整省推进的国家农业可持续发展试验示范区、首批农业绿色发展试点先行区，以此赋能乡村产业振兴。

从县域演变来看，2013～2019 年各县市的发展趋势不一，根据时序演

变趋势大致有以下几种：一是稳步提升型，乡村产业振兴水平持续上升，且增速较快，如余姚、慈溪、海宁、平湖、安吉、义乌、瑞安等县市。主要原因可能是这些县市整体经济实力较强，能给农村经济发展提供持续的支持。二是波动上升型，如宁海、建德、玉环、德清、云和、龙泉、青田等县市，乡村产业振兴水平大体呈波浪式上升趋势。其中云和、龙泉、青田这三个县市，2013～2017年均为波动上升且增速较为缓慢，2017年以后增幅陆续变大，上升趋势日益明显，这可能是因为2017年这些县市在推进山海协作工程中，率先在全省范围内探索"飞地经济"，共建"飞地"产业园这种外力支持与内生发展的方式，成为这些县市加快发展的新引擎。三是稳定不变型，乡村产业振兴水平没有明显的波动规律，变化幅度较小，如文成、泰顺、开化、庆元等县市。主要可能是因为这些地区的乡村产业发展受制于整体经济发展底子薄起步晚，影响了乡村产业振兴的进程。

表6-4　　　　　　浙江省58个县市乡村产业振兴水平的综合指数

地级市	县市	2013年	2014年	2015年	2016年	2017年	2018年	2019年
杭州	桐庐县	0.45381	0.37515	0.38505	0.38989	0.41156	0.49644	0.49934
	淳安县	0.37075	0.32900	0.35146	0.36084	0.41349	0.45254	0.53750
	建德市	0.47658	0.40794	0.44035	0.43198	0.51115	0.51317	0.61656
	富阳市	0.50113	0.51046	0.51579	0.54815	0.67004	0.87383	0.76591
	临安市	0.57001	0.53184	0.59395	0.60998	0.63323	0.79504	0.94078
宁波	象山县	0.47463	0.44513	0.56449	0.55451	0.57968	0.60205	0.59673
	宁海县	0.68849	0.64876	0.69599	0.75611	0.78101	0.88757	0.87953
	余姚市	0.71645	0.79907	0.78897	0.78999	0.87624	0.92040	1.09880
	慈溪市	0.73035	0.81030	0.80714	0.86233	0.91015	1.03082	1.14626
	奉化市	0.56099	0.49771	0.41874	0.53699	0.52106	0.61804	0.72288
嘉兴	嘉善县	0.52430	0.47257	0.57556	0.61083	0.60685	0.80204	0.75595
	海盐县	0.40503	0.43780	0.45135	0.50075	0.53206	0.56950	0.68056
	海宁市	0.62330	0.65312	0.67831	0.67201	0.71329	1.12947	1.13632
	平湖市	0.69264	0.62691	0.69598	0.82550	0.86364	1.01441	0.94395
	桐乡市	0.66701	0.66880	0.67270	0.67329	0.70191	0.83912	0.85784

地级市	县市	2013 年	2014 年	2015 年	2016 年	2017 年	2018 年	2019 年
湖州	德清县	0.45066	0.36148	0.52894	0.42757	0.51615	0.80213	0.81406
	长兴县	0.39743	0.48889	0.63028	0.76398	0.78164	0.84209	0.75195
	安吉县	0.37967	0.36440	0.41323	0.44185	0.46841	0.89722	0.82583
绍兴	柯桥区	0.78619	0.83645	0.88855	0.90229	0.78393	0.88913	0.93648
	上虞区	0.64974	0.61937	0.70134	0.68279	0.66834	0.72357	0.59092
	新昌县	0.43189	0.38457	0.49497	0.40620	0.36728	0.54970	0.46258
	嵊州市	0.48800	0.44686	0.49335	0.55536	0.55704	0.80048	0.68125
	诸暨市	0.53195	0.51158	0.57387	0.63996	0.69361	0.86486	0.97462
舟山	岱山县	0.29438	0.33459	0.30767	0.31407	0.31853	0.48757	0.50180
	嵊泗县	0.35994	0.26006	0.28568	0.28019	0.32838	0.40693	0.38636
温州	洞头县	0.21458	0.27945	0.37025	0.33879	0.37597	0.41824	0.46240
	永嘉县	0.41414	0.25491	0.32680	0.29697	0.30212	0.44125	0.50364
	平阳县	0.35948	0.36835	0.40272	0.37932	0.39373	0.43367	0.46680
	苍南县	0.55054	0.52662	0.51543	0.49190	0.52881	0.58958	0.61361
	文成县	0.24706	0.27342	0.27570	0.27348	0.28456	0.25641	0.41322
	泰顺县	0.26727	0.25331	0.26478	0.28791	0.31005	0.51814	0.37101
	瑞安市	0.65653	0.55771	0.71658	0.90617	0.95621	0.98265	1.07842
	乐清市	0.51045	0.58802	0.53190	0.57060	0.69696	0.87336	0.92953
金华	武义县	0.42511	0.34325	0.51626	0.41352	0.47222	0.48775	0.45716
	浦江县	0.40154	0.37728	0.36571	0.56115	0.55628	0.59118	0.46697
	磐安县	0.28128	0.20270	0.22219	0.23174	0.29020	0.30269	0.47568
	兰溪市	0.31135	0.38887	0.36936	0.40437	0.45206	0.49824	0.58349
	义乌市	0.65685	0.71370	0.88073	0.97443	1.06405	0.96564	1.06476
	东阳市	0.50035	0.48420	0.49591	0.55790	0.59357	0.77088	0.85713
	永康市	0.51134	0.55934	0.63440	0.66887	0.62352	0.67471	0.66091
衢州	常山县	0.31100	0.26587	0.24361	0.25676	0.40225	0.38530	0.49399
	开化县	0.34813	0.34874	0.30276	0.30831	0.31427	0.33762	0.34873
	龙游县	0.31929	0.37166	0.36511	0.40447	0.42337	0.45726	0.48496
	江山市	0.33911	0.35076	0.42892	0.48202	0.46557	0.49978	0.59638

地级市	县市	2013 年	2014 年	2015 年	2016 年	2017 年	2018 年	2019 年
台州	玉环县	0.41102	0.60353	0.46279	0.63260	0.63227	0.72520	0.78845
	三门县	0.21843	0.29354	0.37213	0.35347	0.42642	0.45744	0.52748
	天台县	0.22347	0.25056	0.27508	0.27976	0.38718	0.45906	0.52278
	仙居县	0.33793	0.35747	0.36694	0.38699	0.36489	0.44740	0.45695
	温岭市	0.54779	0.60811	0.63638	0.73283	0.74088	0.80515	0.96336
	临海市	0.46920	0.46002	0.63279	0.63912	0.70323	0.69973	0.81686
丽水	青田县	0.25583	0.27676	0.29657	0.31227	0.32391	0.29439	0.59186
	缙云县	0.34813	0.34874	0.24361	0.25676	0.40225	0.38530	0.49399
	遂昌县	0.32496	0.31273	0.32341	0.33747	0.31108	0.51153	0.53282
	松阳县	0.37236	0.42853	0.49180	0.31799	0.34799	0.47525	0.59880
	云和县	0.26516	0.16699	0.24002	0.26645	0.31041	0.32112	0.44247
	庆元县	0.23291	0.21019	0.23347	0.23380	0.30768	0.37652	0.35333
	景宁畲族自治县	0.24082	0.22601	0.24287	0.26043	0.28722	0.31715	0.38908
	龙泉市	0.27007	0.23874	0.24394	0.26772	0.30904	0.49065	0.44078

二、乡村产业振兴水平的空间格局演化分析

（一）浙江省乡村产业振兴水平空间分布的非均衡性的变化

以浙江省乡村产业振兴水平为基础数据，借鉴了卢新海等（2019）的方法，采用高斯核函数，通过 Stata 16 绘制出 2013 年、2015 年、2017 年和 2019 年乡村产业振兴水平的核密度曲线图，如图 6 - 2 所示，通过对不同年份核密度曲线的分布位置、整体形态等信息进行分析，考察浙江省乡村产业振兴水平的动态演变特征。

浙江省乡村产业振兴水平的核密度曲线总体上呈现出不断右移的变化特征，这表明浙江省乡村产业振兴水平持续提高，这与前文整体时序的分析结果一致。从分布形态来看，核密度曲线的峰值呈现波动下降的趋势，变化区

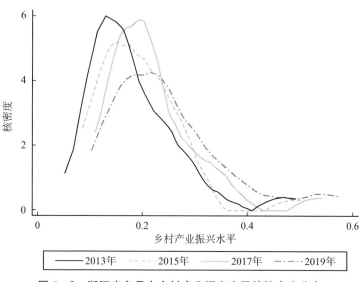

图 6 - 2　浙江省各县市乡村产业振兴水平的核密度分布

间大体上持续扩大，其坡度整体也有所减缓，说明浙江省各县市间乡村产业振兴水平的发展差异有所增大。同时 2013~2019 年核密度曲线的右侧均有明显的"长尾"现象，意味着浙江省内存在部分乡村产业振兴高水平的县市。从具体的演变过程来看，2013 年浙江省乡村产业振兴水平的核密度曲线呈现陡峭的"单峰"形态，表明此时浙江省各县市的乡村产业振兴水平整体还比较低，地区间差距较小，分布集中趋势较强。2013~2015 年曲线主峰峰值有所下降，曲线形态也由原先的"单峰"转变为"多峰"，说明浙江省各县市乡村产业振兴水平的发展差距有所扩大，且呈现出轻微的多极分化趋势；2015~2017 年曲线主峰峰值有所抬升，曲线逐渐由"多峰"形态演变为"双峰"，波峰宽带有所收窄，说明浙江省各县市乡村产业振兴水平的差距缩小，但逐渐呈现轻微的两极分化现象；2017~2019 年，核密度曲线主峰峰值大幅度下降，曲线形态转变为扁平的"单峰"，这表明浙江省各县市乡村产业振兴水平的差异有所扩大，但逐渐呈现"扁平化"的分布形态，说明分散趋势在增强。

（二）浙江省乡村产业振兴水平空间格局特征的演变

进一步分析浙江省乡村产业振兴水平的空间演化特征，发现浙江省乡村产业振兴水平的总体演变格局存在一定程度的波动，逐渐从"东北强、中部较弱、西南弱"演变为"东北及沿海强，西南相对弱"的空间分布格局，并且呈现出"东北扩，西南升"的发展态势。（1）2013年乡村产业振兴高水平地区大体上位于浙东北地区，低水平地区主要聚集于浙西南地区和浙中地区局部的"条状"分布，这与浙江省县域经济发展水平的等级分布格局比较相似。（2）2015年大体上仍为沿"东北—西南"走向乡村产业振兴等级水平逐渐降低的空间分布格局，但乡村产业振兴中等水平以上的县市明显减少，各县市间乡村产业振兴的极化现象有所缓解。（3）2017年空间分布格局大体上仍表现为"东北强、沿海较强、西南弱"，其中浙东北及沿海地区乡村产业振兴水平提升较快，中部地区乡村产业维持稳定发展状态，浙西南地区提升较缓慢，等级分布变化并不明显。这可能是因为以义乌市为代表的浙中地区、以瑞安市为代表的沿海地区通过推行特色乡村产业发展模式，提高政府支持的力度，加强城乡间的产业协作，产业振兴水平的增速不断提升，与浙东北地区的差距不断缩小。其中，被称为义乌"普罗旺斯"的何斯路村通过发展薰衣草特色旅游产业，着眼于"三产融合"，逐渐形成了满足多样化需求的小型旅游综合体，构建新型乡村产业体系，促进了乡村产业兴旺。（4）2019年浙江省乡村产业振兴水平总体呈现出"东北及沿海强，西南相对弱"的空间分布格局。其中浙东北地区辐射带动作用加强，其周边多数县市的等级水平都有提升；沿海地区乡村产业发展逐渐步入快车道，高水平县市由1个增加到3个；浙西南地区在享受政策惠及和"山海计划"实施等外力推动下，乡村产业振兴水平得到一定程度提高，低水平县市数量锐减。

第四节　乡村产业振兴效应水平的时空演变特征

一、乡村产业振兴效应水平的时序演变特征

根据产业振兴效应综合评价结果，如表 6 - 5 所示，浙江省各县市在 2013～2019 年的产业振兴效应综合指数随时间推移呈现出稳定上升趋势，

表明在国家政策的引导下，各地区在乡村产业振兴发展进程稳中向好，带来的产业振兴效应日益显著。从县域演变来看，2013~2019年各县市的发展趋势不一。其中，慈溪市、义乌市、桐乡市、柯桥区、温岭市、诸暨市、海宁市等的乡村产业振兴带来的效应作用最明显，历年排名靠前；景宁畲族自治县、云和县、常山县、松阳县、文成县、庆元县等的乡村产业振兴带来的效应较弱，历年排名相对落后。在增幅方面，永嘉县、乐清市、上虞区、平阳县、缙云县、余姚市6个地区产业振兴的发展速度较快，而仙居县、桐庐县、磐安县、龙泉市、海盐县、遂昌县6个地区乡村产业振兴的发展速度相对较缓。其中虽然乐清市目前乡村产业振兴带来的效应作用相较于慈溪市、义乌市等相对较弱，但其以"雁荡山铁皮石斛"区域公共品牌为引领，以农业全产业链发展为引擎，形成了"三产融合"发展示范区，发展速度不断提升，有望逐渐缩小与其他县市的差距，未来前景十分可观。

表6-5　　　　浙江省58个县市乡村产业振兴效应水平的综合指数

地级市	县市	2013年	2014年	2015年	2016年	2017年	2018年	2019年
杭州	桐庐县	0.28562	0.20778	0.25040	0.26327	0.28414	0.27014	0.27708
	淳安县	0.23084	0.22372	0.24175	0.26681	0.27923	0.29748	0.31289
	建德市	0.27413	0.24704	0.26291	0.26736	0.28430	0.30541	0.32899
	富阳市	0.29173	0.26715	0.31059	0.31130	0.33406	0.36058	0.39041
	临安市	0.28019	0.27127	0.29803	0.29228	0.31237	0.34258	0.34827
宁波	象山县	0.24837	0.24709	0.28410	0.30280	0.31880	0.32834	0.34420
	宁海县	0.28149	0.23898	0.32992	0.29665	0.30996	0.31101	0.33528
	余姚市	0.30071	0.29274	0.33514	0.35188	0.38187	0.40417	0.41389
	慈溪市	0.35835	0.38504	0.40484	0.41050	0.47595	0.47400	0.48495
	奉化市	0.24276	0.22708	0.24478	0.24898	0.26435	0.26886	0.28809
嘉兴	嘉善县	0.26410	0.25620	0.27139	0.28768	0.31402	0.34126	0.36626
	海盐县	0.24709	0.26030	0.25911	0.25412	0.26985	0.28030	0.26650
	海宁市	0.34610	0.34683	0.36065	0.34696	0.36818	0.39474	0.41415
	平湖市	0.32887	0.31548	0.33589	0.34113	0.37050	0.38528	0.40729
	桐乡市	0.36504	0.34899	0.38085	0.40799	0.45496	0.47806	0.51406

续表

地级市	县市	2013 年	2014 年	2015 年	2016 年	2017 年	2018 年	2019 年
湖州	德清县	0.28986	0.25491	0.27332	0.28716	0.29958	0.31251	0.32374
	长兴县	0.26482	0.25710	0.27270	0.28166	0.30340	0.32454	0.34815
	安吉县	0.23982	0.22813	0.24789	0.27206	0.28786	0.29986	0.31122
绍兴	柯桥区	0.37563	0.34677	0.37509	0.39492	0.41558	0.45478	0.48428
	上虞区	0.27200	0.28613	0.30372	0.32223	0.34415	0.36790	0.39408
	新昌县	0.26105	0.24597	0.26678	0.27987	0.29737	0.31521	0.32277
	嵊州市	0.21988	0.21375	0.25820	0.27145	0.28304	0.29807	0.32191
	诸暨市	0.30881	0.33883	0.36552	0.38512	0.41189	0.43959	0.48616
舟山	岱山县	0.21304	0.20613	0.22321	0.24466	0.25967	0.28031	0.29407
	嵊泗县	0.18156	0.16598	0.17497	0.18523	0.21254	0.22046	0.23852
温州	洞头县	0.24569	0.24687	0.24618	0.23710	0.26405	0.27498	0.27536
	永嘉县	0.19847	0.19393	0.26189	0.27702	0.30695	0.30894	0.35980
	平阳县	0.24101	0.23295	0.26410	0.25075	0.29307	0.29741	0.35766
	苍南县	0.25545	0.26409	0.28540	0.29868	0.31390	0.33443	0.35377
	文成县	0.17788	0.17408	0.22169	0.23311	0.20840	0.21716	0.22866
	泰顺县	0.21108	0.20115	0.22376	0.23404	0.24780	0.26435	0.28738
	瑞安市	0.33258	0.29494	0.33982	0.36486	0.38752	0.40689	0.44331
	乐清市	0.31039	0.26159	0.31470	0.33875	0.36587	0.39528	0.43679
金华	武义县	0.23909	0.21381	0.26139	0.26156	0.26945	0.27903	0.28302
	浦江县	0.23486	0.20207	0.24949	0.25506	0.26234	0.28459	0.29191
	磐安县	0.25385	0.22291	0.23238	0.23921	0.23757	0.24815	0.25061
	兰溪市	0.26581	0.21963	0.23728	0.29838	0.32447	0.33304	0.34030
	义乌市	0.40635	0.36323	0.38891	0.41155	0.42635	0.44751	0.47698
	东阳市	0.29077	0.24854	0.35427	0.31093	0.35044	0.32148	0.37579
	永康市	0.28945	0.29171	0.31814	0.31953	0.35197	0.33547	0.36292
衢州	常山县	0.15003	0.15037	0.20158	0.22686	0.18573	0.20619	0.22186
	开化县	0.18779	0.21400	0.23440	0.23070	0.25112	0.25341	0.26773
	龙游县	0.21033	0.20430	0.24985	0.26240	0.25430	0.26061	0.27493
	江山市	0.26027	0.22255	0.27228	0.25022	0.26512	0.27224	0.30261

地级市	县市	2013 年	2014 年	2015 年	2016 年	2017 年	2018 年	2019 年
台州	玉环县	0.22611	0.24704	0.26622	0.28464	0.30888	0.31055	0.32418
	三门县	0.22738	0.22429	0.24998	0.25391	0.26713	0.28095	0.28377
	天台县	0.20759	0.22729	0.24537	0.26139	0.27751	0.29244	0.29700
	仙居县	0.31950	0.18732	0.21764	0.23557	0.21399	0.22297	0.23875
	温岭市	0.34656	0.35481	0.37801	0.39921	0.41618	0.41115	0.42715
	临海市	0.39249	0.31029	0.34062	0.40549	0.40292	0.36046	0.36258
丽水	青田县	0.25234	0.18632	0.22699	0.27737	0.27915	0.28532	0.28774
	缙云县	0.18138	0.19853	0.21350	0.25076	0.27479	0.28265	0.29545
	遂昌县	0.23457	0.18528	0.20834	0.22847	0.24282	0.24060	0.25884
	松阳县	0.16056	0.17201	0.19669	0.20924	0.22640	0.23818	0.26068
	云和县	0.14506	0.16528	0.21880	0.19359	0.19719	0.19899	0.20042
	庆元县	0.21532	0.19155	0.20798	0.22035	0.22812	0.24343	0.25173
	景宁畲族自治县	0.14928	0.13294	0.19089	0.20096	0.17950	0.17822	0.19006
	龙泉市	0.28017	0.18977	0.20923	0.25654	0.28371	0.27383	0.28876

二、乡村产业振兴效应水平的空间演化特征

为了进一步分析浙江省乡村产业振兴水平的空间演化特征，以浙江省 58 个县市乡村产业振兴水平的综合指数为基础数据，运用 Arc-GIS10.2 将 2013 年、2015 年、2017 年和 2019 年综合指数采用自然断点法划分低水平、中低水平、中等水平、中高水平和高水平五个等级，如表 6 - 6 所示。

表6－6 浙江省乡村产业振兴效应水平不同等级的县市分布

年份	低水平	中低水平	中等水平	中高水平	高水平
	0.145060～ 0.187790	0.187791～ 0.234860	0.234861～ 0.272001	0.272002～ 0.319500	0.319501～ 0.406349
2013	开化县、常山县、松阳县、缙云县、云和县、景宁畲族自治县、文成县	淳安县、浦江县、嵊州市、天台县、三门县、永嘉县、龙游县、遂昌县、玉环市、庆元县、泰顺县、嵊泗县、岱山县	长兴县、安吉县、嘉善县、海盐县、上虞区、奉化市、兰溪市、新昌县、象山县、磐安县、武义县、江山市、青田县、平阳县、苍南县、洞头县	德清县、临安市、富阳市、桐庐县、建德市、诸暨市、东阳市、永康市、余姚市、宁海县、仙居县、乐清市、龙泉市	瑞安市、温岭市、临海市、义乌市、慈溪市、平湖市、海宁市、柯桥区、桐乡市
	0.174966～ 0.218801	0.218802～ 0.250405	0.250406～ 0.285401	0.285402～ 0.340621	0.340622～ 0.404838
2015	常山县、遂昌县、松阳县、龙泉市、云和县、景宁畲族自治县、庆元县、缙云县、仙居县	安吉县、开化县、淳安县、桐庐县、浦江县、兰溪市、龙游县、奉化区、天台县、磐安县、三门县、青田县、文成县、泰顺县、嵊泗县、岱山县、洞头县	长兴县、德清县、嘉善县、海盐县、建德市、江山市、武义县、嵊州市、新昌县、象山县、永嘉县、玉环市、平阳县、苍南县	平湖市、临安区、富阳区、上虞区、余姚市、宁海县、临海市、永康市、乐清市、瑞安市	桐乡市、慈溪市、海宁市、柯桥区、诸暨市、义乌市、东阳市、温岭市
	0.179495～ 0.228116	0.228117～ 0.279230	0.279231～ 0.324472	0.324473～ 0.387519	0.387520～ 0.475946
2017	常山县、仙居县、松阳县、云和县、景宁畲族自治县、文成县、庆元县	海盐县、淳安县、开化县、浦江县、奉化区、龙游县、江山市、遂昌县、武义县、磐安县、天台县、三门县、青田县、泰顺县、洞头区、嵊泗县、岱山县	长兴县、安吉县、临安区、德清县、嘉善县、桐庐县、建德市、兰溪市、嵊州市、新昌市、宁海县、象山县、永嘉县、玉环市、平阳县、苍南县、龙泉市	平湖市、海宁市、上虞区、余姚市、富阳区、东阳市、永康市、乐清市、瑞安市	桐乡市、慈溪市、柯桥区、义乌市、诸暨市、临海市、温岭市

年份	低水平	中低水平	中等水平	中高水平	高水平
	0.190061 ~ 0.251727	0.251728 ~ 0.312887	0.312888 ~ 0.375789	0.375790 ~ 0.443311	0.443312 ~ 0.514056
2019	常山县、云和县、景宁畲族自治县、文成县、庆元县、仙居县、磐安县	安吉县、海盐县、淳安县、桐庐县、开化县、浦江县、奉化区、天台县、三门县、龙游县、武义县、松阳县、遂昌县、江山市、龙泉市、泰顺县、青田县、缙云县、嵊泗县、岱山县	长兴县、嘉善县、德清县、临安区、嵊州市、建德市、兰溪市、东阳市、新昌县、象山县、宁海县、永康市、临海市、永嘉县、玉环市、洞头区、平阳县、苍南县	平湖市、海宁市、余姚市、上虞区、富阳区、温岭市、乐清市、瑞安市	桐乡市、慈溪市、柯桥区、诸暨市、义乌市

根据表6-6，不同年份的乡村产业振兴效应水平等级划分差别较大，几个等级类型不断发生变化。其中高水平等级由2013年的0.319501 ~ 0.406349到2019年的0.443312 ~ 0.514056，表明浙江省各县市乡村产业振兴效应水平不断提高。中间划分的几个等级变化幅度较大的主要原因是随着乡村振兴战略的不断推进，浙江省各个县市都日益重视农村发展，深入贯彻中央、省、市的乡村振兴政策，整体处于"群雄角逐"的发展阶段，乡村产业振兴效应水平不断提高，同时作用等级还没有完全固化，也从侧面反映出浙江省各县市的乡村产业振兴效应水平的差距并不是很大。

分县市具体来看，2013~2019年，慈溪市、义乌市、桐乡市、柯桥区4个县市一直处于乡村产业振兴效应水平的高水平等级，显示出这些县市在乡村振兴的产业兴旺方面取得一定的成果，产业振兴的效应作用也比较显著，是当地经济发展的重要动力，是其他地区学习的范本，其中桐乡市作为全国蚕桑生产重点产区，通过创新生产经营模式、延伸产业链条、制定惠农政策等方式，助力现代蚕业发展，赋能乡村经济增长。乡村产业振兴效应水平位于中高水平的海宁市、平湖市、余姚市、上虞区、富阳区、温岭市、乐清市、瑞安市中，平湖市一直致力于"接沪融杭"，在不断加强与沪杭产业协作的同时，注重加快城乡产业融合发展，不断推进区域融合以及产业一体化的协同发展、良性竞合。通过引导城市资源自由流入农村，为当地乡村地区增加就业岗位，提高农村居民的生活水平，乡村产业振兴发展水平快速提升，效应作用比较显著。乡村产业振兴效应水平处于中等水平、中低水平等级的地区变化最大，每个年份都有所不同，表明在这个等级中各县市间的竞争最为激烈，乡村产业振兴质量水平以及其效应作用水平差距较小，排名等级会根据地区在乡村产业振兴的发展速度迅速发生变化。乡村产业振兴效应水平位于低水平等级的几个县市基本是一致的，分别是景宁畲族自治县、云和县、文成县、常山县，动态变化相对较小，主要原因是这些地区的乡村振兴发展速度相对较缓，其对应的产业振兴效应水平也相对较低，与其他发展较快的地区差距逐渐拉大。

第五节　实证检验与结果分析

一、乡村产业振兴对其各效应水平影响的基准检验结果

首先，由于选取的数据符合典型的面板数据分析，通过豪斯曼（hausman）检验结果 P 值小于 0.05，拒绝随机效应模型的原假设，所以选择固定效应模型更好。同时，相对于传统计量经济学估计方法而言，广义矩估计（GMM）方法具有允许随机误差项存在异方差和序列相关的优点，因此本书采用广义矩估计（GMM）对式（6-1）进行了回归估计，来实证检验乡村产业振兴的效应作用，详细结果如表 6-7 所示。模型（6-1）、模型（6-2）中的 AR（2）检验说明一阶差分后的残差不存在二阶序列自相关性，而汉森（Hansen）检验的 P 值明显大于 0.1，说明选取的变量是较为有效的，因此本书设定的面板模型比较合理、科学。固定效应模型 $\text{Prob}(F-\text{statistic}) < 0.01$，故模型十分显著，且 R^2 接近于 1，说明模型对数据的拟合程度比较好。

表6-7　　　　　　　　　乡村产业振兴对其各效应水平的基准回归

RRI 项目	GMM (6-1)	滞后一阶 GMM (6-2)	FEM (6-3)
TEL	0. 4063725 *** [0. 000]	0. 3492127 *** [0. 000]	0. 4256482 *** [0. 000]
IFI	0. 1409172 *** [0. 000]	0. 1272459 *** [0. 007]	0. 161684 *** [0. 000]
IISU	0. 055601 ** [0. 014]	0. 0502544 * [0. 051]	0. 0623979 ** [0. 023]
REG	0. 0445969 ** [0. 024]	0. 0373501 ** [0. 047]	0. 0362968 ** [0. 019]
CUDI	- 0. 0534902 ** [0. 018]	- 0. 0651493 ** [0. 011]	- 0. 0616421 *** [0. 004]
TND	0. 104429 * [0. 068]	0. 1085638 [0. 121]	0. 1066839 * [0. 059]
REF	0. 0687096 ** [0. 022]	0. 0682848 ** [0. 048]	0. 0737934 ** [0. 031]
常数项			0. 0627586 *** [0. 004]
面板设定 F 值			28. 80 *** [0. 0000]
调整后的 R^2			0. 6586
AR (2) 检验的 P 值	0. 680	0. 541	
Hansen 检验的 P 值	0. 795	0. 623	
样本观测值	406	348	406

注：* 、** 、*** 分别表示统计值在10% 、5% 、1% 显著性水平下显著；方括号内为 P 值。

二、乡村产业振兴各途径对其效应水平影响的检验结果

为了确保估计结果的准确性，同时进一步探究现阶段通过哪种途径更有利于乡村产业振兴发挥其经济效应和社会效应，本书对乡村产业振兴水平进行了更为细致的划分，在总体产业振兴水平的基础上，又细分了农业生产水

平、农业科技应用水平以及三产融合水平并进行了相应回归，估计结果如表 6-8 所示。

表 6-8　　　　　乡村产业振兴各途径对效应水平影响的估计结果

TEL 项目	GMM (6-4)	滞后一阶 GMM (6-5)	FEM (6-6)
LOAP	1.7053652 *** [0.000]	1.3963473 *** [0.000]	1.598338 *** [0.000]
AAST	0.6288501 *** [0.004]	0.5150223 *** [0.007]	0.5305863 *** [0.000]
LTIF	0.04339661 ** [0.024]	0.0399702 ** [0.031]	0.0853549 ** [0.017]
FIN	0.1867881 *** [0.004]	0.0118024 ** [0.012]	0.0088933 * [0.064]
NHI	0.1191407 *** [0.000]	0.0037483 ** [0.044]	0.005267 ** [0.016]
常数项			0.1990237 *** [0.000]
面板设定 F 值			49.77 *** [0.0000]
调整后的 R²			0.5190
AR（2）检验的 P 值	0.573	0.508	
Hansen 检验的 P 值	0.619	0.542	
样本观测值	406	348	406

注：*、**、*** 分别表示统计值在 10%、5%、1% 的显著性水平下显著；上方为系数，方括号内为 P 值。

通过 GMM 的 AR（2）检验和 Hansen 检验的 P 值都明显大于 0.1，固定效应模型的 $Prob(F-statistic) < 0.01$，说明本书模型的设定以及计量方法的选择都较为合理。结果显示，农业生产水平、农业科技应用水平以及农村三产融合水平均对效应水平具有显著的正向影响，其中，农业生产水平、农业

科技应用水平在各模型中均通过了1%的显著性水平检验，"三产融合"水平全部通过了5%的显著性水平检验，说明通过这三条途径都有助于乡村产业振兴发挥包括促进农民增收、产业结构转型升级、农村经济增长、城乡协调发展的经济效应，以及提升交通基础设施水平和教育重视程度的社会效应。通过比较三者系数不难发现，影响从大到小依次为农业生产水平、农业科技应用水平、农村"三产融合"水平，这表明现阶段浙江省通过发展现代高效农业，即通过提升农业生产水平以及农业科技应用水平，更有利于乡村产业振兴发挥其经济效应和社会效应。

第六节　研究结论与政策启示

一、主要结论

第一，基于2013～2019年浙江省58个县市面板数据测度出乡村产业振兴水平的综合指数，利用核密度估计以及可视化分析结果发现：浙江省乡村产业振兴水平整体逐年提高，但不同的县市演化形态不一，表现为平稳上升型、波动上升型和稳定不变型三种形态；浙江省乡村产业振兴水平的空间差距呈现极化与扩散交替出现的特征；乡村产业振兴水平的空间格局从"东北强、中部较弱、西南弱"演变为"东北及沿海强，西南相对弱"，并且呈现出"东北扩，西南升"的发展态势。

第二，根据乡村产业振兴效应水平的时空演变特征分析，发现浙江省各县市的乡村产业振兴效应水平随时间推移呈现出稳定上升趋势，且各县市发展趋势不一。浙江省乡村产业振兴效应水平总体呈现出"东北强，西南弱"的空间分布格局。以慈溪市、桐乡市、柯桥区为代表的浙东北地区常年居于榜首，位于浙西南的景宁畲族自治县、云和县、文成县乡村振兴发展速度相对较缓，其对应的产业振兴效应水平也相对较低。以诸暨市、义乌市、东阳市为代表的浙中地区以及以温岭市、乐清市、瑞安市为代表的沿海地区近几年通过加快乡村产业扶持力度，推行特色乡村产业发展模式，加强城乡间的产业协作，产业振兴指数不断提升，其产业振兴效应水平日益增强，乡村未来发展前景看好。

第三，通过理论分析与实证检验发现乡村产业振兴具有多功能性，其不仅具有促进农民增收、产业结构转型升级、农村经济增长、城乡协调发展的经济效应，同时还具有提升交通基础设施水平和教育重视程度的社会效应。

第四，通过进一步实证分析发现目前阶段浙江省通过发展现代高效农业这一路径要更优于农村一二三产业融合发展的路径，即当下浙江省通过提升农业生产水平以及农业科技应用水平，更有利于乡村产业振兴发挥其经济效应和社会效应。

二、政策启示

首先，发展农村经济需要认识到乡村地区的多样性。乡村产业根植于县域，依托当地资源，富有地域特色，这就要求公共政策的制定者全面认识到各县市的多样性，在地区发展目标规划以及政策制定中因地制宜、精准施策，注重培育特色产业和优势产业，提升资源配置效率。

其次，鉴于浙江省各县市的乡村产业振兴水平的空间分布总体呈现出"东北及沿海强，西南相对弱"的特征，要充分发挥浙江省东北和沿海地区乡村产业振兴水平较高县市的集聚效应，完善跨县域合作利益分享机制，实现对乡村振兴发展速度较慢县市的扩散效应。同时各县市间可以加强农村产业联系，例如联合创建一些具有地域性特色品牌，提高产品的认知度和影响力，提高农村经济效益，扩宽农民增收渠道。

最后，目前阶段浙江省通过发展现代高效农业这一路径更有利于乡村产业振兴发挥其经济效应和社会效应，具体措施如下：（1）积极利用现代技术为产业赋能，通过引入机械自动化、大数据平台等现代技术，为信息化农业、智慧农业的发展提供数字服务支持。（2）通过发展设施农业助力乡村产业转型升级的进程中，可以加大培育循环经济发展模式。通过改善农业种养结构，将秸秆饲料转化畜牧养殖产品，探索开发种植业与养殖业一体化的新业态，发展生态循环农业以取得经济和生态效益。（3）乡村产业振兴，关键在人才。结合乡村地区主要产业发展的需要，加强乡村职业教育，通过开展产业先进技术、现代企业管理办法等多方面的专业技术培训，培养满足多元化需求的新型职业农民。（4）建立现代农业经营体系，培育现代新型农业主体，鼓励社会资本进入农村产业，规模化经营现代农业项目，并通过专业股份制、合作社等现代企业形式与当地农民形成利益共同体，以专业化、规模化经营形式促进农业集约化、高效化。

第七章

浙江省乡村产业振兴的典型案例

第一节　金华义乌市何斯路村产业振兴

——走绿色生态发展之路，打造义乌版
"普罗旺斯"

一、何斯路村简介

何斯路村隶属浙江省金华市的义乌市城西街道，是长堰水库上游的一个山区村，如图7-1、图7-2所示。村口东黄线向南与义乌市区相连，向北与浦江市相接，与杭金衢高速公路上溪入口相距5公里。通过高速公路南距金华35公里，北距杭州110公里，距上海305公里，东距宁波200公里，西距千岛湖120公里，交通十分便利，具有较好的交通优势。何斯路村始建于公元前230年，总面积不到4万平方公里，其中耕地面积25.28公顷，林地273.96公顷，常住人口1056人。何斯路村背靠葱葱郁郁的陈望道森林公园，沿途有波光粼粼的长堰湖和碧波荡漾的长圳水库，同时相距圣寿寺风景区3公里。依着风景美丽的卧牛岗，环抱宁静淡雅的龙溪香谷薰衣草花园。另外村内还有古朴的燕子坞古村落、庄严的何氏宗祠、历史悠久的明代古宅、卓有贡献的何家大院（中国汽车制造第一人何乃民故居）和钩云钓月的农家餐饮，此五景又与卧牛岗和长圳水库一起呈现北斗七星状①。近年来还有新建成的志成湖景区、牛食塘公园、村口景观和儿童主题公园，都生动地展现了何斯路丰富的自然资源和优美的自然环境。

图 7-1　何斯路村口

图片来源：由笔者拍摄。

图 7-2　何斯路村风貌

图片来源：由笔者拍摄。

---

① 资料来源：百度百科．何斯路村 [DB/OL]．http：//baike. baidu. com/view/3525258. html，2008-04-20.

2008 年之前的何斯路村还是个落后的小山村，整个村庄仅有 908 人，当时的村民们主要以家庭为单位进行自给自足式农业生产，收入来源单一，村里的年轻人大多外出打工、经商，村民人均收入水平仅为 4587 元，村民们的住房也只能以 2 万元的价格对外出售，村集体经济薄弱，负债额高达 20 万元，经济发展缓慢，还因此被列为义乌市贫困村，甚至因为村民的贫困，何斯路的成年男性娶老婆都需要靠买卖、靠坑蒙拐骗，许多从云南、贵州等地买来的媳妇都在嫁到萧条的何斯路之后发现上当受骗了，待不下去便逃跑了[①]。在思想觉悟方面，目光短浅、心胸狭隘是当时的何斯路村民的真实写照，为了提高作物的产量，防止农作物受到病虫的侵害或者仅仅只是贪图便宜，大多村民都会加大农药的使用量，因此带来环境污染的问题等。

2008 年，在外经商多年的何允辉在村民的支持下当选了村委会主任，在新乡贤群体的带领下，何斯路村充分利用其良好的地理区位、自然资源条件，对何斯路村实施村落整体发展规划，通过"依托生态资源谋发展、围绕特色产业求突破、规划空间布局拓规模、创新发展理念促转型"的产业发展思路，大力发展休闲农业，整合村落自然景观、特色产业、人文、历史等资源，充分发挥村民的自主精神，实现村庄经济效益、社会效益和生态效益的有机结合。按照"环境整治为切入点，空心村改造为抓手，大力发展乡村产业"的做法。首先，对村庄道路、村口主题广场、村民公园、志成湖、墙绘文化等进行建设与改造，完成基础设施建设和村居整治，为乡村旅游业发展提供良好发展环境。其次，于 2009 年创办香㽒农业实业有限公司，与浙江大学、省农业厅、中国台湾精致农业协会等单位合作共建薰衣草种植基地 6.67 公顷。受有限土地资源制约，2013 年在新疆承租 266.67 公顷薰衣草种植基地[②]，并积极与外地加工企业进行合作，委托其加工和销售薰衣草系列产品，形成种植加工销售一体化的绿色农业产业链。再次，何斯路村拥有独特的何氏黄酒酿造技术，为弘扬何氏家酿曲酒文化，做强做大传统曲酒产业，每年冬天举办"何氏家酿曲酒节"，评比出优质黄酒生产者，允许他们有出售黄酒的资格，确保黄酒的品质。最后，为了推动村庄休闲农

---

① 资料来源：作者与何斯路村村委会书记的深入访谈。
② 资料来源：季翔，唐二春．从零到亿：解密浙江何斯路村振兴之道［J］．决策，2018（7）.

业的发展，2011 年成立草根休闲农业专业合作社，以股份合作方式，公开向村民和社会募集股本，并统一管理村庄的相关产业发展事务。2012年筹建休闲主题式度假庄园斯路何庄，2014 年完工并投入使用，投资近3000 万元。在志成湖周边推进乡村美食街建设，打造农家乐餐饮基地，现已建成民宿 20 家，农家乐 5 家。2015 年何斯路村产业经济年总收入近800 万元，村民人均年纯收入突破 3 万元，呈现出一幅社会主义新农村绿色经济兴旺发达的美好图景。2016 年的何斯路村民人均可支配收入达到了 36060 元，村民的大额医疗和社会养老都是由村里统筹。对年满 50 岁的农村妇女而言，一个月工资可达到 1640 元，年满 60 岁的男性月工资可达 1730 元①。

如今的何斯路在推进城乡一体化和新农村建设之后，乡村振兴的效果十分显著，参观何斯路时可以发现，村庄的漂亮整洁令人惊叹，如图7-3、图7-4 所示，青少年成长教育中心、困难户安置房等从未在农村见到过的设施应有尽有，更有薰衣草观光主题公园、休闲美食街等一系列设施……通过近几年努力，何斯路村先后获得"全国妇联基层组织建设示范村""中国乡村旅游模范村""国家级生态文化村""中国美丽田园""浙江省休闲农业与乡村旅游示范点""浙江最美乡村""浙江省美丽宜居示范村""浙江省特色旅游示范村"等荣誉称号，并于 2015 年通过考核正式成为"国家 AAA 级旅游景区"，2017 年中国景观村落理事会落户何斯路村。该村在获得诸多荣誉的过程中充分认识到发展壮大村级集体经济是提高村民群众收入、增强村党支部服务群众能力的重要途径。何斯路村坚持以生态经济为重要抓手，积极拓宽农村发展空间和经营领域，着力解决村级集体经济发展问题，较好地实现了农业增长、农民增收和村级集体经济发展的目标，人均收入已经从 2008 年的 4587 元增长为 2015 年的32800 元②。

---

① 资料来源：笔者与何斯路村村委会书记的深入访谈。
② 资料来源：金华市何斯路村村委会书记所提供的资料。

图 7 - 3　何斯路村一角

图片来源：由笔者拍摄。

图 7 - 4　何斯路村乡贤石碑

图片来源：由笔者拍摄。

二、何斯路村乡村产业振兴重要举措

（一）科学研究产业发展定位，合理规划产业布局

何斯路村在村庄产业的选择和发展上，遵循差异化、特色化发展原则，通过对本地资源和市场的分析，规划打造薰衣草园、斯路何庄、黄酒、山地

自行车赛道、古建筑群等产业，改造和整合村落原有的生态人文景观，创造出聚合的景观效益，形成独特的休闲农业资源，以提升村落整体价值。利用农业景观和农村空间，把田园山水旅游、休闲疗养、民俗风情体验、历史文化熏陶、新农村建设样板展示与经验交流等主题有机结合起来，形成以游览观赏型、节庆体验型、购物品尝型、生态养生型、文化修学型、会议考察型等为主体的体验型休闲农业发展模式。同时，制定村庄长期发展规划，统筹布局全村休闲景观，形成"背靠森林公园、依托交通优势、环形景观轴线，四大功能区块，三个特色基地，七星北斗布局"的空间格局，给人们以优美、恬静视觉效果的同时，也让人切身体验原生态、低碳化生活。休闲农业的发展改善乡村环境、优化农村产业结构、为村民提供就业机会、增加村民收入，带动何斯路村庄经济的发展，促进村庄活力的增强。

（二）打造特色旅游观光产业，运用工业化理念延长农业产业链

2015 年中央"一号文件"中提出，"积极开发农业多种功能，挖掘乡村生态休闲、旅游观光、文化教育价值。扶持建设一批具有历史、地域、民族特点的特色景观旅游村镇，打造形式多样、特色鲜明的乡村旅游休闲产品。"由此可见，发展乡村生态休闲旅游类的特色产业受到越来越多的关注，乡村特色产业越来越注重生态景观与经济的和谐发展。而何斯路村的特色产业发展早在七年前就开始了。2009 年，何斯路村与浙江大学、台湾精致农业协会等单位合作共建新型农业科技产业基地。通过从欧洲、新疆等地引进薰衣草，并在此基础上自主探索薰衣草的本地化的种植方式，打造属于义乌的"普罗旺斯"。现在的薰衣草观光旅游成为何斯路乡村旅游的主打品牌，每年来何斯路景区游玩的人数达 20 余万，每年增加村集体收入 470 余万元。除此之外，这也解决了部分村内农民就业问题，并吸引了很多大学生回村创业，为村民带来工资性收入 500 万余元。

在薰衣草观光产业已经发展到一定程度时，何斯路薰衣草产业引入这种大工业化理念进行延伸发展，包括三个层面：一是在农业生产过程中引入工业部门提供的装备及技术，实现了生产的专业化、规模化、标准化、信息化、生态化和机械化等，合理配置和科学使用生产要素，提高全要素生产率；二是对农业生产结果即薰衣草进行工业的再加工，建立薰衣草制成品工

业体系，薰衣草作为一种兼具观赏价值和药用价值的花卉，其下游产品的受众广泛且附加值较高，因此可以延长农业价值链，增加农村劳动力就地就业；三是引入现代工业的产业组织方式，成立企业和合作社，构建薰衣草系列产品加工物流的直接营销体系，推行农业价值链、企业链、供需链和空间链分工协同发展，提高获取规模经济、范围经济、品牌经济和生态经济效益的能力。何斯路村在绿色经济发展中，用工业化的理念去打造农业产业全产业链时提出了延伸薰衣草产品生产链条，用现代工业化生产方式来谋划和组织农业产业发展，实现农业生产过程的工业化、农业生产结果的工业化和农业经营管理的现代化，打通农业各环节，延伸农业价值链，最终形成现代农业全产业链。

何斯路在衍生产品研发上做足了功夫，现在已经能生产包括精油、护肤品等 70 余种产品。现已销往全国各地，并且正在进行第三代产品的研发工作。可以预见，在未来一段时间，薰衣草产品产业链条的形成必将成为何斯路新的经济增长点。

（三）拓宽产品品种，开启品牌化经营时代

何斯路为提高农业制成品的品质，通过创新产品、拓宽品种、打造品牌效益，至今已注册薰衣草"龙溪香谷"品牌、何氏佳酿黄酒品牌等。例如为大多数人所认可的何斯路黄酒，如图 7－5 所示，距今已有 700 多年的历史，虽然当时金华地区都有酿酒的习俗，但并没有形成系统的品牌，而何斯路恰好有口罗井泉，好水酿好酒，何斯路村就以此为由注册了黄酒品牌，并于 2008 年开始大力筹办何氏黄酒节进行产品推广，到 2014 年为止，何斯路黄酒已声名鹊起而无须推广。除此之外，何斯路的薰衣草也已注册了 6 个大类共 199 种产品的商标①。在薰衣草产业、斯路何庄酒店管理、农家乐和民宿管理过程中，通过产前、产中、产后各个环节进行标准化生产和标准化管理，使产品和服务达到优质、高效、安全安心的目标，在此基础上形成向消费者传递产品和服务信息以及生产经营者信誉的独特的品牌标记。何斯路村加强措

---

① 资料来源：滕小航. 经营生态："两山"理念下的乡村振兴实践——以何斯路村生态资源资本化为例 [EB/OL].［2020－06－18］. https：//zj. zjol. com. cn/news. html？id＝1468892.

施，重视品牌的创建，推进了品牌农产品向品牌休闲农业、品牌休闲农业向品牌村庄的跨越，大幅度提升了其产品和服务的市场信誉价值。何书记表示，他坚信商标是村庄盈利的一大利器，有了这些商标，何斯路将来甚至通过卖纸都能够赚钱，因为他们售卖的是创意和策划，正是这些给乡村带来了未来。

图 7－5　金华义乌市何斯路村村委展览室

图片来源：由笔者拍摄。

（四）大力挖掘古村落文化价值，打造文化观光旅游品牌

何斯路村历史悠久，村庄内的"燕子坞"古建筑基本保持完好。基于村庄的实际情况，村两委适时提出了古村落修缮计划，聘请美国知名景观设计公司对古建筑群进行合理规划、保护和开发，突出历史名人故居景观、燕子坞山水田园景观资源和生态人居环境，使古建筑风格上保持历史旧貌，形成既有古韵又能满足现代人居住的生活环境，如图7－6所示。现在何斯路村已经同十几位国家级非物质文化遗产传承人达成默契，将在新修缮的古民居中开辟若干个展厅，供这些非物质文化遗产传承人在此进行文化传播、传承活动。除了打造燕子坞的古村落文化产业，在现有民居的基础上，在志成湖沿岸还建设了文化产业一条街，邀请各类文化创意创业者来此进行文化创意活动，形成具有浓厚文化氛围的何斯路乡村旅游，并将文化作为何斯路旅游的核心竞争力。

图7-6　何斯路村"燕子坞"古村落保护项目简介牌

图片来源：由笔者拍摄。

（五）重视村民道德教化，建立村民信用体系

现代经济发展离不开信用体系的建立，而信用体系的建立又需要以具有极高的道德水准的人群为基础。何斯路村为了提升村民的道德水平，从2008年起开始实行功德银行制度。功德银行就是为村里每户人家都开设一个账号，将每个人所作的好事都记录在册，大到参军卫国，小到拾捡垃圾，均被专人记录，如图7-7所示。每件事情都会被赋予一定的分值，每个季度公布一次每户的得分，得分较高者可获得相应的奖励。关于"功德银行"，何斯路村主要从两方面着手：一方面"功德银行"与族谱中的家风家训相关联；另一方面又符合社会主义核心价值观和乡村文明建设的潮流。这样，功德银行就具有普遍的推广价值了，不再因为局限于精神层面而依靠单纯的外力考核难以长久实施了，何斯路领导们表示，未来会考虑将功德银行算入何斯路的管理体制。功德银行制度自从实施以来，已经记录了9000多件好人好事，极大地提高了村民的思想道德素质。何斯路村近几年来无一人上访，也无刑事案件发生。正是如此良好的道德表现，让若干家银行对何斯路的信用体系表示满意，并与村里建立合作关系，何斯路村民凭借其何斯路户口，经由村两委同意，可获得银行无抵押贷款30万元，这就成功地将信

用转化为资本，帮助村民更好地从事经济发展。同时，何斯路的功德银行不只在村里有影响，国内的其他地区，例如渭南、丰宁等都纷纷借鉴学习，台湾地区也派出代表队前往何斯路进行参观考察，并且何斯路的功德银行在《新加坡联合早报》《欧洲时报》《法国侨报》等报刊上均有报道，也体现出这一模式的世界性。

图7-7 何斯路村"功德银行"账户公示

图片来源：由笔者拍摄。

（六）改革农村股份合作机制，调动农民参与建设积极性

何斯路村坚持把农民增收作为新农村建设的重要支撑点，因地制宜抓好产业发展。2011年建立义乌市草根休闲农业合作社，创新农村专业合作经济组织模式。义乌市草根休闲农业合作社是走在义乌社会主义新农村建设进程中的新探索，开创了义乌市生态资源资本化的新农村建设先河。何斯路聘请专家对村内生态资源进行评估测价，将其折算成相应股份入股合作社，占总股份的25%，生态股份归全体村民即村集体所有，即全村村民按现有的基础资源投入合作社里面，实现了全民入股，村民不花一分钱即拥有合作社25%的股权。每个村民可免费享有2000股。2013年开始实行十配三的股权配给制度，其收益通过年终分红的形式分配给村民。剩余75%按照资本换

股本的原则进行投资购股，其中，81.18%由村民持有，11.82%属于外来资本持股①。通过股份合作形式，实现全民入股，将村庄的发展与全体村民的利益紧密连接起来，在促进村民增收的同时大大增强了村民参与农业产业发展和村庄建设的自主性。合作社股东的95%都是其村民，保障村民共享村庄发展利益。合作社的经营管理主要涉及薰衣草产业、斯路何庄、农家乐民宿等。业务范围包括：一是统一向农户供应薰衣草种苗、免费提供种植技术指导与培训；二是通过"生产基地＋合作社＋加工企业"模式，打造农业产品全产业链，实现产供销农业纵向一体化，带动农民增收；三是统一规范化管理斯路何庄、农家乐、民宿，为游客提供舒适卫生的居住环境，保障食品安全；四是为本村村民提供就业岗位。合作社的成立不仅健全农业社会化服务体系，开展产前、产中、产后服务，提高农民的组织化程度，推进农业产业化经营，还实现利润共享共同致富，大大地提高了村庄的整体经济效益。

（七）开展村民素质提升工程，打造和谐和睦文明社会

文化建设是乡村的根，是当下乡村最弱的地方。大量的农民都是以自我利益为核心，不愿意为其他人付出，不愿意为别人奉献，只想要权益，而不要责任，因此，村民素质的提升是比增收更难的一项工作。何允辉书记表示，乡风文明就是要给村民面子，多表扬普通的村民，利用他们各自的长处，为村庄的发展做贡献。

何斯路在村民的素质提升上做了诸多的努力。何斯路村利用闲置的村小校舍，动员退休老师何樟根等热心公益的村民创办了帮助老人们再入学的老年大学，老年协会和全市首批星光老年之家，电视教学室、文化娱乐室、图书阅览室、健身活动室以及生活服务室等一应俱全。另外，响应政府号召，村里在何氏宗祠（见图7-8）的基础上重修了文化礼堂，每年大年初一，村里都会在此举行新生儿的入族谱礼，每逢清明、冬至，也会在这里举办祭祀祖先的典礼，同时也为村民举行汉字比赛，老人讲堂等文化活动提供了场所。针对村里孩子对乡村文化缺乏了解，以及年轻父母忙于生计无暇顾及子

---

① 资料来源：金华市何斯路村村委会书记所提供的资料。

女教育等现实问题，何斯路村自 2009 年起开展"十年百万育才计划"，每年暑假举办为期 15 天的青少年暑假夏令营活动，通过感恩孝道、国学文化、兴趣培养、短期游学等寓教于乐的教育活动来提升青少年的综合素质。近十年间，何斯路 600 批次的孩子们先后走到过祖国各地，这是村里给予他们十分宝贵的人生礼物。也是因为如此，何斯路的孩子们与何斯路村之间形成了一种特殊的情感纽带，即便身不在此，他们的心也遥遥牵挂于此。2018 年，何书记开始组织村民们学习英语，他鼓励村民们，只需要学习 50 个单词和 30 个句子，不需要美国腔，也不需要伦敦音，就说我们独特的何斯路英语，外国人们听不懂不要紧，这是我们的文化自信，因此，村民们熟悉英语这一新奇的现象正是如今一些国际会议定在何斯路开展的原因。2019 年，何斯路村为提升乡村形象和村庄凝聚力，丰富中老年人的文化素养，特开设了"晨读计划"（见图 7 - 9），该计划的培训内容主要为讲政策、学礼仪、说好话、练身体、唱村歌，这种形式的活动极大地促进了何斯路家庭关系和睦、邻里关系和谐，进而提升了整个村庄的温馨氛围。在建立功德银行这些信用系统之前，就需要把村民们培养成善良、讲信用的人，只有完成了乡村文化建设提升工程，村民们才能懂得社会责任的意义，这需要非常大的时间投入，何书记直言自己在何斯路待了 13 年，才明白这样的道理。

图 7 - 8 何斯路村何氏祠堂

图片来源：由笔者拍摄。

图 7 - 9　何斯路村晨读广场

图片来源：由笔者拍摄。

三、何斯路村乡村产业振兴的经验总结

实施乡村产业发展战略决不能以破坏生态环境和丢掉乡愁为代价，要以"创新、协调、绿色、开放、共享"的五大理念为基础，以新的思路和方法全力推进我国农业产业发展方式的转型升级。纵观何斯路村的绿色农业产业转型发展的历程，我们可以归纳以下三方面的经验启示，可供我国村级现代农业发展借鉴。

（一）绿色发展理念促进村庄可持续发展

农业产业及乡村建设必须注重绿色设计，要按照以人为本、人与自然和谐和经济、社会、生态协调发展的要求，进行技术、制度和组织再创新，以加快转变农业发展方式，建立资源节约型和环境友好型的可持续发展模式。何斯路的村庄规划和产业选择发展从规划设计到运营都遵循绿色、环保、循环利用、与生态融合的理念，将绿色发展理念贯穿于每一个环节，保护生态环境节约资源，提升村庄整体价值。

（二）合作共享机制增强村民参与积极性

社会主义市场经济的发展必须以人民为中心，为人民谋求福利，这样才能取得成功。在何斯路绿色产业发展过程中，实行全体村民的股份合作制，充分激发村民参与热情，既发挥了村民在村庄建设发展中的主导地位，也实实在在地调动了村民的积极性。同时引入生态股概念，建立起了资源产权机制，这不仅全面保护了资源和环境，而且又有效整合与科学开发利用了村庄自然资源与人文资源，使绿水青山变成了惠及全体村民的金山银山。而这又进一步激发了村民保护生态环境的自觉性，形成了良性循环。

（三）产业融合发展促进农民增收致富

根据何斯路的经验，在产业融合发展中，一方面要注意对农业生态、休闲、文化传承等非传统功能的挖掘，最大程度地提升农业的价值创造能力，通过政府支持和引导，培育发展能激发农村活力、富裕农民的农业新业态。另一方面从现代生产方式来看，产业融合的本质是合作。主要是重点发展农产品工业加工和生态文化旅游农业，因为这是单家独户所无法进行的。只有立足于商品化、标准化和规模化的合作生产，才有能力创出自己有特色的产品和有市场价值的品牌及商标，大幅度提高产品附加值和增加农民就业，产业融合也才能越办越好。

（四）整合各类社会资源实现多元化合作

现在的村庄已经逐渐发展成为一个开放的经济网络，这种开放性表现为资本和所有权的扩展、土地租赁与承包、人力资源的流动等。在绿色产业发展的过程中，要充分注重整合和利用各类社会资源，实现多元化合作，增强市场竞争力。首先，是保证政策扶持力度、项目支撑能力，保障产业顺利发展。其次，是合理有效引入各类健康资本参与农业产业发展，加大资本对现代农业产业发展推进的力度。再次，是善于发挥从何斯路走出去的乡村精英们的智慧和才干。乡村精英虽远离家乡，但如有反哺家乡的意愿，就能在资金、人才、技术、市场、信息、教育等方面给予乡村大力支持，成为村庄经济建设发展的重要力量。最后，是要充分利用高校、研究所的资源，加强与科研院所的合作，利用高端人才的集聚优势，科学地、有计划性地开展具体的村庄建设工作，促进村庄快速健康的发展。

第二节　金华兰溪市诸葛八卦村产业振兴

——深耕文旅融合模式，打造现代乡村样板

一、诸葛村简介

享有"八卦奇村，华夏一绝"美誉的诸葛村（诸葛八卦村）位于浙江省中西部，如图7-10、图7-11所示，是兰溪、龙游、建德三县市之交，距兰溪市区17.5公里，农业人口2886人，占地面积3平方公里。元代中叶，诸葛亮二十七世孙诸葛大狮迁徙于此，已历700多年，现今诸葛村已成为全国诸葛亮后裔的最大聚居地[①]。村内地形跌宕起伏，古建筑群多为明清遗存，以徽派风格为主（吴妙薇等，2019），依照"九宫八卦"布局，精巧玄妙，气势恢宏，被称为"江南传统古村落、古民居典范"（周鑫等，2010）。二十多年来，诸葛村在党支部的带领下，坚持政府主导、专家指导的村集体管理、公司化运作、村民参与的古村落保护与旅游发展模式，走出一条依托古村落文化资源发展旅游业、壮大集体经济、村民共同致富的乡村振兴之路。如今的诸葛村已经成为闻名中外的国家AAAA级旅游景区，有全国生态文化村、全国重点文物保护单位、爱国主义教育基地等10多个国家级荣誉和20多个省级荣誉[②]。

---

① 兰溪诸葛古村落注重保护与利用［EB/OL］.［2019-01-04］. http：//wwj. zj. gov. cn/art/2019/1/4/art_1675189_36985197. html.

② 该数据由金华兰溪市诸葛八卦村村委会提供。

图 7 - 10　金华兰溪市诸葛八卦村村口

图片来源：由笔者拍摄。

图 7 - 11　金华兰溪市诸葛八卦村街道

图片来源：由笔者拍摄。

二、诸葛村产业概况

诸葛村正是依托独特的古村落景观、深厚的文化资源和秀丽的生态环境，以旅游业为支柱产业，深耕农文旅融合，延伸产业链条，开发了古村落观光游、医药保健游、文化体验游等旅游产品，发挥了促进农民增收、产业结构转型升级、农村经济增长、城乡协调发展、优化农村要素配置的经济效应，以及改善农村生态环境、提升农村基础设施水平的社会效应（张建国等，2011）。自1994年，村两委审时度势，自筹资金开发旅游，决定将古村保护和乡村旅游有机结合、协调共生。经过二十几年的探索与实践，走出了一条依托古村落文化资源发展旅游业、壮大集体经济、村民共同致富的乡村振兴之路。诸葛八卦村景区旅游门票收入从1996年的80多万元增加到了近年的2000多万元[①]，2020年旅游综合收入已达1.95亿元[②]。

除了重点发展旅游业以外，诸葛村遵从"不为良相，便为良医"的祖训，医药产业较发达，村内随处可见栽植的药用植物如银杏、杜仲、麦冬、马蹄金等。诸葛村主要以低山丘陵地貌为主，因此目前该村农业以果蔬种植、淡水养殖为主，提供商品化产品主要有农副产品、中药材等。其中，主要农作物有水稻、油菜、西瓜等，水产养殖有淡水鱼和珍珠蚌等。

三、诸葛村的特色旅游资源开发

（一）诸葛村的旅游资源

诸葛村文化底蕴丰厚，错落有致、宏伟精巧的九宫八卦之形的明清古建筑群和颇有古韵气息的古民居群群体大、型制齐、保存完好，极具旅游开发价值。

1. 深厚的文化资源

诸葛村拥有独特的文化，包括古建筑文化、民俗文化、农耕文化、宗族文化、中医药文化等（张慧丽，2008）。其中以古建筑文化和宗族文化闻名，诸葛村保存着大量明清时期的古建筑群，是中国古村落与古民居的典范。大量"黑瓦白墙、青砖门罩"的徽派典型建筑得以保留，高墙封闭，马头翘角，融简洁与富丽于一体。由于村民大多为诸葛亮后裔，诸葛村的整体形态是以宗祠为依据，大气恢宏、严谨庄重，村落布局很好地继承了宗族

---

① 央广网. 诸葛亮48代孙如何守村？诸葛坤亨与八卦村的故事［EB/OL］. （2019－04－28）. https://www.chinanews.com.cn/cul/2019/04－28/8822960.shtml.
② 资料来源：笔者与金华兰溪市诸葛八卦村村委会书记的深入访谈。

文化（汪思雯等，2018）。正是依托对底蕴深厚的文化资源的挖掘、宣传、保护与传承，诸葛村吸引越来越多的游客。文化是旅游的灵魂，可以利用文旅融合的发展模式促进产业振兴。

2. 精妙的空间布局

诸葛村整体是诸葛大狮依据诸葛亮"八阵图"设计布局的①。村内地形中间低平，四周渐高，全村房屋呈放射性排列，向外延伸八条弄堂，全村布局形成内八卦（张浩，2011），而村外的八座小山环绕整个村庄，自然构成外八卦，内外八卦遥相呼应，整体布局精巧玄妙。正是这错落有致、宏伟精巧的九宫八卦之形的明清古建筑群让诸葛村成为享有"八卦奇村，华夏一绝"美誉的旅游名村。

3. 著名的医药业

诸葛村的中医药文化源自诸葛亮的"不为良相，便为良医"，诸葛村的子孙以此为训，从明清时代开始从事中医药业，代代相传，形成独特的诸葛药业文化，"诸葛药帮"享誉中国医药界。为了更好地传承诸葛家族的中医药文化，设立了大经堂、寿春堂以及各种被称为"中药活标本园"的百草园，各类草药齐全，这些无一不是诸葛家族流芳于世的中医药文化。都说"徽州人识宝，诸葛人识草"，诸葛村民大多通晓一些医道药理，医药世家遍及天南地北，且医药文化经久不息、流传至今，这也成为旅游业发展的重要资源。

4. 秀丽的山水田园景观

诸葛村以丘陵和山谷地形为主，因为人多地少，山顶种植以柑橘、桃李等果树为主，山谷种植以水稻、棉花等农作物为主，谷底池塘以淡水鱼和珍珠蚌养殖为主，形成了秀丽的乡村农业景观和山水景观。诸葛村从明代起形成的"高隆八景"是典型的田园山水景观，现在还保留着小部分遗址（孟明浩等，2008）。

（二）旅游产业发展的重要举措

二十多年来，诸葛村在政府带领、多方合作下，走出了一条依托古村落

---

① 资料来源：金华兰溪市诸葛八卦村《诸葛村志》。

文化资源发展旅游业、发展集体经济、村民共同致富的乡村振兴之路。

1. 规划先行、合理开发

为了科学合理开发，2007 年诸葛村与浙江农林大学合作，编制了《诸葛村休闲观光农业总体规划》，并投入 1.5 亿元建设了规划中外围景观林营建区（600 亩观光采摘果园）[①]、入口景观服务区（游客中心）、中药保健游憩区（百草生态园）、庙宇观光养生区（隆丰禅寺）、乡村休闲度假区（卧龙湖度假村）和西线古村游览区等七个板块。其中，百草生态园将诸葛世家传统中医药文化与旅游业有机结合起来，既增加了旅游的内涵也促进了中医药文化的继承与发展。

2. 科学管理，多方共赢

在古村落的保护和活化、旅游业的开发与运营上，独特的村级管理体制发挥着不小的作用。首先，中华人民共和国成立以来诸葛村只有三任书记，现在村两委一共七人，大多是连选连任的，稳定的村级班子为诸葛村发展规划奠定了坚实的基础。其次，诸葛村实行的是"文保所＋村两委＋旅游公司＋村民"的模式，将整个村作为一个企业来运作，外强营销、内强管理，企业化、市场化运营诸葛村的旅游业。其中，文物保护管理所负责宣传文物保护法以及把关诸葛村古建筑、古文物的保护规划，为诸葛村旅游经营保驾护航；村两委干部负责管理行政事务、村务工作、古建筑的维修与保护以及项目的规划建设等；旅游公司主要负责景区的管理与运营、市场销售以及品牌宣传等，由此形成村企融合的乡村发展管理体制。其中，2002 年注册的旅游公司是诸葛村村民委员会、村经济合作社所辖的经营企业，同时村两委和旅游公司作为村务管理以及旅游经济发展的集体组织，相互合作监督又相对独立，旅游公司独立核算旅游收入，除去公司开支部分的收入全部交给村集体，并且村集体每年会对旅游公司进行业绩考核，而村级干部任免以及村集体财务都受到村民的监督。作为古村落保护的受益者，作为股东的村民具有共享村落经济、文化资源的权利，也要自觉履行保护和宣传古村落的责任。这种村企融合的管理体制明确了政府（文保所）、集体（村委会）、企业（旅游公司）、个人（村民）的关系和责任，能够实现多方合作共赢，也为诸葛村这种村集

[①]　资料来源：笔者与金华兰溪市诸葛八卦村村委会书记的深入访谈。

体管理、公司化运作、村民参与的古村落保护与旅游发展模式保驾护航。

3. 提档升质，丰富业态

随着旅游业的蓬勃发展，诸葛村逐步从观光旅游向休闲度假旅游转型、从农家乐型的餐饮住宿向精品民宿提档升质，以整体提升景区业态。引进了昱栈、义生昌、梵尘、淡明轩等高档次民宿，鼓励和引导村民返乡创业，开办了木舍民宿、三顾茅庐，厚德居、乡村人家等中档民宿。目前诸葛村引进和村民创办的民宿有 18 家，共有床位 700 多个，多家民宿都有配套的咖啡吧、酒吧、茶吧和书吧等。其中，昱栈民宿被浙江省文旅厅评为全省 6 家之一的白金宿民宿。此外，还有农副产品、旅游工艺品店铺 40 多家，饭店、餐饮 12 家，餐位 2000 多个。由村民创办的诸葛亮羽毛扇厂生产的孔明扇和孔明锁等旅游工艺品远销全国和东南亚地区。通过旅游业带动四百多人就业，现每年接待六十多万游客，旅游门票年收入 2000 多万元，旅游综合年收入过亿元，到 2020 年旅游综合收入已达 1.95 亿元。2004 年诸葛村就已被国家旅游局评为 AAAA 级旅游景区，2019 年诸葛村入选全国第一批乡村旅游重点村名录①。

诸葛村通过上述主要举措科学发展旅游业，带动了相关产业发展，改善产业生态，逐步推进了乡村产业振兴，实现社会效益、生态效益、经济效益的统一。在促进村民增收、乡村繁荣的同时，还带动了村级经济的快速发展。村集体可支配收入由 1995 年的不足 10 万元，到 2020 年的 4030 万元，原村集体 1995 年账面固定资产不足百万元，至 2020 年已有 1.8 亿元，其中村集体每年店面房租收入就有 100 多万元，如图 7 - 12 所示。村集体经济不断壮大，一部分收入继续用于修缮和维护古建筑，借助资金和技术更好地保护源远流长的文化遗产，实现古村保护和乡村旅游的良性互动，还有一部分收入用于提高村民的福利水平。例如，村内 60 岁以上老年人每月都能享受村集体 300 多元的生活补贴，村集体还为村民交纳农村医保、社保、有线电视费等，同时对考上高中及大学的学生实行奖学金制度，给予 1000~4000元的奖学金奖励，在福利保障上逐步推进，减轻村民的经济负担，提高了村

---

① 资料来源：金华兰溪市诸葛八卦村村委会书记提供。

民的生活质量①。

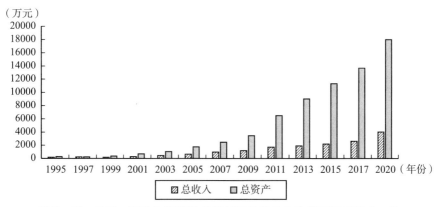

图7-12　1995~2020年诸葛八卦村村级集体收入和账面固定资产一览

资料来源：由金华兰溪市诸葛八卦村村委会书记提供。

四、诸葛村产业振兴的经验总结

文化产业和旅游产业都是第三产业中的朝阳产业，具有较强的关联性和耦合性。诸葛村深耕文旅融合，赋能产业振兴，坚持政府主导、专家指导的村集体管理、公司化运作、村民参与的古村落保护与旅游发展模式，实现了古村落保护和旅游发展的共生共赢，其推进产业振兴的宝贵经验值得借鉴。

（一）坚持特色乡村的自我定位

乡村振兴不能急于求成，诸葛书记认为各乡村的资源禀赋和历史文化各具特色，要有序合理建设特色村。诸葛村的先天禀赋，决定了其不能作为单一的历史文化景区或者旅游观光胜地，因此村两委审时度势提倡将文化与旅游有机融合，走出了一条依托古村落文化资源发展旅游业、乡村产业增效、村民共同致富的特色乡村振兴之路。与此同时，诸葛书记认为特色乡村发展模式与过去的旅游地产模式要有所区分，只有依靠特色产业振兴才能吸引资金、人才等优势资源，逐步推进乡村的全面振兴。这也印证了诸葛村通过挖

①　资料来源：笔者与金华兰溪市诸葛八卦村村委会书记的深入访谈。

掘特色的古村落资源科学发展旅游产业，带动相关配套的加工业、服务业等发展，改善产业发展体系，以产业振兴助推农民增收以及乡村可持续发展。

（二）致力核心资源的保护开发

奇特的古村落景观、丰厚的文化底蕴等都是诸葛村产业振兴的核心资源，该村做到了保护为主、挖掘特色、合理开发。政府牵头筹集资金投入古建筑的修缮上；诸葛村聘请国家文保专家，对古村落的保护进行总体规划和技术指导；组织本地老工匠成立古建筑修缮队伍，对古村落进行常态化的保护和修缮；成立专职治安消防队，负责村落的治安消费以及景区的环境管理；全体村民自觉树立文物保护意识，遵守《文物保护法》《村规民约》等，人人参与到村落保护工作中；挖掘本村的民俗习俗、耕读文化和中医药文化等，恢复传统的诸葛后裔祭祖以及元宵板凳龙活动。同时，为了缓解古村落承载力有限的问题，在确保古村落风格统一协调的同时将居民区和商业区区分开来，避免影响村民的正常生活，不允许任意拆造破坏村落的完整性，在紧靠老村的外围统一规划和设计了新村，在风格设计上力争与古村统一，保持村落风貌整体协调以及乡村气息的原真性。在一系列保护措施下，诸葛村的村落古迹保护工作取得了实质性的进展，逐渐规范化、专门化。通过这种规范保护、合理开发的方式留住乡村特色文化记忆，为特色乡村文化基因的提取与旅游化运用奠定了坚实的基础。

（三）深耕文旅融合的综合发展

为了更好地通过文旅深度融合来促进乡村产业提档升级，诸葛村注重打造文化特色鲜明、旅游业态丰富、市场关注度高的新型文旅融合产业综合体。一方面，诸葛村从观光旅游向休闲度假旅游转型，投资建设了隆丰禅寺、百草生态园以及观光采摘果园等，不断丰富景区业态，吸引越来越多的游客驻足参与，为旅游业提质增效；另一方面，诸葛村还丰富完善了旅游体验形式。例如让游客参与到古老农耕、识草用药、制作孔明锁等活动中的体验式旅游；将当地土家菜、特色糕点、药膳药饮作为主打品牌，邀请游客体验试吃，用特色美食俘获游客的心；依托诸葛村灿烂辉煌的中医药文化发展医药保健式旅游，针对不同年龄段的游客普及养生知识提供不同的养生方案。通过有效整合乡村景观资源、文化资源、产业资源，构建业态丰富多元的乡村文化旅游综合体，赋能诸葛村产业振兴。

第三节　金华市金东区澧浦镇琐园村产业振兴
——"生产＋旅游＋文化"模式助推经济发展

一、琐园村简介

琐园村，位于浙江金华金东区澧浦镇，琐园村总计面积约为 1.4 万平方公里，农村占地面积 9.8 公顷，实际使用耕地面积约为 66 公顷，琐园村现有住户 492 户，人口 1364 人，党员 68 人①。琐园村主姓严，为东汉名士严子陵的后裔，至今已有四百多年的历史。琐园文化底蕴浓厚，被称为"奇村"。琐园村以规模最为庞大的古建筑群而闻名，村中的厅堂建筑，每座的建筑结构、艺术价值不尽相同，雕刻也极为精细，具有江南古民居的典型特色，有很高的艺术和科学研究价值。现保存的古建筑有严氏宗祠、黄氏旌节牌坊、务本堂、怀德堂等明末清初厅堂十余座。2016 年，琐园村入选为年度浙江省美丽乡村特色精品村。2019 年琐园村被列入浙江省第一批省级传统村落名录，第五批中国传统村落名录。

二、琐园村社会经济概况

琐园村收入来源仍以苗木经营为主，虽然推行乡村振兴，村里开始着力发展农文旅项目，但是目前旅游业整体仍然处于起步阶段，发展不成熟，严书记也认为，中国的旅游业最近都在走下坡路，以古建筑为平台的发展前景不乐观，同质化严重，收入占比不高。村内目前人均年收入约 4 万元，小家

---

① 该数据由琐园村村两委提供。

庭辛勤工作，收入 10 万元左右。外出务工的村民有 10% 左右，且基本从事的是苗木相关的工作，整体结构单一，抗风险能力较弱。如果可以通过乡村振兴提振经济，推高收入水平，就可以切实提高村民的生活质量，真正意义上实现乡村振兴。

在乡村振兴政策的要求和政府的指导下，政府按照 150 元一间租用一年的价格对本地人拥有的房屋进行整体租用并对古建筑群进行了保护修复形成古建筑旅游景点。严书记介绍说，村里后来还申请了浙江省历史文化名城，获得了 700 万元的资金援助用于持续发展[①]。

琐园村以文化交流为切入点，以世界的眼光推进古村落的保护和开发，让古村落具有可持续性的生命力。打造"国际研学村"项目，在 2015 年开展的为期 21 天的首批"海外名校走进金华古村落"体验之旅中，42 名来自 16 个国家的海外学子入住琐园村，学习研究古建筑和民间文化交流，活动大获成功。此次活动推动金华旅游国际化，提高琐园村在国际上的知名度和影响力，开启了民间外交的先河。

三、琐园村产业发展重要举措

金东区正在大力推进乡村振兴，提出区域性旅游发展和农文旅发展，要求各村着重于农村经济和农村发展，作为积极响应，琐园村也在和浙江师范大学等机构进行相关合作，就如何促进乡村振兴进行不断探讨。

目前，琐园村以"农业 + 旅游 + 文化"的发展模式而闻名，所谓"农业 + 旅游 + 文化"模式，即以第一产业农业为基础，通过引入第二产业和第三产业，促进第一产业、第二产业和第三产业的交流和融合，同时在此基础上协调村庄的各种资源并产生经济、社会和环境效益。

（一）推进"农业 + 旅游"主导型模式持续发展

琐园村的主要产业包括水果和坚果种植业、花卉和苗木种植业、蔬菜种植业、医药种植业、粮食和其他作物种植业、畜牧业和良种养殖等。农业生

---

① 该数据由琐园村村两委提供。

产多种多样，基础良好。在实践中，琐园村逐渐将单一的种植产业发展成为复合的主导产业。这种主导产业的形成通常以农业为核心并向上下游相关产业延伸发展，如特种花卉苗木、绿色蔬菜、优质水果、果蔬加工物流、休闲农业等。

由于农产品生产之后需要采摘出售或者进行深加工，因此琐园村的农民在种植的基础上，通过发展休闲农业，吸引城市人群到乡村进行采摘和观光旅游。这种模式可以为农民增加更多收益，这是因为在农产品生产活动基础上扩充了农业的多功能性，使农产品生产销售一体化发展，这样既减少了农民获取信息的成本也提高了农产品的附加价值。

（二）推进"旅游+文化"主导型模式持续发展

由于经济的快速发展和社会的不断进步，人们的生活水平也在不断提升，生活质量的提高使人们对于闲暇的需求更为旺盛，随之而来的就是旅游市场得以迅速扩大。旅游业的蓬勃发展，不仅可以丰富人民群众的娱乐生活，缓解快节奏生活的压力，还可以增加就业机会、获得资本投入、拓宽税收来源。

2015年，琐园村为了吸引更多游客振兴旅游业发展，经市旅游局、文联部同意并在其组织下举办了文艺村落活动。文艺村落活动内容丰富多样，包括音乐、舞蹈、曲艺和美食等传统特色文化活动，这一活动大受欢迎，不但使更多的人认识了解琐园村，而且也获得了来自政府资金的大力支持。琐园村依靠这笔资金对其本地的旅游项目和文化保护进行了优化，同时对村内的古建筑进行了加强保护。此后到了2016年，琐园村就正式对外开放旅游景点，如图7-13所示，琐园村依靠本地民俗文化和古建筑为依托，大力发展旅游业，促进了琐园村的进一步发展和农民收入的增加。琐园村采用"旅游+文化"的模式，在发展旅游业的过程中，注重保护和宣传本地传统文化，游客在游览旅游景点的过程中，不但可以窥探了解传统村落的民宿文化和社会生态，还可以感受到本地的民俗风情以及优美的自然风光。

图 7 – 13　琐园村旅游全景导览

图片来源：由笔者拍摄。

（三）推进民俗文化体验

生活广场是琐园村村内的公共中心，最初用于村民聚集和晒谷的工作，改革开放后，随着社会的进步和居民生活水平的不断提升，生活广场开始提供更多的娱乐功能，从最初的村民广场舞团队到后来由农村村委会牵头举办的老年红歌队等都在生活广场活动。此后随着旅游业的蓬勃发展，生活广场也开始承担部分旅游业的功能，村民自发地在生活广场上售卖自家生产的农产品以及工艺品，生活与商业，农业与旅游业开始进一步融合，共同促进琐园村的发展。

在民俗旅游开展之前，琐园村的村民们对娱乐、饮食和传统民俗文化还没有充分的了解。民俗旅游业的发展加强了内外的相互交流，游客对当地民俗文化产生出来的极大热情鼓励了村民进一步深挖本地的民俗文化，这种文化自豪感也使村民开始重视民俗文化的传承，并博采其他文化的优点与本村文化融合，塑造本村特有的多元文化生活，丰富自身文化内涵。现在琐园村在恒辉厅，已经设立了一些体验基地，如磨豆腐和制作年糕等；在其他的大厅中，也设置了一些民间活动的展示点，如木板上的新年图片、金华刀卿、剪纸、草编凉鞋和铜钱八卦，这些活动多由本地经验丰富的工匠完成，这些传统文化深受国内外群众的喜爱，当地村民也在传播文化的过程中收获了经济利益。

（四）推进国际研学教育发展

琐园村的文化景观极为丰富，既有传统历史建筑、生态环境等，也有着村落的传统古老习俗和民间艺术，因此琐园村在发展过程中不但对历史古建筑、生活习俗以及工艺技术尽最大努力来保护，同时也在维持的基础上进行传承和发扬光大。琐园村在继承传统文化的同时，也积极在村落的建设中融入现代化要素，将古老与现代相结合，比如在维持村落古旧风貌不变的同时，积极建设现代基础设施，而对原有的建筑设施进行修缮和保护，使乡村的生活与观赏功能兼具，也为当地发展国际研学提供了强大的吸引力和保障。

自2015年来，琐园村每年都会举办国际游学项目，来自全球不同国家的国际学子齐聚在这里，在琐园村居民的家中居住长达数十日。在此期间，这些学子和琐园村居民同吃同住同穿，国际学子通过脸书（Facebook）、推特（twitter）、照片墙（Instagram）等社交网站和自媒体平台上记录自己在琐园村的所见所得所闻并分享出去，传播给所有国家的人看，如2016年国庆期间琐园村举办的"琐园非洲风情节"，首日便迎来了3万余人参加。

（五）推进学生教育基地建设

作为传统村落，琐园村除了有大气恢宏、建筑独特的明清古建筑外，对于居民的房屋也进行了翻新和美化。为促进村容村貌美化提升，琐园村邀请艺术家们对村内大量的建筑外表绘制了丰富的生动有趣的壁画，壁画的形式有油画和3D绘画等，其中内容风格多样，既有童话内容，如绿野仙踪，也有动物科普如爬行动物、哺乳动物等。单调的建筑在丰富的壁画内容加持下变得更加生动有趣，引人入胜，甚至于角落破旧的电表箱都能看到涂有薰衣草的装饰，丰富的壁画内容不断吸引好奇的游客们深入探索。

琐园村人杰地灵，英才辈出，如知名的中国儿童文学家鲁兵，他所作的《小蝌蚪找妈妈》《365夜儿歌》等作品是20世纪80年代孩子珍贵的童年回忆。现如今，在政府的大力支持下，村内专门划出一处土地规划建设"小蝌蚪田园"项目。在鲁兵音乐厅内，丰富的壁画可以使游客们了解到著名的中国儿童文学家鲁兵先生的日常生活和相关作品，丰富的内容不但充实了琐园村的文化内涵，增强了村貌，而且也成为琐园村旅游新的焦点。

四、琐园村产业振兴经验总结

琐园村是浙江省现存著名的传统村落之一，政府的积极参与、丰厚的自然和人文资源、合理的农村旅游规划发展以及正确的宣传引导都为琐园村产业振兴发展打下了坚实的基础。

（一）大力挖掘本地自然和人文资源

严氏先祖过去曾相继建造了十八座大明厅，目前仍然保存完好的有：敦伦堂（严氏宗祠），永思堂（小祠堂），崇德堂，继述堂，忠恕堂，怀德堂，务本堂等二十余座厅堂，这些厅堂建筑结构、艺术风格各不相同，但都是江南民居古建筑的典型代表。此外，琐园村人杰地灵，人文底蕴也十分丰厚，如我国的知名儿童文学家，创造了《小蝌蚪找妈妈》的鲁兵就是琐园村的社会精英。

琐园村的北面是后余村，两村间有一处自然景点翅膀湖，湖上每逢夏季，荷花盛开，香气袭人，到了晚上，湖光月色，景色十分优美。距离后余村不远的湖北村以腌菜质量好味道美而逐渐出名，目前为了宣传传统民俗腌菜文化，湖北村正大力打造腌菜文化园，吸引游客来此学习腌菜文化，享受当地的美味腌菜。靠近琐园村不远的积道山景区环境优美，景色宜人，积道山环山绿道4.7公里，田园绿道16.7公里、环溪绿道9公里，山地绿道6.4公里。山脚下还有各种溪流，溪水清澈，自然风景迷人，是周边家庭出游的好去处。积道山山脚下，是北宋名将王彦超族人的居住地，历史悠久。附近的蒲塘村，也是历史悠久的古村落，村落依靠地势而建，错落有致，面积庞大，古建筑数量众多，村中仍有宋朝留下来的两口古井，距今已有近千年的历史。这些周围密集的自然景点和人文景观都为琐园村的民俗旅游发展提供了良好的资源支撑及乡村休闲依托。

（二）政府主导，村民积极响应

在琐园村的发展过程中，政府不是消极地接受外部变化，而是积极地参与其中并引导琐园村的合理发展，金东区政府因地制宜，在详细调查了琐园村的人文资源和自然资源之后，研究制订了琐园村发展方案。即根据琐园村的实际情况，出台政策资金鼓励与本地区相适宜的民俗文化旅游项目，同时明晰村委会的具体权限，使村委会可以放心大胆地进行统一管理和规划开发。同时，区政府也积极帮助对接大型工商企业进驻琐园村或者进行商业合作，提高琐园村的竞争水平。

（三）重视宣传、大力开展联合活动

金东区政府重视琐园村研学旅游发展的广告宣传，积极通过社交网站、社会媒体和电子商务平台开展相关的宣传，不断提高琐园村研学旅游景区的曝光度、知名度和美誉度。目前，琐园村研学旅游景区已经有了独立的官方网站向世界宣传，在上面可以看到更多关于琐园村的内容，网站内容丰富多彩，有专人定期更新内容。同时，金东区政府还在浙江卫视、金华电视台等电视台播放琐园村景区专题片；在《浙江日报》《金华日报》《金华晚报》等报刊上对"海外学子走进金华古村落"活动进行了专题报道，取得了良好的宣传效果。

金东区旅游局有效地利用了本地高校的资源，在琐园村设立了国际研学村，引入浙江师范大学、金华市职业技术学院等高校的师资力量，在琐园村建立研学互访接待点，并定期开展相关的文化展览，向国际研学的学子宣传中华传统文化。与国学书院、相关的文化培训机构等建立合作关系，将培训地设在琐园村，通过培训集聚招揽学员，并将学员培养作为琐园村又一大固定群体。

第四节　金华市磐安县榉溪村产业振兴
——全域旅游推进产业发展

一、榉溪村概况

榉溪村在古称婺州（今金华市）境内，是婺州南宗孔氏家庙所在地，

是孔子嫡传裔继曲阜、衢州的第三个故里，是江南最大的孔氏后裔聚居地，也是我国唯一整体保留孔子嫡传裔古文化村落。全村共有居民400余户，总人口1400余人，孔姓占95%以上，文化底蕴深厚[①]。榉溪村曾先后被评为中国历史文化名村、中国传统村落、全省第七批历史文化村落保护利用重点村等。

二、榉溪村社会经济文化概况

榉溪村环境优美，如图7-14所示，夏日的凉爽十分适合特色旅游建设。近年来，榉溪村经过示范整治建设、省级历史文化名村、特色旅游村创建和农家乐建设，极大地改善了村民的生产生活环境，能够为游客提供良好的吃、住、行、游、娱等方面的服务。群众建设乡村旅游热情高涨。榉溪村每年都结合元宵节、七月七娘娘庙会以及婺州祭孔等活动，举办非物质文化遗产展演。通过展演，开发乡村休闲旅游业，发展民俗风情旅游、农家乐休闲等文化旅游，形成富有吸引力的文化旅游景点。

图7-14 榉溪村全貌

图片来源：由笔者拍摄。

---

① 该数据由榉溪村村两委提供。

榉溪村发展民俗文化旅游村建设有着较好的基础。首先，政府重视，为了创建省级历史文化名村，盘峰乡党委政府还专门成立了盘峰乡榉溪历史文化名村保护管理领导小组。其次，加大对民俗文化旅游的投入，近三年来，每年投入旅游建设的经费达300多万元，建设了公共设施，修复了古建筑，为创建民俗文化旅游村提供了物质基础。榉溪村目前有以下几个著名的风景区：

（1）榉溪村古建筑。整个村庄坐南朝北，清澈透明的榉溪从村中穿流而过。村内现存建筑历史悠久，最早可以追溯到清朝，房屋主要为传统木质房屋或者砖石混合的，挑檐、垛墙、镂窗，外观质朴大气而又充满文化内涵。

（2）孔氏家庙。孔氏家庙是国家级重点文物保护单位，始建于南宋，是村内的中心场所，最早用于宗族祭祀和家族活动，现在已经是榉溪村内著名的景点，如图7-15所示。

图 7 - 15　孔氏家庙

图片来源：由笔者拍摄。

（3）灵江源森林公园。公园地理位置独特，平均海拔高度750米，四周群山环抱，空气清新，气候宜人，森林覆盖率达90%以上。

从产业角度来看，榉溪村主要有餐饮业、旅游业及文化产业等。村内利用孔庙文化建立了相当数量的餐馆，如民宿、农家乐等。榉溪也开展了研学项目，建设有研学基地。目前，榉溪村为了创建民俗文化旅游村，积极开展群众性文化活动，打造多方位多层次文化交流，通过挖掘、展示榉溪非物质文化遗产，不断发展有榉溪村特色的民俗风情旅游、农家乐休闲等文化旅游，促进乡村休闲旅游开发。同时，组织相关专业人员挖掘收集资料，深入探究榉溪村非物质文化遗产的文化底蕴。同时也注重相关人才培养，不断壮大一支德艺双馨的民间艺人队伍。

在社会福利上，榉溪村对于老人根据不同年龄分段提供补贴。80岁以下的老人，一顿饭政府补贴2元，一天补贴两顿，每顿老人需出1~2元。80岁及以上老人，政府一顿补贴5元，一天补贴两顿，老人无须出钱。在医疗方面，每个月16日给老人做抽血化验等健康体检项目，每位老人均有大病保险①。在教育方面，村内无学校，需要去隔壁乡镇上学，但大多数孩子都追随父母在县城读书。

三、榉溪村产业发展举措

（一）建设起步阶段——完善基础设施，开展旅游经营探索（2010~2014年）

在磐安县政府的指导和引领下，以孔氏家庙对外公共开放为起点，榉溪村确立了大力发展农文旅，助推榉溪村经济发展的大方向。此后，榉溪村在这一目标的指引下：一方面加大力度完善当地的基础设施，如拓宽道路，安装路灯和免费公共厕所，美化村庄环境等。另一方面，则是大力推行景区化建设，榉溪村目前重新修缮了20余处古民居及孔若均、孔端躬墓，墓旁还存有当年孔氏南迁带来的一株红木杉，树龄已近千年，是浙江省"十大名树"之一。村委会还进一步成立了家庙管理委员会，聘任本村村民担任宗

---

① 该数据由榉溪村村两委提供。

庙的管理员和讲解员。此外，榉溪村还大力发展经营业，支持村民开展农家乐，农家住宿等，目前，农家乐经营户有 8 户，累计可容纳的最大旅客数床位为 160 张。

总体来看，榉溪村在旅游业发展初期，由于政府的合理指引，村内村民的大力支持，榉溪村通过完善基础设施和相关景点开发，有效地提高了游客人数，榉溪村旅游收入逐年上升拓宽了村内收入来源并提高了村民收入水平。然而，随着发展程度的进一步提高，各种新问题也随之而来，由于景区发展同质性严重，榉溪村在和其他地区的竞争中并没有体现出自身的优势，难以凸显自身优点。此外，由于村委会缺乏旅游发展的相关工作经验，随着旅游业的扩大，很明显地在管理上出现了捉襟见肘的问题，如何凸显自身优势以及提高政府的管理能力成为下一阶段重要目标。

（二）缓慢发展阶段——政府企业积极参与，大力开展文化活动（2015～2017 年）

首先，随着榉溪村的进一步发展，此时村内发展开始分为两条主线任务，一条是提高村内旅游发展的管理能力；另一条是研究如何走出富有榉溪村特色的旅游发展道路。针对第一条主线任务，在榉溪村村委会的要求下由磐安县政府牵头同大型旅游公司签订合作协议，对旅游项目进行托管，管理工作委派旅游公司代为执行，村委会则担任监督的职责，提高村内旅游管理的运转效率。2015 年初，榉溪村与浙江新境界旅游开发有限公司签订了经营权转让协议，约定以孔氏家庙为主实行整体委托经营管理，当年旅游人次达 5 万人次，旅游收入达 45 万元①，实现了成倍增长。其次，在解决如何走出富有榉溪村特色的旅游发展道路上，榉溪村群策群力，在政府的大力支持下，开展举办了"拜孔子、逛古村、品小吃""文化遗产日"等多种多样内容丰富的文化活动。活动一经发布便大获成功，收获了大量游客的好评和支持。此外，榉溪村还积极沟通横店影视剧组，为其免费或者低价提供场地进行拍摄，依靠横店集团映射拍摄外景地的称号，也吸引了大量慕名而来的

---

① 陈晓芳. 全域旅游视角下传统村落旅游开发路径研究——以磐安县榉溪村为例［J］. 现代商业，2021（21）：131－133.

游客体验当地生活。2016 年，榉溪村进一步开展了"手工的村落"计划，打造了集传承、展示、体验、宣传和销售一体化的非遗展览馆，招募一批"荣誉村民"为村庄发展建言献策。随着文化活动的不断丰富和宣传的不断创新，榉溪村居民收入再次提高，居民积极性也越来越旺盛，整个村落发展呈现持续向好的态势。

（三）转型升级阶段——扩大发展、持续深化全域旅游（2018～2022 年）

全域旅游是指在一定区域内，以旅游业为优势产业，通过对区域内经济社会资源尤其是旅游资源、相关产业、生态环境、公共服务、体制机制、政策法规、文明素质等进行全方位、系统化的优化提升，实现区域资源有机整合、产业融合发展、社会共建共享，以旅游业带动和促进经济社会协调发展的一种新的区域协调发展理念和模式。

随着乡村振兴战略的深化和农村文化旅游发展的扩大化，榉溪村除进一步开放旅游空间外，更多是考虑如何更高效地利用旅游空间来达到更深层次更持久性的发展。第一，2018 年 6 月，榉溪村特地分出 87 间古民居，邀请全国有识之士入驻进行创业，对于符合他们要求的人才统统给予免除五年租期的优惠政策，榉溪村希望借助这一方式来吸引人才同时在旅游业的基础上发展文化产业，以实现升级转型①。第二，榉溪村成立了浙江省廉政文化教育基地，用于培训企事业单位干部的学习教育；成立杏坛书院，定期举办读书会、榉溪讲堂等活动；开办儒林雅舍民宿，定期开展传统手工艺体验和民宿住宿接待服务。第三，榉溪村开展了祭孔大典、弟子规夏令营、儒学文化研学游等活动，既招揽了游客，又宣传了中国传统文化。第四，榉溪村还进一步和大型工商企业合作，建成蓝莲小酒馆、老茶馆、蓝莲舫研学基地茶会室、儒学馆等文化经营场所，开创了十余种文化课程供游客体验学习，到 2020 年底，已经累计接待超过 1 万人次。

---

① 陈晓芳. 全域旅游视角下传统村落旅游开发路径研究——以磐安县榉溪村为例［J］. 现代商业，2021（21）：131－133.

四、桦溪村产业振兴经验总结

农业是乡村地区的主导产业，粮食种植业是乡村地区吸附劳动力的主要产业。在传统村落而言，通常是就农业说农业，很少把农业和其他的产业发展联系在一起。但是，桦溪村突破传统思想，不因循守旧集中精力关注农业的发展，而是以村落整体资源环境为依托，通过村民、政府、企业等多方共同参与，对旅游资源、产品服务、基础设施、生态环境等进行优化提升，推动农业、文化、生态与旅游的融合发展，这种产业的融合发展一方面催生了新产业、新业态，另一方面也促进了乡村的发展，提高了村民收入水平。具体表现在以下几个方面：

（一）自然和人文旅游资源的充分挖掘与利用

桦溪村在发展过程中注重扬长避短，能充分发挥本身既有的优势。桦溪村充分挖掘村内历史文化、社会结构和自然风光，利用传统建筑风貌发展观光旅游，凭借历史文化、地域文化和民俗文化等非物质遗产发展体验旅游，从深层次推进全域旅游发展来看，有利于实现传统村落自然和人文资源的充分挖掘和利用，有利于提高农村村民的收入和生活水平。

（二）延长产业链，打造多样化旅游发展

从旅游发展的角度来看，传统的、单一的依靠本土旅游资源发展旅游业的模式已经不适应当前的发展了。全域旅游所带来的新型旅游意味着吃、住、行、游、购、娱六要素的全方位参与，打造多样化旅游产品，提供游客更多选择，这样可以使最早的传统旅游观光业转向旅游文化体验、康养休闲等中高端旅游产品，形成丰富的立体的旅游产业，提高旅游业经营利润，增强农村旅游业吸引力，促进村庄发展持续向好。

（三）深化一二三产业融合

实现乡村振兴，产业兴旺是基础，关键要看"产业融合"。从产业融合

的角度来看，全域旅游是以农业为基础，旅游产业为核心的产业间相互融合的一种更深层次的旅游发展。对于传统村落而言，发展全域旅游，可以推进农业与制造业、农业与服务业、服务业与制造业的相互融合，延伸拓展产业链条，提高产品附加值水平，形成相关的产业集群。因此，深入推进全域旅游发展可以转变经济增长方式，真正变绿水青山为金山银山，促进传统村落旅游开发的经济效益全面提升，最终促进乡村的全面振兴。

（四）政府的积极参与和引导

近年来，该村以历史文化村落保护利用创建为抓手，投资 1800 万余元，完成余庆堂、大门堂、九思堂等古民居修缮 102 间，其中顶瓦修补 4900 平方米、墙体加固 3440 平方米、立面改造 3560 平方米，完成村内古道修复、沿溪栈道建设、居家养老服务中心等设施建设。落实用地指标 0.65 公顷用于搬迁安置区建设，积极引导村民异地搬迁。该村坚持规划、建设、管理、经营、服务并重，村集体集中流转古民居 140 间，先后引进蓝莲坊、暇客文创工作室、杏坛书院等研学体验型业态，累计接待研学 200 余场次，政府的积极参与和正确引导为榉溪村产业振兴打下了坚实的基础[①]。

（五）科学编制设计和合理顶层规划

2019 年，榉溪村在磐安县政府的大力支持下开始大力发展全域旅游，秉持"资源整合、全面布局、产品提质、产业融合、多方参与、共建共享"的理念，对照国务院办公厅《关于促进全域旅游发展的指导意见》和榉溪村现实情况，根据科学研究、实地调研和改革创新的总要求制定榉溪村全域旅游发展规划，明确目标和方向，不断推动榉溪村全域旅游深化发展。

---

① 陈晓芳. 浙江磐安榉溪村孔氏宗族文化复兴与村落旅游开发研究 [D]. 浙江师范大学，2017.

第五节　金华市武义县岭下汤村产业振兴

——基于文化资源禀赋，创建精品宜居村落

一、岭下汤村简介

岭下汤村域面积 8.2 平方公里，其中耕地 87.6 公顷，山林 660 多公顷。岭下汤上、中、下三个行政村有 2000 余人。岭下汤始建于宋代，有着"枣岩古里"之称，历经八百余年，承载着丰厚的人文历史，村内现存明代建筑 8 处，清代建筑 30 余处，民国建筑 60 余处，建筑保存较好，村落依山沿溪而建，四周群山环抱，平面布局呈南北走向，以老街为主干道，路两侧建筑之间形成的巷弄依山就势而筑，委婉曲折，如图 7 - 16、图 7 - 17 所示。2016 年，岭下汤村成功入选浙江省历史文化村落保护利用重点村。在政策支持下，村组织基于文化资源禀赋合理调适政策工具，以打造岭下汤历史文化村落保护利用重点村为目标，对村内历史文物单位的保护与规划工作不断强化，尤其是在乡村振兴等国家战略实施后，村内通过建筑保护整治和基础设施改造，持续改善古村生活居住条件，并且协议落实公共服务设施。如今的岭下汤村村民丰衣足食，生活指数不断提升，公共服务能力进一步提高，基础设施逐步优化。近年来通过村委领导和全村村民的不懈努力，在美丽乡村精品村建设上取得较大成效，通过美丽乡村精品村建设，成功入选 2019 年度省级美丽宜居示范村创名单，陆续获得省生态文化基地、省卫生村、金华地名十佳最古老地名、AAA 级旅游景区村庄、同心创乐村等荣誉①。

---

① 岭下汤村志编纂委员会. 岭下汤村志［M］. 金华：内部发行，2015.

图 7 – 16　金华武义县岭下汤村风貌

图片来源：由笔者拍摄。

图 7 – 17　岭下汤老街

图片来源：由笔者拍摄。

二、岭下汤村产业

（一）产业概况

岭下汤历史悠久，文化旅游资源丰富，有省级、县级文物保护单位和文物保护点多处，于20世纪90年代初起步进行文化旅游景点开发，村组织立足丰富的历史文化资源禀赋，合理运用政策工具探索创新发展模式，以打造岭下汤历史文化村落保护利用重点村为目标，不断强化村内历史文物单位的保护工作。在村委领导和全村村民的不懈努力下，积极将历史文化的开发和保护相结合，以岭下汤特有的历史风貌和文化内涵为中心主题，通过保护与规划结合的方式建设村内设施。岭下汤村依托资源禀赋，抓住政策机遇有序推进乡村建设，如今岭下汤已经是AAA级旅游景区村庄。

除了依托文化资源禀赋，发展文化旅游产业，岭下村还依托良好的地理位置与自然环境，在2016年发展效益农业，实施规模经营，武义县驮山笋竹专业合作社驮山牌毛竹笋通过浙江省森林食品基地认证。岭下汤村落依山沿溪而建，农业生产主要以种植水稻为主，兼种瓜果、蔬菜。山上木材、竹材丰富，茶叶、药材、山野菜、板栗、油茶等都是传统的地方特色农产品，且所有农产品均为无污染绿色产品。

（二）三大产业发展情况

1. 第一产业

农业生产主要以种植水稻为主，兼种瓜果、蔬菜。山上木材、竹材丰富，茶叶、药材、山野菜、板栗、油茶等都是传统的地方特色农产品，且所有农产品均为纯天然绿色产品。2005年，在县林业部门的帮助下，岭下汤开始生态公益林建设。岭下汤生产冬笋和春笋，在2000年以后开始发展商品笋。2014年7月，武义县驮山笋竹专业合作社的146.67公顷驮山牌毛竹笋通过浙江省森林食品基地认证。2016年，岭下汤三村耕地面积为87.6公顷，在发展效益农业，实施规模经营后，岭下汤的经济林面积到达114.4公顷，2017年，共有生态公益林558.33公顷，在产业结构调整后，经济效益有了明显的提高。

2. 第二产业

20世纪90年代，国家大力扶持乡镇企业和村办企业。岭下汤兴办了家具厂，针织厂，但是限于地理条件，村办企业的发展受到限制，目前岭下汤工业相当薄弱，村内主要有以手工为主的加工服务企业11家。

3. 第三产业

岭下汤旅游资源丰富，有地文景观等 8 大类 25 种基本类型，岭下汤文物古迹有省级文物保护单位——石祠（石梁架屋，汤氏大宗祠），县级文物保护单位——汤氏特祠、太平天国标语，文物保护点有虎闸门，传统建筑有朱家祠堂、上屋、尔生旅馆、鱼骨厅、三家头、上石厅、敦本堂、西书堂等。村内景点众多，风景优美。村前有千年古林的梅峰、双坛、灵洞、枣岩一线天、汤姓始祖墓；村后有石牛栏、双层两头洞、雄鸡坛、石和尚、石笋；村上有灵泉岩洞、石拱桥。岭下汤的旅游景点开发最早起步于 20 世纪 90 年代初，最初主要依靠民间力量建设，初成规模始于 2002 年 3 月，大田乡政府牵头成立岭下汤旅游开发委员会，在岭下汤开展保护文物、古建筑和自然景观的宣传工作，并整合文化资源，编辑制作景点介绍。2016 年岭下汤成功入选浙江省历史文化村落保护重点村后，完成古村道路、石梁架屋修复等十大工程并陆续获得省生态文化基地、省卫生村、金华地名十佳最古老地名、AAA 级旅游景区村庄、同心创乐村等荣誉，文化旅游不断发展。

三、岭下汤村乡村振兴面临的挑战

（一）传统产业缺乏规模发展优势

由于受到地理位置、资金短缺、配套技术等多种因素的影响，岭下汤村在种植与养殖方面的收入并不高，农产品基本处于自产自销状态，这种状态下村民的收入较不稳定，缺乏依靠传统产业促进发展的优势。目前村里的电商还没有发展起来，岭下汤生产的本土绿色农产品外销成为难题，农产品加工技术还不完善，规模化发展传统种植产业的条件还不成熟，凭借传统产业促进乡村产业振兴尚不具备条件，这是制约岭下汤村可持续发展的重要因素。

（二）人口比例失衡与人才流失问题

与众多老村落一样，由于受外部良好就业机会和优越生活条件的吸引，乡村中青年劳动力已经向城镇和大型企业转移，岭下汤村人口急剧减少，加之近年来人口自然增长率逐年降低，人均寿命有所提高，村内老龄化现象严重。长期以来，由于生产力水平滞后，岭下汤村发展处于缓慢状态，人才大量流失。但人才是乡村振兴的基础保障，人才匮乏是岭下汤乡村发展振兴面临的重大难题。

（三）可持续发展能力不足

岭下汤村的基础设施在发展旅游业的带动下，发生了巨大变化，美丽乡村建设显现成效，村容村貌明显改观。但是，按照乡村振兴的规划和可持续发展的总体要求去衡量，虽然岭下汤具备悠久的历史文化，但是古村旅游同质化严重，无法仅凭借古村旅游持续带来稳定收益，在产业融合以及产业链的延伸、产业功能的拓展方面需要进一步考量。目前岭下汤村的管理人员和服务人员基本是当地村民，当地村民虽然对本地产业有较强认同感，但是在专业知识与经营能力方面有所不足，基于古村现状进行挖掘并创新，做到"人无我有，人有我新"是岭下汤村可持续发展的重要议题。

四、岭下汤村乡村产业振兴举措

（一）成立经济合作社，集体资产分股到户

2015 年 6 月，岭下汤成立了上、中、下村股份经济合作社。经济合作社作为全村村民的经济组织，是在党支部领导下管理经济的组织。合作社设立董事会，董事会成员由党支部和村委会成员担任。村经济合作社主要管理与村集体经济相关的经济活动，如经济来源，经济开销等，起到监督、管理村经济的作用。全村村民均为经济合作社成员，委员由村民代表选举产生。近年来，岭下汤三村紧紧围绕"生产发展、农民增收"这个惠农富农的主题，因地制宜，调整结构，广开就业门路。2018 年 11 月 2 日，因行政村规模调整，撤销三村股份经济合作社，设置岭下汤股份经济合作社，岭下汤从此进入了新的发展时代。2020 年 7 月 23 日岭下汤村第一书记范益晖、农业农村局施丽芳、张欢燕站长和岭下汤村妇联主席王卫央到桐琴绿洲五金有限公司实地调研衣架夹手工活可行性，进一步拓宽来料加工引进渠道。

（二）把握政策机遇，合理调适政策工具

在古村振兴的过程中，2014年参加美丽乡村精品村建设成为岭下汤振兴的转机。首先，是在国家启动实施乡村振兴战略之后，乡党委政府对岭下汤精品村建设给予重视与关心。其次，是岭下汤村两委班子积极参与精品村建设工作，宣传发动民间力量，统一全村干部群众的思想认识，引导村民在实施项目建设中配合支持，为古村振兴打下良好的群众基础。最后是在古村振兴过程中因地制宜，以岭下汤特有的历史风貌和文化内涵为中心主题，在此基础上以浙江省历史文化村落保护利用重点村大纲指导思想为准则，进而实施对岭下汤的规划与建设，其中包括岭下汤村历史文化村落的格局风貌、历史遗存，以及其特有的宗族聚集模式、建筑形体、空间结构以及传统文化和非物质文化遗产。岭下汤在美丽乡村精品村建设期间实施了老街路面改造，恢复老街石板路面；建设景观公园广场；恢复布垅坑和消灾厅景观，实施下前山、下大路游步道，菊溪沿溪石板卵石路面改造，老街店铺修理，老区委、九间堂楼、三家头修缮，上、下书堂、水阁楼抢救性维修，现代房仿古立面改造，太平军标语文保点和朱家祠堂修缮。基于文化资源禀赋传承岭下汤的农耕文脉，改变了村庄面貌。

（三）挖掘文化内涵，建设3A级旅游村庄

有着"枣岩古里"之称的岭下汤历经八百余年，有着丰厚的人文历史承载，不仅如此，岭下汤有悠久繁盛的商旅文化以及以此为活动平台的传统民俗文化活动，依托本村自然风光、古村古建筑等特色旅游资源，岭下汤村举办乡村民俗文化旅游节，还原岭下汤古街商贸风采，展示农耕文化、腰鼓、秧歌等民俗文化和民间技艺，探索发展"旅游＋文化"的兴村之路。村组织积极将历史文化的开发和保护相结合，对村内古建筑进行整体设计整修，最终打造适应当下的宜居宜养村落；对于丰厚节庆习俗、传统活动、民间工艺等非物质文化遗产，将其与古村落古建筑相结合，赋予其继续传承、发展、振兴的时代功能与价值，通过保护与规划相结合的方式振兴村内产业，促进当地经济发展。

五、岭下汤村产业振兴的经验总结

（一）以"文旅"产业融合，引领产业振兴

"文旅"融合更多地强调依托现有特色资源和资源禀赋。岭下汤借助"枣岩故里"这一中心主题，深挖历史文化价值，在此基础上引导村民积极融入市场、融入旅游服务等行业。以"文旅"产业为抓手，积极推动旅游与乡村的自然资源、文化价值、生态环境、特色村落嫁接，打造乡村振兴的"新引擎"[①]。对于中国的大部分乡村而言，乡村产业振兴需要依托旅游发展，"文旅融合"是乡村产业振兴的内在活力。岭下汤村凭借文化历史资源，深入挖掘旅游知识产权（IP），提升文化产品与旅游产品的附加值，加深往来游客的文化体验深度，并且以"文旅融合"为主题，借助文化旅游资源开发优势，在保护的基础上合理规划与开发，进一步完善村内基础设施和公共服务设施的建设，有力地提升了村民的生活质量与游客的游览体验。在规划与保护基础上，走一条文旅深度融合的可持续发展之路，从而达到美丽乡村建设与旅游村庄建设的双重目标。

（二）以股份合作型利益联结，激发内生动力

引导龙头企业和农民合作社通过双向入股方式实现利益联结。岭下汤村于 2018 年 11 月 2 日，因行政村规模调整，撤销三村股份经济合作社，设置岭下汤股份经济合作社——基于股份制和专业化分工的现代农业产业联结体，不断完善利润分配机制，采用科学利润分配方式，明确资本参与利润分配上限，维护农民利益。这种紧密型利益联结机制，能够更为广泛并且深入地带动农民参与到产业融合的过程中。

（三）政策引导，因地制宜

推进乡村振兴需要发挥好政府的引导作用，通过规划引导、土地管制、

---

① 冯巧玲，张江勇，李萃. 基于"农文旅"产业融合的城市近郊山区乡村振兴模式探索——以福建省寿山乡为例［J］. 小城镇建设，2019，37（10）：67 – 75.

财政税收等政策措施为乡村振兴创造良好的制度环境。地方政府和乡村干部及时抓住机遇，根据地方差异合理规划适合本地的乡村振兴方案。岭下汤成功入选浙江省历史文化村落保护利用重点村后，开始精品村建设工程，投资1800万余元，完成古村道路、石梁架屋修复等十大工程，岭下汤村合理把握美丽乡村精品村建设政策机遇，通过美丽乡村精品村建设，挖掘本村历史文化遗存、遗迹，加以保护利用，并且在古村振兴过程中，协调保护与利用的关系，维护村落传统格局和风貌，改善基础设施、公共服务设施，提高环境质量，使得岭下汤村的基础设施得到改善，村庄整体环境质量得到提高。岭下汤村利用本村资源禀赋合理运用政策工具不断探索创新发展模式，助推乡村振兴战略进入新阶段。

第六节　绍兴市棠棣村产业振兴

——因兰文明，以花创富

一、棠棣村简介

棠棣村位于被誉为中国花木之乡的绍兴市柯桥区漓渚镇，全村总面积2.91平方千米，共496户1509人，因种植而兰花闻名，被称为"中国春兰故乡"，全村95%的劳动力直接或间接从事花木的生产与经营，95%以上的土地用于种植兰花，95%以上的收入来源于兰花，村民人均年收入超过11万元。棠棣村是远近闻名的花卉特色专业村，近年来获得"国家级美丽宜居示范村""全国生态文化村""浙江省AAA级景区村庄""浙江省文明村""省级兴林富民示范村""省级全面小康示范村""浙江最美村庄""浙江省生态文化基地"等荣誉①。

---

① 资料来源：百度百科. 浙江棠棣村［DB/OL］. https：//baike. baidu. com/item/% E6% A3% A0% E6% A3% A3% E6% 9D% 91/7882926?fr = aladdin.

相传 2500 年前，越王勾践在兰渚山下种植兰花。作为"千年兰乡"，近年来，棠棣村充分发挥"中国春兰故乡"这一资源品牌，依托兰花传统优势，以农村三产融合为抓手，培育形成全国知名的花木产业，产业兴旺的"种子"茁壮成长，偏僻的山丘成为精致的"盆景"，逐步走出了一条兰文化传承、花木产业培育和美丽乡村建设有效结合、互促发展的绿色经济发展之路。

2011 年开始，按照"生态美、产业美、人文美"的目标，棠棣村着力开展美丽乡村建设，获得"绍兴市首批美丽乡村精品村"称号；2013 年，棠棣村以"富裕生态的别墅村"成功入选首届"浙江最美村庄"，成为绍兴地区唯一获此殊荣的乡村；2020 年 7 月，入选文化和旅游部第二批全国乡村旅游重点村公示名单；2020 年 8 月 26 日，入选第二批全国乡村旅游重点村名单；2020 年 9 月 9 日，被农业农村部办公厅公布为 2020 年中国美丽休闲乡村；2020 年 11 月，被评为第六届全国文明村镇。棠棣村全貌见图7 –18。

图 7 –18　棠棣村全貌

图片来源：由村委会提供。

二、棠棣村产业发展概况

棠棣村的产业以花卉种植为主，是漓渚镇起步最早的花木专业村，村庄花木种植与村民外出从事苗木销售、绿化工程承包等产业联动，实现产销一体化经营。满山的苗木不仅赋予了棠棣村极佳的生态环境，更是棠棣村的特色产业。该村的党支部书记刘建明作为棠棣村花木致富的"领头羊"，30年间，他带领村民们走出了一条"以花为媒"的致富路，建立了"公司＋合作社＋基地＋农户"模式的花木专业村发展模式。

近几年，棠棣村投入1200多万元着力整治村庄环境，并利用花卉资源和兰渚山深厚的文化底蕴发展乡村旅游。随着旅游业的日益兴盛，农家乐、民宿、田园综合体等也成为棠棣村村民的发展新路径。2017年，绍兴首个国家级田园综合体项目——"花香漓渚"田园综合体开工建设，综合体的项目围绕"产业振兴"主线，通过建设"千亩花市、千亩花苑、千亩花田"等三个"千亩"，着力打好"美丽经济、田园生态、乡愁人文"等三张牌。棠棣村作为该田园综合体项目的核心村，积极整合现有的农业资源、产业基础和传统文化，开展千亩花田、兰心民宿等项目，积极探索建设宜业宜居宜游、农文旅融合的美丽新家园。

目前，千亩花海等项目一期建设已完成，二期正在建设中。今后，棠棣村将继续依托优势兰花产业和美丽乡村建设成果，着力打造以花木交易为主导产业、以兰花文化创意体验为新兴产业的特色旅游景区村，以美丽田园带动美丽经济发展，进一步探索产业转型提档的"棠棣经验"。

三、棠棣村的振兴举措

（一）以特色优势产业为依托

棠棣村被称为"千年兰乡"。棠棣村改变了以前靠山吃山单一的生产经营方式，依托传统的种植，逐渐发展以种植、经销及承接大型城市绿化工程相结合的多元化经营，走出了一条以花卉苗木为主、集产供销一条龙服务，极具特色的致富之路。

近年来，棠棣村依托兰花传统优势，培育形成全国知名的花木产业。为打响"花满棠棣"的招牌，棠棣村不断探索"一村一品"的花木专业村发展模式，组建花卉专业合作社，全力推进花木产业集聚。棠棣村人也不断扩展花木销售渠道，村民以种植经营花木生意为主，身影遍布全国花卉市场，将兰花销往全国各地①。近五年，在由镇级承办的兰展期间实现兰花销售三千万元，带动花木产业销售超亿元。如今的棠棣村，每家每户都盖起了洋楼，开上了汽车。

为了推动兰花产业的发展，棠棣村将"三改一拆"和"低小散"等整治工作进行有效结合，把村里的漂染厂改建成绍兴市棠棣乡村振兴实训基地，以棠棣精神为内涵，进行培训、宣讲、参观等活动，同时依靠高校团队招收"智囊团"，为浙江农村在乡村振兴的历程中提供一些可推广、可借鉴、可实行的路径。经过不断地实践探索，棠棣村逐渐走出了一条花木产业培育和美丽乡村建设的有效融合、共同发展之路。

（二）以美丽乡村建设为抓手

花木产业不仅成功把村民带向致富道路，也是建设美丽乡村的载体。按照美丽乡村建设要求，棠棣村深入开展环境综合整治，不断优化生态环境和农村人口居住环境。大力实施绿化、亮化、序化、美化的"四化"工程，注重个性特色，打造"村在绿中、房在树中、人在花中"的美丽乡村景观，村容村貌得到极大改善。此外，棠棣村以农房改造为切入点，全面推进美丽乡村建设。结合当前美丽乡村建设、五水共治等契机，综合建房布局、设施配套、绿化环境、道路市政等，全面引导村庄建设。不仅如此，棠棣村仍不断建设提升村中的公用设施，打造景观节点。村里先后投入500多万元，开展了包括厕所等卫生设施改造、排水系统和垃圾收集系统的完善等一系列工程。

2011年，棠棣村重点打造绍兴市首批美丽乡村"精品村"。累计投入资

---

① 浙江省绍兴市柯桥区漓渚镇棠棣村：棠棣枝头春意闹　千年兰乡花中笑［EB/OL］．（2019 - 01 - 23）．https：//www.360kuai.com/pc/933cf94c1ec387ff8？cota = 4&tj_url = so_rec&sign = 360_57c3bbd1&refer_scene = so_1.

金 800 万余元，并先后委托绍兴越州都市规划设计院、厦门大学对棠棣村进行整体的规划设计。以建设布局合理、经济适用、环境优美、交通便捷、设施配套功能齐全的居住区为目标，进行美丽乡村建设①。整个村庄的规划与棠棣社区的历史文化、自然环境呼应，做到了自然与现代的统一、个性与整体的统一，将花乡特色发挥得淋漓尽致。此外，棠棣村每年都会投入大量资金举办"兰文化节"，以"兰文化节"为平台，推广美丽乡村建设成果。

2017 年，国家提出建设田园综合体，为美丽乡村建设提供了更为高端的项目支撑。棠棣村作为"花香漓渚"国家级田园综合体项目的核心村，将现有的农业资源、产业基础和传统文化积极进行整合，开发千亩花田、兰心民宿等项目，积极探索建设宜业宜居宜游、农文旅融合的美丽新家园。目前，田园综合体的千亩花田项目已完成多种植物播种培育工作，呈现出万花齐放的美景，将美丽宜居的生态环境转化为旅游资源。

（三）以农村产业融合为方向

为了加快农业、农村转型升级，棠棣村通过土地流转，在专业大户、合作社等经营主体间流转承包地，推动农业经营规模化；同时，棠棣村依靠美丽乡村建设的良好基础，引导村民发展二三产业，尤其是农家乐、民宿、观光休闲农业等，以拓宽增收渠道。棠棣村 2017 年村民人均收入达到 75000 元以上，是一个"藏富于民"的典型村庄。

棠棣村作为"花香漓渚"国家级田园综合体项目核心村，以兰花产业和美丽乡村建设成果为基础，致力于打造以花木交易为主导产业、以体验兰花文化为新兴产业的特色旅游村，以美丽田园助推美丽经济发展，进一步探索产业提档转型的棠棣经验。目前，棠棣村借由田园综合体项目来进行土地开发，实施"旱改水"66.67 公顷，先后在此种植了向日葵、彩色水稻、鲁冰花等，成功打造出一片千亩花田，也依托其特色农业景观吸引了大量游客。

棠棣村通过打造旅游精品来推动乡村人文旅游。利用花木特色产业的生态优势与兰文化历史，形成村庄"花满棠棣，春兰之乡"的文化主题，引

---

① 浙江省绍兴市柯桥区漓渚镇棠棣村：棠棣枝头春意闹　千年兰乡花中笑［EB/OL］. (2019 - 01 - 23). https://www.360kuai.com/pc/933cf94c1ec387ff8?cota = 4&tj_url = so_rec&sign = 360_57c3bbd1&refer_scene = so_1.

导村庄产业发展。依靠田园综合体，使文化、生态与农业产业结合，实现高附加值、高收益、可持续发展。

依托景区化完善基础设施，建造与村庄建设、服务设施及人文环境相匹配的精品民宿，融合餐饮、住宿、娱乐等休闲功能，完善了 AAA 级景区的旅游配套设施。能为来此参观的游客提供一个观赏、游玩、品鉴的旅游落脚点，进一步使棠棣村成为一个看得见青山绿水，记得住乡愁的乡村旅游理想目的地。

(四) 以礼仪之乡建设为突破

棠棣村以建设礼仪之乡为目标，其精神文明建设和构建社会主义核心价值体系的具体内容都是以文明礼仪教育为主。通过结合"晒家风家训"、文明家庭与星级庭院创建，开展文明家庭、平安家庭、绿色家庭评选，培育积极向上的家庭文化，不断提升全村文明素质。通过组织文艺演出、好媳妇好公婆等身边的道德模范与好人评选等活动，激发村民的道德情感，提高思想道德水平。通过推行垃圾分类、普及健康养生知识，提高村民的生活品质和幸福感。

2015 年棠棣村建成文化礼堂（见图 7 - 19）、兰文化特色馆等多种功能场所，并定期开展民俗活动和文艺活动，极大地丰富了村民的日常生活，设立村级乡贤参事会，将先进人物凝聚在一起，发挥引领宣传的作用，还积极投身于村级治理，捐赠乡贤基金用于公益事业。将村民的家风家训集中进行展示，建立尚德励志学子榜，不断传递社会正能量，引导村民崇德向善①。

(五) 以实现三治融合为核心

棠棣村认真贯彻落实中共十九大精神，坚持发展新时代"枫桥经验"，创新基层社会治理，努力发挥好村民自治作用、法治保障作用、德治引领作用，积极建设"三治融合"示范村。着力建立和完善通畅的民意表达机制，给予村民充分参与村务的机会，促进干群关系和谐。

---

① 浙江省绍兴市柯桥区漓渚镇棠棣村：棠棣枝头春意闹　千年兰乡花中笑［EB/OL］．（2019 - 01 - 23）．https：//www.360kuai.com/pc/933cf94c1ec387ff8？cota = 4&tj _ url = so _ rec&sign = 360 _ 57c3bbd1&refer_scene = so_1.

图 7 - 19　棠棣村文化礼堂

图片来源：由村委会提供。

棠棣村建立了一套涵盖村务管理、党员管理、村民管理等方面的村治制度，形成了依法治村的制度体系。其中村务管理包括决策程序、议事规则、村务公开、公共事务管理、干部考核等内容；同时制定多部守则，例如《村规民约》《家风家训》等；组建民情调解团，通过发挥村党支部组织的作用，对村民矛盾进行公正及时处理，在时刻维护村民利益的同时，也促进了村庄的平安与和谐。

（六）以科技创新为支撑

柯桥区政府与杭州电子科技大学达成协同建设田园综合体协议，依托田园综合体在产业、资源、政策上与杭电在学科、人才、科技成果等方面的综合优势，打造以智慧农业为核心的新型创新服务平台。2018 年，由杭州电子科技大学教授陈凯牵头的项目团队入驻，建设一个占地 2.33 公顷的智能化农业装备示范基地。示范基地将种植高端花卉、苗木品种，带动当地花木产业从靠天吃饭转向靠技术吃饭。在棠棣村最高处有 3 座大棚温室，这是智慧农业项目。棠棣村打算以此为根基发展精品蔬果产业，如今，这里已经种植了高端小番茄。此外，位于棠棣村口的玻璃花房是省内一流的兰花种植、培育基地——兰谷苑。玻璃房内，整齐排列着多层花架，展示着"文圆""素心"等上万盆不同品种的兰花。最名贵的"端梅"，每株价格高达 12 万元。

随着电子商务和移动互联技术的发展，棠棣人也不断探索传统兰花种植产业的新出路和新变革。村民利用互联网平台不断开拓网上市场，通过微信微博等平台进行信息宣传和内容更新，让兰花的品牌和知识进入寻常百姓家，开拓网上市场。此外还不断开发、引进、培育新品种，提高中国"春兰样品园"和"越兰"牌系列兰花知名度，形成品牌效应。

四、实施乡村振兴带来的效应

（一）促进农民增收

在农村产业融合的推动下，出现许多新产业和新业态，市场规模不断扩大，农村的就业机会逐渐增多，为当地农民提供更多就业岗位，农民在从事农业生产的同时，就业领域涉及农产品加工、销售、服务、农村旅游，在增加农民收入和脱贫致富等方面意义重大。各类农产品加工、销售、流通和服务企业在农村产业融合发展中，发挥自身管理、技术、销售和物流等优势，提高了农民的增收与效益。智慧农业、体验旅游等产业的发展，使农村产业的价值得到提升，增进了农民福祉。

棠棣村依托当地的兰花优势产业，打造以兰花文化为体验核心的特色旅游景区村，并借助"花香漓渚"田园综合体项目，引导村民将文化、生态与农业相融合，不仅提高村民的年收入，还使棠棣村被评为"省级兴林富民示范村"。产业融合相较于传统农业单一发展模式，有效地增加了当地村民的创收。

（二）促进农村产业融合创新

农村产业融合创新过程能够实现产品、技术、流程等多方面的创新，比如深加工农产品、休闲农业、智慧农业等的出现，是更高形态的现代农业，具有更高价值形态和更高附加值，成为新的经济增长点，进而推动农村经济增长。农村产业"新业态""新模式"相融合，农业与电商平台融合下的互联网＋农业电商模式；农业与物联网、大数据等信息技术融合下的智慧农业；农业与休闲旅游融合下的体验农业等新业态。

棠棣村与专业团队合作，逐步地将当地的花木产业转为技术型产业，不断引进并培育新品种，大力支持与发展智慧农业的相关项目。同时，村民们积极地利用电商、互联网等平台，拓展多种营销渠道，大力开发线上线下两个市场。

（三） 优化农村产业结构

农村产业融合的产业结构效应表现为三个方面：第一，横向拓宽了现代农业产业体系。产业融合促进各产业间技术渗透，并进行产品创新和产业创新，开发农业多种功能，增加农产品种类，提升农产品质量，催生新型产业出现，拓宽了农业的产业幅度，逐步形成包含生态农业、特色农业、休闲农业、旅游农业、智慧农业等的多元化产业体系。第二，纵向深化了现代农业产业体系。各产业突破边界实现产业链向前或向后延伸，提升农业价值链功能，纵向农业生产体系①。第三，产业间协同化发展。产业间的技术渗透和交叉融合，使农业形成了更高效率和更高技术的资源配置方式和管理模式，农业产业结构不断向规模化、高效率、高附加值方向推进，促成了农业产业结构的优化升级。

棠棣村通过产业融合主要实现了农业产业体系的横向拓展，依靠长期以来形成的特色产业优势，积极引导村民将一产与二三产业进行深度融合，实现农文康旅有效融合，棠棣村开展千亩花田、兰心民宿等项目，积极探索建设宜业宜居宜游的美丽新家园。棠棣村不断发展新业态、新技术、新商业模式，已经走上了从卖农产品到卖风景的发展新路，实现了高附加值、可持续发展。

---

① 靳晓婷，惠宁. 乡村振兴视角下的农村产业融合动因及效应研究 [J]. 行政管理改革，2019（7）：68－74.

（四）改善生态环境

乡村振兴战略要求农村环境生态宜居，大力推动生态农业和现代农业的发展。建设生态宜居的美丽乡村，一方面，要以生态环境友好和资源利用最大化利用为导向，推动农业绿色生产方式的形成，实现生产清洁化、产业模式生态化，推进农业绿色发展；另一方面，把农村垃圾、污水治理和村容村貌提升为主要方向，不断改善农村居住环境。同时，还要加强乡村生态修复与保护，促进乡村生产生活环境稳步改善，生态产品供给能力进一步增强。

棠棣村在谋求乡村发展振兴之路时，以美丽乡村建设为抓手，主抓"净化、绿化、美化"。一边整治村中的环境卫生，聘请专人负责村中路面保洁，一边在房前屋后空地栽植绿色植被和四季鲜花，为小村增绿添彩。同时，棠棣村还注重基础设施的改善，不断建设提升村中的公用设施，对厕所等卫生设施、排水系统和垃圾收集系统等一系列工程进行改造与完善。

第七节 丽水市青田县龙现村产业振兴

——小田鱼大产业，稻鱼共生助力乡村振兴

一、龙现村概况

龙现村，位于青田县城西南部方山乡境内，距县城 20 公里，背依奇云山，与温州的瑞安市和瓯海区交界，是一个"真龙曾显现，田鱼当家禽，有家有华侨，耕牛不用绳，四季无蚊子"的神奇之地。这里以吴姓为大宗，全村 264 户 1500 多人，其中有 800 多人侨居世界 20 多个国家和地区，该村有着世界遗产的品牌优势、联合国村的美称、特色鲜明的民俗文化、世外桃源的生态环境，是一个民主文明的和谐家园①。

龙现村历史文化底蕴深厚，田鱼文化、华侨文化、民俗文化、生态文明等特色文化独具一格。该村保持近千年不变的稻鱼共生系统原生态的种养模式，被列为全亚洲唯一一个农业文化遗产实施地，龙现村因此享有"中国田鱼村"美誉。这里也是华侨村，全村有一半以上的村民侨居世界50多个国家和地区，是国内第一个设置有外币实时兑换服务点的村庄，被称为"联合国村"。龙现村还有众多景点文物与国家非物质文化遗产，资源丰富。

1999年，龙现村被农业部授予"中国田鱼村"称号；2005年，该村的稻田养鱼被联合国粮农组织批准为"全球重要农业文化遗产保护项目"；2019年，该村被评为浙江省美丽乡村特色精品村；2021年，龙现村被认定为第二批全国乡村治理示范村。龙现村风貌见图7-20。

图7-20　龙现村风貌

图片来源：由村委会提供。

---

① 资料来源：小田鱼大产业，看"稻鱼共生"如何助力"联合国村"乡村振兴［EB/OL］. https：//baijiahao. baidu. com/s?id = 1700275675769852274&wfr = spider&for = pc.

二、产业发展概况及现状

浙江青田县稻鱼共生系统已有1200多年的历史。最早起源于当地农民利用溪水灌溉，溪水中的鱼在稻田中自然生长，经过长期演化，形成了天然的稻鱼共生系统。目前，青田县稻鱼共生系统不仅是一项农业传统技术，更是一种独特的文化。

龙现村的田鱼文化、华侨文化、民俗文化、生态文化等特色文化独具一格。

（一）稻鱼共生

龙现村土地面积445.87公顷，其中有山林283.07公顷、梯山田33.33公顷、水塘140多个，山清水秀，具有得天独厚的稻田养鱼优势。稻田养鱼是大农业生产系统下的一种交叉养殖形式，利用稻田饲养鱼种，为鱼类进食和生长提供空间和场所，同时鱼类又能为稻田除草、除虫、提供有机粪肥，节约稻田种植成本，使水稻、鱼类成为双向互利产品。该系统则被称为"稻鱼共生"系统。稻田养鱼系统中的水稻为有机稻、鱼类为有机田鱼，龙现村的村民保持了这种传统的生产方式。

龙现村不仅在稻田中进行田鱼放养，由于山涧溪水能够引至百姓家前屋后，由此形成的坑塘就成为养殖田鱼的场所了。由于坑塘形状各异，大部分都是依据地形而建。水流长年不断，水质优良，氧气含量充足，温度适宜，因此即使在气温较高的夏季，田间水位低但温度仍然适合田鱼生活，加上水稻能够给田鱼提供充足的遮阴空间。上面再用水泥板覆盖，使路面平整，进而不会影响到交通和行人通行。当地村民会在门前开挖一条水槽，槽内放养田鱼，两端用栅栏围住，适当地覆盖渔网，以免田鱼逃脱。田鱼以稻田的天然饲料为主，摄食田间杂草，底栖生物，水稻敌害，反之，田鱼的排泄物又成为水稻田的有机肥料。这种方式如同鸡舍、鸭舍，所以龙现村的田鱼养殖系统有三种形式：稻田、坑塘和笼式[①]。独特的养殖方式也成为游客的观赏项目之一。

---

① 闵宽洪，郁桐炳. 浙江青田"稻鱼共生"系统发展的新模式——从传统田鱼生产到现代渔业文化产业［J］. 中国渔业经济，2009，27（1）：25－28.

"稻鱼米和田鱼"是与田鱼文化直接相关的载体。田鱼作为鲤鱼的一个特殊品种，身上有红、黑、灰多种颜色，极具观赏性。田鱼的另一特点是食用起来非常可口，没有鱼腥味，鳞片柔软并且可以食用，长久以来，当地人宰杀田鱼时仅仅去除内脏，而不刮掉鳞片。该鱼除了能新鲜食用外，当地还有与其相关的加工产品，例如田鱼干深加工、活鱼真空包装等，此外，田鱼通过当地侨胞运往国外多个国家。龙现村在女儿出嫁时，有用田鱼鱼种做嫁妆的习俗。

"稻鱼米"作为传统稻田养鱼农耕生产方式的产物，有着米粒纤细密实、色泽洁白等特点，煮熟的米饭色泽光润洁白且清香留齿。这种生产方式的学名为"传统稻鱼共生农业系统"，一直以来被联合国粮农组织、联合国发展计划署和全球环境基金等国际组织推崇。

"稻鱼共生系统"特点在于"稻田养鱼鱼养稻，稻谷增收鱼丰收"（见图7-21）。水稻和杂草是该系统的生产者，鱼类、昆虫和其他水生物共同构成该系统的消费者和分解者。水稻为鱼类提供阴凉和有机饲料，鱼则起到松土增肥、提供氧气，吞食害虫等作用，进而有助于实现生态农业循环，保证农田生态平衡。

图 7 - 21　龙现村稻田养鱼

图片来源：由村委会提供。

（二）华侨文化

田鱼带着龙现村游向世界，在龙现村现有的 1500 多人口中，国外华侨 800 多人，遍及世界 50 多个国家地区，是一个"有水就有鱼，有家有华侨"的联合国村，全村基本上家家户户都有华侨。近几年，为了方便管理，村民房子的外墙上一般都设置有"华侨之家"铭牌，包括"姓名、侨居国家、出国时间、从事行业"等基础信息。作为青田华侨先驱之一，吴乾奎是最早把青田石雕销往欧洲的青田人，清光绪三十一年，青田石雕在比利时和意大利行业赛会上分别斩获银牌和上等奖，这是青田石雕第一次获得国际大奖。在吴乾奎等华侨先驱带动引领下，走出国门的青田人与日俱增，该村也形成一种去海外打拼的浪潮，龙现也因此成为"家家有华侨"的华侨村。

（三）民俗文化

龙现村形成了特定的与田鱼相关的民俗文化（见图 7 – 22）。我国自古就流传着"鲤鱼跃龙门"的吉言，人们由此围绕田鱼开展了各种民俗活动。当地人开展鱼灯节，编制鱼灯舞，表演人手持鱼灯笼，脚跳鱼灯舞，以跑、跳、跃的步伐前进，模仿鱼的游动，同时还有鼓、锣等乐队伴奏，演出了活、泛、高、快的风格。民俗文化的发展反映了当地人民生活的经济实力、文化底蕴、财富积累及人民生活的富足和安康①。产业发展的同时，传统的鱼灯文化也得到了复苏。龙现鱼灯曾在国庆 50 周年进京献演中震惊全场，引起一众好评，一时间被誉为"天下第一鱼"。龙现鱼灯不仅"游"进了北京，"游"到了上海，甚至"游"出了国门，在奥运会、世博会等国际性舞台也能看到龙现鱼灯的身影，展示了龙现的田鱼文化、华侨文化和农耕民俗文化。

---

① 闵宽洪，郁桐炳. 浙江青田"稻鱼共生"系统发展的新模式——从传统田鱼生产到现代渔业文化产业［J］. 中国渔业经济，2009，27（1）：25 – 28.

图 7 - 22　龙现村民俗文化

图片来源：由村委会提供。

（四）生态文化

龙现村自然景观众多，有奇云山湿地、稻鱼梯田、龙现十八潭、水渠十三闸、传统石垒民居等。"龙现十八潭"四周群山环绕，空气清新。村舍门前呈现的是层层梯田和青翠的稻苗，青山、绿茵、农舍，闻其潺潺流水，仿佛身临"桃花源"仙境。龙现村的稻田面积基本都可以用来养殖田鱼，其中部分稻田被认定为无公害养殖基地和绿色养殖基地。这些都得益于龙现村的碧水青山的生态环境①。村内除了农舍、古屋、休闲设施外，再无其他工业建筑，更没有其他废水、废气排放。

三、龙现村的振兴之举

龙现村主要以其独具特色的稻鱼文化为依托，打造绿色的生态循环体系，以"小田鱼"为核心，带动农产品加工、文化保护以及生态旅游产业

---

① 闵宽洪，郁桐炳．浙江青田"稻鱼共生"系统发展的新模式——从传统田鱼生产到现代渔业文化产业［J］．中国渔业经济，2009，27（1）：25-28．

发展，走出一条富有侨乡特色的乡村振兴之路。

（一）突出特色，规划先行

根据"全球重要农业文化遗产原产地"保护的要求，龙现村科学规划新农村建设，即依托资源优势，突出田鱼特色，打造华侨风情区、田鱼文化区和居民休闲区，将各种特色文化融入各区块建设之中，使本村特色风貌得到更好的呈现。同时，在规划建设中注重保留龙现村的乡村历史文脉，传承特色文化；坚持保护传统文明与整治环境并举，坚持人与自然的和谐统一[①]。

（二）田鱼共生，延伸产业

龙现村组建青田首家田鱼合作社，并依靠"村集体＋合作社＋农户"的模式，通过土地流转建设育苗基地和养育基地，严格按照青田县稻田养鱼的地方标准，全面推行绿色农产品生产技术，走规模化、品牌化发展道路。还将龙现田鱼注册了"山鹤"牌商标，稻米注册了"丽水山耕"的商标，在 2002 年获绿色农产品称号，深受市场欢迎。乡贤中的华侨还将农产品卖到了世界各地，扩大了品牌知名度。为了拉长田鱼的产业化链条，村子建成5 个老品种试种基地，在鲜活鱼真空包装、田鱼干深加工等方面进一步创新，把稻田养鱼的观赏度、参与度也进行了提高。

（三）加强整治，美化环境

按照"天蓝、山青、水绿"的总要求，把村主干道房前屋后 350 多平方米的空闲地进行了规划；依地势和现有的花草树木建成了 10 多个小型绿化地；完成了 10 多个闲置鱼塘的清埋整治工作；改善了村口田鱼广场的建设，拆除治理村主干道两侧闲置灰塘和违章建筑；开展了以"改善村容村貌，优化居住环境"为主题的创建活动，完成了村自来水工程二期改造扩建；95％ 以上的村民用上了自来水；完成了 3000 米村内道路硬化；建造了3 座环保型公厕；设置了 40 多只专用垃圾箱，将垃圾袋装入箱和集中填埋

---

① 青农 . 龙现村：青山绿水间　田鱼大产业［J］. 新农村，2014（5）：15.

处理；在村内主要道路和公共场所安装了 50 多盏路灯，并进一步优化了村居环境和旅游硬件。现在村内道路整洁有序，村民文化活动中心、公厕、路灯、卫生设施设备应有尽有，人居环境不断改善，实现了整个村庄的硬化、亮化、绿化、美化。

（四）传承文化，培育文明

为开展文化工作，龙现村投入 20 多万元资金，建成以田鱼文化广场为中心的田鱼文化宣传栏，集中展示龙现村 1200 多年的田鱼文化；由退休教师、退休干部和文化站干部组成的专门的工作小组，来进行民间传说收集编写和华侨历史、龙现村发展史等材料收集，并由村民俗文化展览室来展示相关资料；对图书室、阅览室、电脑室等设施进行完善，通过电影进村、文化宣传表演等形式，进行新农村建设的动员；组建鱼灯队，积极排练和外出演出，宣传弘扬田鱼文化；举办归国华侨西方先进理念讲座，开展"送知识到户"和"百户家庭学礼仪"等活动，打造淳朴文明的村风；将古建筑文化、民俗文化和自然景观进行有效整合，以省级文物保护单位延陵旧家为主体，开设二三十年代生产生活用具展厅、方山华侨历史文化展厅、方山田鱼、民俗特色文化展厅等。

（五）绿色田园，休闲胜地

龙现村借助田鱼品牌的知名度，大力发展生态休闲农业旅游，全方位打造"绿色田园、休闲胜地"。首先，对村子进行保护型开发，投入 30 万余元进行了田间游步道及观景台的建设，修整并新建水渠 2500 多米；进一步提高了稻田养鱼的参与度、观赏度，把"世界农业文化遗产"保护和旅游发展结合起来。其次，打造融赏鱼、钓鱼、吃农家菜、住农家房于一体的野味农家乐。目前，已有十几户人家带头发展个性化"农家乐"，备受周边地区游客的青睐，年接待量达 3 万人以上。此外，在现有旅游资源的基础上，龙现村成立了"渔家乐"合作社，采取餐饮、住宿、养鱼、旅游活动项目等联户分工经营，形成"渔家乐"产业链。龙现村依托特色"稻鱼共生"和农业文化，精心设计并推出了一系列特色旅游项目，如舞鱼灯、插秧、喂鱼、包饺子、磨豆腐、捕鱼比赛等活动。

（六）研学圣地，国际农遗

借助全球农业文化遗产这一名号，龙现村打造出全市首个国际农遗研学基地。在稻鱼共生核心保护区，打造出割稻、打稻、抓鱼、插秧等农事体验活动区；建设农耕系列、华侨系列展览馆，为游客提供教育科普服务；设计了融丛林探宝、穿越障碍、团队协作于一体的野外素质拓展训练基地；建造了奇云山研学书院、农耕书屋与侨之书屋；在基础设施建设方面，打造了农遗文化主题酒店、民宿等为游客提供配套服务。通过打造四大功能区，建设一个融吃、住、游、学、玩于一体的多功能、综合性研学实训基地。

四、稻田养鱼所带来的效应

（一）经济效应突出

由于国内外经济形势的变化和我国消费需求的转型，稻田养鱼不仅能让农业增产，还能让农民增收。自从被评为"全球重要农业文化遗产保护项目"之后，青田县为充分发挥农业文化遗产的优势，在当地政府的积极宣传下，稻田养鱼的品牌效应得到大幅提升，水稻和田鱼的价格也得到了显著提高。另外，田鱼干加工也是当地农民的一个重要收入来源，龙现村田鱼干的价格每年都在逐步上涨，但产品仍然供不应求。科技的不断进步也使得传统的农耕文化中融入现代化生产的元素，通过对现代养鱼技术的推广，稻田养鱼的产量也得到大幅度的提升。除了农业增收得到提升，当地政府还充分利用中国田鱼村、美丽乡村的称号，鼓励当地村民发展旅游休闲业，以拓宽农民收入来源渠道，提高农民的经济收入。

（二）生态效益显著

稻田养鱼可以防止农业面源污染。农业面源污染主要来自废旧农膜残留、畜禽养殖业污染和垃圾污染。稻田养鱼将农业生产各环节的代谢废物加以充分利用，不会造成化肥、农药污染，能有效防止农村面源污染。在稻田养鱼农耕方式中，鱼在四处觅食的过程中，将稻田中的杂草作为饵料食用，能经常性和彻底性地除掉田中杂草，减少甚至不用除草剂①。稻田养鱼还具有控制害虫的作用，实行稻田养鱼，使得很多害虫，尤其是其幼虫必须在水中才能存活的害虫难以滋生。

稻田养鱼让水土资源得到有效利用。稻田养鱼具有生物保肥、增肥和提高肥效的作用，水土资源得到有效利用的同时，人地紧张关系也得到缓和。同时，稻田养鱼能增进水稻吸收养分。由于水稻的高温气候种植条件，水温的高低会直接影响水稻根部吸收养分的能力。养鱼的稻田由于鱼的觅食活动使得田水变混浑，透入水中的太阳辐射，被混水中的悬浮微粒吸收，光能转化为热能并传给周围水体，使水温升高。另外，鱼在稻田水层流动，使水面经常波动，透入的太阳有效辐射增多，也使得水温增高，促进水稻吸收养分②。除此之外，稻田养鱼还具有保护生物多样性等作用。

（三）社会效益明显

稻田养鱼有利于保护传统农耕文化。青田鱼灯作为一种独特的民间艺术表演，反映出了田鱼与民间艺术的有效结合；田鱼也成为当地饮食文化重要的一部分，龙现村直到现在，在女儿出嫁时，仍然有用田鱼（鱼种）做嫁妆的习俗③。稻田养鱼的传统在世世代代的相传中，形成了独特的农业文明，在风俗习惯、宗教礼仪等许多方面都体现着"稻鱼共存"的特色农业文化。为了减少现代社会给传统农耕文化带来的冲击，当地村民运用现代农业科技发展稻田养鱼，农民从中获益，使得农民的生产生活与稻鱼系统紧密相连，进而有利于对传统农耕文化的保护。

稻田养鱼有利于公序良俗的建立。稻田养鱼存在的关键条件是良好的民风，如果在收获之前鱼就被他人偷走，那这种传统是难以持续下去的。龙现村至今仍遵循着一种古老的分配水的规矩，村庄依山势而建，水由山上依势流下，村民将这些水公平地分到每户人家的田里，水质差一些的就排到沟里或塘里，不会出现有些田块分不到水的情况④。这种公序良俗的建立，既是

---

①② 王雨林. 稻田养鱼发展的现实意义分析 [J]. 安徽农业科学，2009，37（27）：13256 - 13258.

③④ 朱洪启. 地方性知识的变迁与保护——以浙江青田龙现村传统稻田养鱼体系的保护为例 [J]. 广西民族大学学报：哲学社会科学版，2007（4）：22 - 27.

出于对资源的合理利用和对财产的保护，同时也是由于农村地区具有地缘、血缘相结合的特点。所以，这种能经受住时间考验的公序良俗，具有一定的稳定性。实施稻田养鱼，不仅有利于良好公序良俗的建立，而且与建设和谐社会的目标一致。

五、龙现村稻田养鱼可持续发展路径

（一）发展稻鱼生态农业和生态村建设

在讨论如何保护稻鱼共生农业系统的方案时，专家们普遍认为应从当地生态环境条件入手，从整体上规划稻鱼共生系统的传统种养保护区、稻鱼共生实验区、稻鱼苗种繁育区等。在留存稻鱼传统模式、保护生态环境、传承农业文化的基础上进一步发展，始终以把龙现村建设成为以生态村为载体的社会主义新农村为目标[①]。在具体规划时，应重点突出特色优势，依靠现存资源，打造田鱼文化区、华侨风俗区、休闲旅游区，将传统农业文化融入各功能区的建设中，呈现独具特色的农村文化。

（二）加大农业文化遗产宣传教育力度

相较于世界自然遗产、文化遗产，农业文化遗产仍然处于起步的阶段，因此，不仅要进行基础研究，宣传教育也是必不可少。国家不仅要对整个社会加强关于农业文化遗产的宣传，还要对农业文化遗产地的农民进行宣传教育。通过开展教育培训宣传、建立科研示范基地等方式，使当地人民明白这种世代流传下来的耕作方式是极具遗产价值的，让其充分认识农业文化遗产的内涵，从而对自己耕种的土地和生产方式产生一种强烈的自豪感，并自觉承担起保护的责任[②]。同时，也会吸引更多的科研人员前来考察，在保护农业文化遗产的同时也能扩大宣传效果。

---

　　① 方丽，章家恩，蒋艳萍. 全球重要农业文化遗产——青田县稻鱼共生系统保护与可持续发展之思考 ［J］. 中国农学通报，2007（2）：389－392.
　　② 刘伟玮，闵庆文，白艳莹，等. 农业文化遗产认定对农村发展的影响及对策研究——以浙江省青田县龙现村为例 ［J］. 世界农业，2014（6）：89－93，228.

（三） 建立稻鱼品种自然保护区

农业文化遗产其中一个重要特征是具有活态性。首先，农业文化遗产要保护稻田养鱼的传统农业生产方式，进而留住农业文化遗产的根基。其次，应在龙现村挑选一些适宜地点，建立多个稻鱼品种自然保护区，对一些优质品种要加强保护。最后，对于全村植被和景观生态的保护力度要加强。

（四） 加大科学研究与技术创新力度

在龙现村划分出稻鱼共生系统实验区，进而吸引国内外专家及学者前来开展一些科研工作；对于高产量模式实验区进行农业技术创新，在对传统农业生产模式进行保护和传承的同时大力开发高效的稻鱼生产系统，从而更好地服务于现代农业生产。

（五） 建立多方参与的管理机制

与自然遗产不同，农业文化遗产的保护过程是动态的、可持续的，需要大众的参与和配合。首先，作为农业文化遗产保护的主体和受益群体，必须充分调动农民的参与积极性。其次，成立龙现村"稻鱼共生系统"保护协会或技术协会，以当地村民为主体，由村民自愿组成，同时呼吁政府、企业家、科研人员积极参与，负责全村稻鱼共生系统的保护、监督、管理、咨询、宣传与技术培训，以及农产品市场营销；最后，积极探索各种经营管理模式，如"公司＋农户"、产学研一体化模式等，建立由农民、政府、企业、高校、科研院所等组成的多方参与机制[①]。

（六） 给予政策和多方的资金支持

一方面，由于农业文化遗产的动态保护和可持续发展都离不开政府的支持，因此，政府应当根据实际情况，出台相关的优惠政策，促进遗产保护地的持续性发展；另一方面，世界文化遗产保护是一项公益性事业，对于农业

---

① 方丽，章家恩，蒋艳萍. 全球重要农业文化遗产——青田县稻鱼共生系统保护与可持续发展之思考［J］. 中国农学通报，2007（2）：389－392.

文化遗产的保护需要社会多方共同参与。除此之外，还要拓宽资金渠道，加大政府的资金补偿力度，充分发挥当地华侨资源优势，广泛吸纳社会和民间资本，进而建立多方资金投入机制。

第八节　杭州市萧山区三围村产业振兴

—— "小菜棚" 种出 "大产业"，打造品牌蔬菜基地

一、三围村简介

三围村位于浙江省杭州市萧山区益农镇，地处萧山最东部，因处于钱塘江第三区围垦区域而得名 "三围村"，是萧山区种植大棚蔬菜规模最大、最有名的村庄之一（见图 7 - 23）。因地处萧山平原，与绍兴毗邻，三围村地理位置优越，村内地势平坦、土地成方，交通十分便捷。现有耕地 147.67 公顷，人口 1635 人，是远近闻名的 "大棚蔬菜特色村"，以芹菜、南瓜、葫芦、大蒜等作物闻名，农户年均收入超过 14 万元。全村蔬菜种植面积达 533 多公顷，其中大棚蔬菜面积已超过 66.67 公顷，销量一万多吨，蔬菜产值达一千多万元，占村农业产值的 90% 以上。近年来，三围村以 113.33 公顷省级无公害设施蔬菜示范基地为依托，通过深入实施 "一村一品" 工程，打造 "农垦" 品牌蔬菜这一金名片，成为杭州地区最大的设施蔬菜基地，走出了一条富有特色的乡村振兴之路[1]，成为农业强、农民富的典范。先后获得了 "全国一村一品蔬菜示范村"、全国示范性专业合作社、省级的重点种培中心村、萧山区 "十佳" 蔬菜基地等光荣称号，于 2020 年成功入选全国乡村特色产业亿元村榜单。

---

① 高婷婷. 萧山三围村："小芹菜" 种出 "大产业"［N/OL］.（2020 - 12 - 21）. 杭州日报，https：//www.hzzx.gov.cn/cshz/content/2020 - 12/21/content_7877886.htm.

图 7 - 23   三围村全貌

图片来源：由村委会提供。

二、三围村产业发展概况

由于钱塘江江道变迁以及历代萧山人勤勤恳恳地筑堤圈围、围涂造田，形成了现在大片的钱塘沃土，围垦的滩涂地土壤含盐量普遍较高，但这种独特的沙地土壤非常适宜种植蔬菜和瓜果。然而，2001 年以前三围村曾是群众口中的"倒挂村"，村里土地都是无人要种的盐碱抛荒地。

2001 年，当时的村党总支书记许天罡在与当地老农儿经分析后，发现了三围村的砂壤土的优势，于是开始带领村民们发展特色大棚蔬菜产业。2002 年，政府有关部门组织又成立了一个农业考察团，益农镇选派出了三围村作为考察代表，前往温州温岭参观学习当地的西瓜产业。同年，村委发动村民种植大棚蔬菜。2003 年获得了浙江省无公害蔬菜基地、省级绿色农产品和国家级无公害农产品认证等荣誉。2004 年成立了三围村蔬菜产业协会，并申请注册了"农垦"。2005 年，书记许天罡成立杭州农垦蔬菜专业合作社（省级示范性农民专业合作社）。2008 年，为了满足迅猛发展的蔬菜产业需要，村里新建了 5000 平方米物流集散场地及 1000 立方米冷库的农产品物流配送服务中心等配套设施，拓宽了蔬菜销售渠道①。两年后，三围村被萧山区选为首批中心村培育村和特色村的创建对象。2016 年该村沙地绿色纯品瓜果蔬菜实验场还被推举为 G20 峰会食材（芹菜）供应商，通过 10 多年的发展，这些小小的"蔬菜大棚"让三围村摇身一变，成了首批"全国一村一品示范村"。截至 2020 年，全村农业总产值突破 1.365 亿元，农民人均收入达到 53280 元②。

三、三围村产业振兴的实践和举措

（一）因地制宜，培育特色产业

2001 年土地调整结束后，廉价的稻谷价格挫伤了三围村村民种地的热情，面对大片的土地抛荒，当时的村书记许天罡迎难而上，在与当地老农几经分析后，发现三围村地理位置优越，同时，村内无污染产业，成片的砂壤土又非常适宜种植蔬菜和瓜果。为此，他马上从当时大棚蔬菜搞得如火如荼的绍兴请来了一批大棚蔬菜种植户，借鉴其经验，开始了三围村大棚蔬菜特色产业发展，带领家家户户种上了"摇钱菜"。在确认了合适的发展道路后，三围村将自身沙地的"资源优势"转变为"经济优势"，大力发展沙地土壤适合种植的蔬果作物，大棚蔬菜效益持续走高。经济效益随之带来了规模效应和成本优势，三围村通过统一农资采购、统一销售、统一技术服务这种"三统一"的模式，节省人工费缩小了成本的同时，大大提高了工作效率，此外，还节约了菜农因"单打独斗"支出的额外费用，规避了市场风险。

三围村以芹菜为特色主导产业，拥有 533.33 公顷无公害设施蔬菜基地，种有长瓜、南瓜、玉米、辣椒、茄子、黄瓜等 10 余种时令蔬菜，产品种类多样，发展空间和规模有保障，利于三围村的可持续发展（见图 7-24）。2020 年，全村农业总产值突破 1.37 亿元，农民人均收入达 5.3 万元，蔬菜交易市场年交易量超过 24000 吨，年销售额达到 1.12 亿元，农产品远销江

① 佚名.带领三围村书写特色发展之路新篇章［EB/OL］.https：//baijiahao.baidu.com/s?id=1701407016806793450&wfr=spider&for=pc.

② 高婷婷.萧山三围村："小芹菜"种出"大产业"［N/OL］.（2020-12-21）.杭州日报，https：//www.hzzx.gov.cn/cshz/content/2020-12/21/content_7877886.htm.

西、江苏、福建、广东、香港等地区，村民们足不出户便可以让自家蔬菜"走出全国"，其蔬菜产品销售前景十分广阔①。

图7-24 三围村大棚蔬菜种植

图片来源：由村委会提供。

（二）丰富特色农业专业化配套设施

除了自身拥有高品质的蔬菜产品，三围村的农垦蔬菜专业合作社交易中心及农产品物流配送服务中心长期以来同样发挥着重要作用。2008年，为了满足迅猛发展的蔬菜产业需要，该村新建5000平方米物流集散场地及1000立方米冷库的农产品物流配送服务中心，吸引了福建、广州等各地客商前来洽谈购销。蔬菜交易市场年交易量达10万吨，同时为村民提供"种植、储藏、运输、销售"的一条龙服务，"育苗、培训、农机、农药"的专业化配套，带动效益已辐射到周边群围、兴裕、东沙等村的六百多公顷蔬菜

① 童志辉，来静怡．三围村荣登全国乡村特色产业亿元村榜单［EB/OL］．（2020-11-17）．http://www.xiaoshan.gov.cn/art/2020/11/17/art_1302903_59020804.html.

基地，带动农户 2000 余户①。蔬菜从卸货、清洗、沥水、加冰打包，到卡车装货，实现智能化、"一条龙"的服务，吸引了各地客商前来洽谈购销，同时，交易中心还能在大数据测算加持下，占据芹菜市场销售定价主动权。村内每天的芹菜交易量在 7 万公斤左右，收购价总体趋势呈上升态势，所生产的蔬菜能够源源不断运往省内外市场销售。

如今，随着村民综合培训楼、浙江农林大学教学实践基地、冷链运输物流体系、育种示范基地、休闲农庄等产业关联项目的先后建成，大大提高了土地产出率、资源利用率及劳动生产率，在提供保障的同时有效实现了村民们持续增收，三围村蔬菜产业开始了转型升级的"蝶变"。

（三）协同蔬菜合作社，塑造强势品牌

2001 年三围村注册了"农垦"牌商标，并着手制定主要蔬菜品种的生产标准，规范生产程序，朝着标准化生产和品牌农业、效益农业之路大步前进，进一步提高生产经营的组织化程度，提高产品品质，增强市场竞争力，增加农民收入。2005 年 9 月，三围村开始组建"杭州农垦蔬菜合作社"，实行"统一销售、统一采购、统一培训、统一品牌、统一质量标准"的"五统一"模式，不仅有效解决了村民卖菜难和低价恶性竞争问题，还辐射到周边群围、兴裕、东沙等村的六百多公顷蔬菜基地。目前已形成复种面积达533.33 公顷的无公害设施蔬菜基地，因为全村 80% 以上的土地建有设施蔬菜，80% 以上的村民从事蔬菜产业，农户 80% 以上的收入来自蔬菜，规模化种植让这里成了省内外闻名的"菜篮子"基地，"农垦"品牌蔬菜也成为三围村的一张金名片。

（四）充分利用科学技术，加大村民素质培训

"富了口袋、富脑袋"，在大力发展产业的同时，三围村十分重视村民科学文化素质提升工作。作为农业大村，三围村常年举办农业类培训，年平均授课量 64 个课时，主要聘请各级农科院的老师们为村民传授农业各种知

---

① 童志辉，来静怡. 三围村荣登全国乡村特色产业亿元村榜单［EB/OL］.（2020 - 11 - 17）. 萧山政府网，http：//www.xiaoshan.gov.cn/art/2020/11/17/art_1302903_59020804.html.

识，有时会下到农田，与村民深切交流耕种中的经验，了解农作物病虫害情况，"对症下药"，解决种植困扰①。

在镇党委政府的正确领导和有关部门的大力支持下，协同杭州农垦蔬菜专业合作社（村民自发组织的蔬菜合作社，浙江省示范性专业合作社），加强基础设施建设，加大村民素质培训力度，普及科学知识，弘扬科学精神，较好地推动了三围村科普工作的开展。依托蔬菜合作社，邀请省区市知名专家经常性为菜农进行技术培训和技术服务，通过"大户示范 + 全面推广"的模式，组织标准化生产，制定农产品管理制度和农药安全使用制度，组织农户严格按照国家无公害蔬菜生产标准进行生产；积极推广薄雾灌溉、喷灌、滴灌等技术；引进应用高产抗病虫蔬菜新品种，使用低毒、低残留生物农药和昆虫性诱剂，广泛使用有机肥，提高农产品质量安全。随着三围村的名气越来越大，该村每年接待各级、各类农业观摩、实践团体人数可达千人。

（五）水旱轮作模式促进农业生产的可持续发展

芹菜是一种富含纤维素的绿色健康食物，既可食用也能入药，具有极高的开发价值和宽阔的前景市场。三围村是芹菜主产区，作为其主打产品，所产出的芹菜色泽翠绿，根系白净，不仅"颜值高"而且口感好，深受大家的喜爱，2016 年该村沙地绿色纯品瓜果蔬菜实验场更是被推举为 G20 峰会食材（芹菜）供应商。

村里因芹菜出名，也因芹菜而发愁。由于芹菜生产周期短，一年能生产好几茬，但却因常年单一连作，使得土壤营养严重缺乏，次生盐渍化现象环生，芹菜病菌、虫害严重，生长受到抑制，甚至死亡，严重影响了产量和质量，有的大棚甚至绝收，反复如此造成了恶性循环。为此，各级农技人员和农业专家想尽一切办法，运用各种品牌的重茬剂试验，采取滴灌防盐、以水洗盐、使用新肥药防治病虫等措施，但始终是"治标不治本"②。

通过各级农技人员的不断攻克，最终采用了菜稻水旱轮作模式，即种过

---

① 倪丽娜. 益农镇三围村科普文明村创建工作总结［EB/OL］.（2014 – 8 – 22）. http：// www. xianghunet. com/news/detail/187888.
② 龚洁，来静怡. 益农推广水旱轮作模式 提质增效［EB/OL］.（2019 – 02 – 22）. http：// www. xiaoshan. gov. cn/art/2019/2/22/art_1302907_30443072. html.

一年芹菜后改种水稻或者其他蔬菜轮作的模式。通过轮作项目的实施，一方面可以减轻病虫害发生概率，达到生态防控的效果，社会、生态效益显著；另一方面还使栽种的蔬菜瓜果、稻米产量与品质得到全面提升，同时提高了土地资源利用率，节本增效明显，有效促进了农业生产的可持续发展。这种绿色的发展模式带动力也很强，一定程度上缓解了农业结构调整带来的粮食种植面积逐年下降的问题，实现稳粮增收、提质增效。

（六）建立帮扶基地，为村民提供保障服务

三围村制定出台了一系列扶持政策，在蔬菜基地建设初期，对三围大棚蔬菜农户实行每公顷补助900元。每年投入大笔资金用于农业基础设施建设，为7家农业企业提供贷款担保业务等。2017年，三围村在萧山区慈善总会和益农分会的大力支持下，借助自身芹菜特色产业优势，成立"萧山区首个扶贫助残基地"。根据国家扶贫优惠政策，三围村推出部分土地结对困难家庭及残疾家庭，为他们提供免费的全新钢架大棚、技术服务、技术指导；区供销联合社则免费发放化肥、应种苗和农药，实行产、供、销一条龙服务，在产前技术培训、产中技术指导，产后再按合同保护价回收产品。在这种扶助模式下，到2018年底，1.33公顷帮扶基地总销售额为45.36万元，让有能力的困难群众通过劳动自救，实现致富增收①。在此基础上，益农镇扩大了基地帮扶范围，升级成为益农镇"共富基地"，种植面积扩大至4.67公顷，可供全镇70余户残贫家庭免费种植，并通过直播带货、定向销售、扶农助农等方式解决销路问题②。

此外，三围村十分重视农业保险的落实，村委和保险公司建立长期合作，除了大农户和农业生产合作社，一些小农户也会联合购买保险，在遭受或轻或重灾害的影响时保险公司能够迅速理赔，有效降低了种植风险，让农户们更加放心。

---

① 佚名. 在希望的田野上　益农这个村"亿飞冲天"［EB/OL］. https：//www.sohu.com/a/438259943_120054593.

② 蔡少鸣. 沙地益农　活力新城［N/OL］.（2021-8-5）. http：//www.xiaoshan.gov.cn/art/2019/2/22/art_1302907_30443072.html.

（七）整合资源，推动文旅深度结合

目前，在三围村已经建有 5 个家庭农场，设置瓜果蔬菜采摘点以及智慧农业研学基地，不断吸引游客前来采摘蔬果、体验农耕文化。除了在三围村的家庭农场设置瓜果蔬菜采摘点，益农镇还将群围村滨水樱花大道设置休闲垂钓点，南沙大堤竹林"共享厨房"、美丽沙地田园"透明茶坊"等景点串点成线，初步形成"采瓜果—钓鱼虾—农家乐—赏风光—住民宿"的生态农旅路线，充分发挥各自特色优势，实现共美共富①。

四、三围村产业振兴的经验

（一）生态资源与产业融合发展

在乡村振兴战略"二十字"的总要求中，产业兴旺是实现乡村振兴的首要和关键，生态宜居是基础和前提。随着人民群众对美好生活的不断向往，对美好生活需求的不断增长，新时代的乡村除了为城乡居民提供种类更多、品质更高的农产品之外，还需要提供更清洁的空气、更干净的水源和更宜人的风光。

三围村在充分利用自身得天独厚的滩涂地优势，不破坏生态环境的同时，大力发展相适应的绿色生态的蔬菜产业，在取得了较好的成果后，又将休闲农业与乡村旅游相结合，展现乡村生活的独特魅力，让更多的游客参与其中，体验农始劳作及乡村风土人情，这种模式在促进农业提质增效、带动农民就业增收、传承农耕文明、建设美丽乡村、推动城乡一体化发展等方面发挥了重要的作用。

（二）着力培养农业农村人才队伍

习近平总书记强调：乡村振兴，人才是关键。抓好"三农"工作关键

---

① 韩晨璐. 益农：聚力"共智富"打造未来村庄发展典范［N/OL］.（2021 – 07 – 01）. 萧山日报，https://www.xsnet.cn/town/yinong/content/2021 – 07/01/content_198640.html.

在于人，人才是发展的第一资源。抓好"三农"工作，离不开人才支撑。从三围村的实际发展经验来看，村书记许天罡和其他村干部及优秀的村民，在三围村"蝶变"之路上起着重要作用，他们带领着全体村民为三围村的发展贡献智慧和力量。

村书记许天罡尽心尽力带领村民们开始发展大棚蔬菜产业，合理规划益农沙地。绿色纯品瓜果蔬菜实验场负责人同样功不可没，作为村里"第一个吃螃蟹的人"，带领着村民不断探索蔬菜特色村发展的新征程，推广种植技术和经验的同时帮助种植户解决问题。此外，他还将自家的销售渠道和村民共享，每年帮助村内其他农户销售超过万吨的农产品。他的试验田还承担着镇里农业部门的科研项目以及部分良种的繁育试验，经试验场试种成功后，都会将确定推广的品种以优惠的价格供应给农户，对部分困难户还无偿赠送，为提高全镇瓜果蔬菜良种覆盖率起到了积极作用①。

(三) 加快树立农产品品牌

三围村十分重视产品品质。组建的"杭州农垦蔬菜合作社"，实行"统一销售、统一采购、统一培训、统一品牌、统一质量标准"的"五统一"模式，不仅有效解决了村民卖菜难和低价恶性竞争问题，还辐射到周边群围、兴裕、东沙等村的六百多公顷蔬菜基地，同时，通过各类网络平台，产品远销周边省外大城市，打响知名度的同时快速抢占市场。

商标品牌是对产品的肯定，只有打造农业品牌，才能拥有更大的市场空间，受到消费者的青睐，避免滞销。想要打造农产品品牌，除了需要自身特色，还需要保证产品的质量与安全，先进的农业技术，能够让农产品在质量和数量上更具竞争力。同时还应该拓宽销售渠道，紧跟时代潮流，充分利用互联网及电商做好农产品的推广和销售工作。三围村村民就有着强烈的品牌意识，农户按无公害标准产品供货并对产品质量提出要求，保证农产品种植、装箱各个环节质量的同时保证不使用任何无公害农产品使用规定以外的农药。为解决销量，农户们统一使用"益农沙地"品牌，将产品包装后发往上海、

---

① 佚名．带领三围村书写特色发展之路新篇章［EB/OL］．https：//mp. weixin. qq. com/s/uIgN-pCCB96SzTpqmh－XANQ.

宁波和绍兴等地，获得数十年的市场口碑，三围村每年在省市农产品角逐中获得金奖、名优产品奖项，优质的产品让"益农沙地"品牌驰名远播。

第九节 绍兴市诸暨十里坪村产业振兴

——春风十里小镇①

一、十里坪村概况

十里坪村位于绍兴诸暨东和乡东北部，距东和乡所在地的东一村约3公里。村庄东为三坞村，南面为姚邵畈村，西面和北面接枫桥永宁，枫谷线从村庄附近穿越，交通十分便利。十里坪村由卓溪、朱村2个自然村组成，村域面积6.3平方千米，有人口2516人、994户，党员90名，耕地面积58.92公顷，经济结构以农业种植、林业、织布和外出务工为主。十里坪村乡风淳朴、人文和谐，艺术积淀深，是国家级非物质文化遗产"西路乱弹"传承基地，先后获得浙江省3A级景区村、浙江省美丽宜居示范村、浙江省卫生村、浙江省戏曲特色村、绍兴市全面小康示范村、诸暨市级新农村、诸暨市"美丽乡村"建设重点村等荣誉。

二、十里坪村发展概况

东和乡十里坪村地处偏远山区，曾是当地有名的贫困村。2005年十里坪村还负债20多万元，如今村集体经济年收入已达到200万元以上，村民人均年纯收入从当年的8000多元增长到如今人均年纯收入3万元以上。

2017年，十里坪村借助于美丽宜居示范村创建等活动，把整治村容村

---

① 佚名. 浙江省绍兴市诸暨市东和乡十里坪村［EB/OL］. http：//www.tcmap.com.cn/zhejiangsheng/zhu_donghexiang_shilipingcun.html.

貌、保护传统村落作为重点任务来抓，相继启动建造了茶文化广场、戏曲公园、仿古观景亭、观光游步道、老年活动室、博爱家园、文化礼堂等，还完成了农房整治改造、村落空间整治美化、河流水体整治、公共厕所新建改建等工程，同时还重新组建了西路乱弹艺术团。

村容村貌的改善给十里坪带来了发展机遇。凭借丰富的生态资源，浓郁的民俗风情，十里坪村抓住了乡村旅游这个方向，在村里梳理出约 50 公顷可流转土地资源，向外界推介，很快，总投资 15 亿元的省级坡地村镇建设项目祥生·春风十里小镇项目落户十里坪。这个融休闲度假、养生养老、观光娱乐、茶文化体验于一体的文旅项目，为美丽村庄赋能。2019 年，十里坪吸引游客约 20 万人次前来观光，成为诸暨热门的网红景点之一，昔日的贫困村也逆袭成为"网红村"。

随后，为了实现进一步的发展，十里坪村激活闲置农房约 3000 平方米，带动村民发展农家乐、民宿等景区配套服务项目，并且还组织成立起由十里坪村、春风十里小镇和乡政府合资的平台公司——市东和旅游管理有限公司。未来，十里坪村将进一步流转村内闲置农房到平台公司，根据位置、环境、面积、村庄规划等多方面因素分类改造，用于建设民宿、写生基地、个人养老、私人租住等设施。

三、十里坪村发展基础

（一）"和"为贵的村庄文化

十里坪村振兴的背后离不开中国优秀传统文化与东和特定地域的"和"思想、"和"文化的影响。在十里坪村建有一座古色古香的"和廊"，坐落在朱村和卓溪村两个自然村交界的小溪上。在两个自然村合并之际建设一座和廊，不仅为村里添设一道风景，更是在村民间架起了连心桥。"和"为贵的村庄文化成为了十里坪村开展各项工作的基础。像征地、拆迁这样的重大事项，不免可能产生一些难以协调的矛盾，但在十里坪，至今无一涉及相关工作的上访事件。

（二）丰富的茶叶产业资源

东和十里坪茶园本是一片荒山，在 20 世纪 50 年代，为了发展当地经济，帮助农民解决温饱问题，十里坪村村民开始着手开发这片荒山。经测定，十里坪这片大山的土壤氢离子浓度指数（pH）值呈弱酸性，极其适合栽种茶叶，自此十里坪村开始投身于茶产业的建设，也成为了诸暨最早开发茶的几个乡村之一。美丽的生态环境和适宜的山地气候是十里坪村种植茶叶的良好基础，十里坪村立足于农林资源优势，致力于打造"茶叶 + 旅游 + 文化"为一体的茶文旅融合新模式，引领乡村振兴。

（三）珍贵的"非遗"文化资源

"西路乱弹"是明末清初，由秦腔西路艺人带入浙江诸暨，并与当地语言、音乐、戏曲相结合后，衍变而成的一种独特的地方戏曲剧种，至今已有300 多年历史（见图 7 - 25）。十里坪村作为国家级非物质文化遗产"西路乱弹"的传承基地，会不定期组织表演西路乱弹。西路乱弹艺术团都是由农民组成，他们利用业余时间排练，每年在周边地区演出百来场。十里坪村一直致力于保护传承地方戏剧，弘扬优秀传统文化，使之成为激活农村文化繁荣发展的源头活水，助推乡村振兴的关键环节。

图 7 - 25　"西路乱弹"

图片来源：由笔者拍摄。

四、十里坪村乡村振兴举措与经验

（一）发展茶产业，引领村民致富

2000 年，随着城镇化进程的加速，一些地区率先实现了现代化，由于茶叶收入并不可观，大批茶农弃茶外出打工，村集体又与东和乡政府一起，将承包给农户的共 65.33 公顷茶山重新回转到村集体进行打理。

村领导班子对土地重新进行了整体的设计与规划，并综合考虑亚热带季风气候，丘陵山地特征，空气湿度和土壤等因素对茶树品种进行改良，按不同茶树良种特性，实行"早、中、迟"和"大、中、小"合理搭配种植。经过几年时间的整改，茶山已焕然一新。

2008 年，浙江东和农业科技发展有限公司负责人承包了这片土地，斥资兴建了十里坪有机茶园，定位高品质有机茶。采用了"减量化投入、优质化供给"的生态循环农业模式，以沼液和有机肥培育茶叶，促进农业废弃物从污染治理向资源化利用转变；利用物理方法防治虫害，安装太阳能杀虫灯 100 多只，开展人工除草，不用除草剂、化肥、农药、植物生长调节剂等物质；通过测土配方施肥技术，应用喷灌滴灌、肥水同灌等节约型技术，实现农业投入品的减量化，提升茶叶品质。

短短 5 年间，十里坪有机茶相继获评浙江省著名商标、绍兴市名牌产品、浙江省绿茶博览会金奖等称号。有机茶生产取得了全国工业产品生产许可证（QS），十里坪有机茶基地也被浙江省农业厅评为省级示范基地、浙江省示范茶厂、浙江省无公害茶叶基地。2010 年底，十里坪有机茶基地还成功申报全国第四批有机食品生产基地。

如今十里坪有机茶基地核心面积 200 多公顷，联结基地 1333.33 公顷，从传统茶业生产管理走向现代化生产经营模式，并与当代人对绿色、有机食品的追求理念相契合。

（二）茶旅融合，助推乡村振兴

2017 年，祥生集团接过了茶园改革的接力棒，抓住了"乡村振兴"的发展契机，将一二三产业融合，将农业与乡村旅游相结合，走出了一条因地制宜的乡村振兴之路。

随着省坡地项目落地东和，由乡党委政府与祥生集团共同联手打造"春风十里小镇"乡村休闲基地。小镇总规划面积209公顷，总投资额15亿元，涉及东和乡的3个村。其中一期工程的核心区块就位于十里坪村，自2017年7月动工建设以来，已投入资金1.85亿元。一期建设内容为五大板块、32个子项目，五大板块分别为花乡嫁圃、十里人家、田园牧歌、禅茶一味、云端梯田。整体布局依托当地得天独厚的自然生态环境，依势而建。短短数月，就吸引了许多游客。

过去的十里坪，几乎没有年轻人愿意留下。如今，村里已处处活跃着"80后""90后"的身影。看到家乡的发展，有很多原本在外打工的年轻人回到了十里坪，目前在小镇从事保安、保洁、检票等工作的村民已达100余人。等项目全部建成后，还将吸纳更多当地劳动力就业。

东和乡几十年来以茶为本，利用当地得天独厚的生态环境，一步步提升茶的附加值。从茶的商品属性开始改良，到围绕整个产业进行融合升级，始终坚持走"两山"路，创"两山"业，探寻将美丽资源转化为美丽经济的最优路径①。

（三）发掘非遗文化，发展"旅游＋文化"

"西路乱弹"这一宝贵的非遗文化是十里坪村的精神财富。十里坪村在保护非遗文化的同时，推动传统的非遗文化融入现代生活，让传统文化为乡村振兴注入"灵魂"。

1. 保护传承地方戏剧，承续农村传统文化，助力乡村振兴

一方面，采取措施抢救性保护和传承地方戏剧。十里坪将濒临失传的古老剧种"诸暨西路乱弹"重新送上舞台。在诸暨市文化部门的支持下，通过调查研究、征集实物史料等措施进行保护，同时复排经典折子戏。2011年，诸暨西路乱弹被列入国家级非遗保护名录；同年，十里坪村被选定为

---

① 依人小鸟. 走进东和的历史［EB/OL］.（2021－02－02）. http：//www. cslai. org/chawen-hua/jingpin/20210202/22397. html.

"西路乱弹"传承基地。此后又获得了浙江省"戏曲村"、浙江省"传统戏剧特色村"、浙江省"新农村建设示范村"等诸多荣誉。

另一方面，以文化自觉成就文化自信。诸暨"西路乱弹"入选国遗后，十里坪审时度势，以西路乱弹为中心，积极开展美丽乡村建设，先后建成文化礼堂和西路乱弹展示陈列馆，改造乡村交通，并建设以西路乱弹为主线的戏曲文化公园，提升当地文化内涵和特色。这激发了村民的参与热情，他们白天务农，晚上排练，并走出诸暨，走向省内外，每年演出近80场，成为当地的"文化金名片"。

2. 传统戏剧"与时俱进"，服务乡村文明建设，助力乡村振兴

一方面，戏剧艺术具有时代性，想让由过去承继下来的传统戏剧历久弥新，就需要为传统戏剧添加时代元素与气息，使其能够在新时代焕发新魅力，让优秀传统文化为乡村振兴铸魂。

比如为了让传统剧种走进现代生活，十里坪村"西路乱弹"艺术团紧跟时代节奏，创排了《绿水青山更是宝》《垃圾分类美家园》《话说五水共治》《美丽乡村聚宾朋》等10多个西路乱弹新节目，用当下的语境创新经典戏剧，使得新时代的新思想扎根在农村，积极营造邻里和睦友善的和谐氛围。

另一方面，乡村的地域文化也是乡村振兴的新经济增长点。2017年，祥生实业有限公司投资开发的省级村镇建设项目"春风十里小镇"在此落户，"西路乱弹"艺术团受邀定期开展演出。与此同时，发展了相关旅游项目，带动当地农民增收。可以说十里坪村凭借传统戏剧"诸暨西路乱弹"，吸引了投资，发展了旅游，拓宽了村民的致富之路，逐渐形成了文化推动旅游、旅游拉动消费、消费促进建设、建设振兴经济的良性循环。

浙江省诸暨市东和乡十里坪村，充分利用国家级非文化遗产"西路乱弹"传承地资源优势，添加时代元素，挖掘做深传统文化，营造独特乡村文化氛围，吸引大批艺术家来此创作写生，以此来继续助推乡村振兴步伐[①]。

---

① 褚米兰. 试论以保护传承传统戏剧助推乡村振兴——以国遗项目"诸暨西路乱弹"助力乡村建设为例 [J]. 文化研究，2018（3）15：18.

（四）打造个性文化礼堂，滋养乡村振兴

十里坪村文化礼堂从"建管用育"四方面下功夫，抓整合、显特色、强保障、出实效，打造群众自己的"个性"文化礼堂。

1. 整合资源，彰显特色

十里坪文化礼堂建设融入了本村的乡土特色，按照"两堂一廊一展陈"的格局来规划建造，重点打造了"西路乱弹"非遗文化展馆，深度挖掘国家级非遗"西路乱弹"的历史渊源，传承发展，收集整理旧剧本、旧戏服、旧乐器等60余件，照片百余张，文字资料2万余字。以非遗文化为主轴，并对农家书屋、乡村旅游观光点、茶文化广场等软硬件进行整合，打造成融学教、礼仪、娱乐于一体的特色文化礼堂。

2. 多"管"齐下，强化保障

乡村二级为规范十里坪礼堂运行出台了各项措施，实现资金、人员、队伍、活动四到位。管理者用心，政府出台政策确保礼堂活动有补助，村干部选拔热心公益、懂技术的热心人士为兼职管理人员，负责日常开放、管理、维护、保洁等工作。志愿者尽心，以十里坪西路乱弹艺术团为基础，整合全村青年志愿者、工作辅导员、农村文化能人，组建了43人的文化志愿者队伍，定期开展、指导、服务各类贴近群众实际，满足群众需求的文化活动，加强文化礼堂之间的联系，通过文化走亲，互比互学的方式丰富文化礼堂活动。老百姓开心、礼堂门常开、文化活动常办，激发全村农民群众支持、参与的主动性和积极性，为群众文化活动的顺利开展起到了积极的推动作用。

3. 群众参与，共建共享

通过挖掘文化育特色、规范活动秀民俗、"送""种"结合夯基础等方式，依托成熟的文化团队"用"好文化礼堂，提升精神家园的影响力。十里坪西路乱弹艺术团入驻礼堂，实现了每天固定时间开放，每天都有排练、看书、唱歌等小活动，每月有三次以上的演出、民俗活动、培训等规模相对较大的文化活动，仅2017年已开展各类文化活动50余场。通过"学村歌，唱村歌"活动、复排西路乱弹经典曲目和创作新曲，与学校合作成立"西路乱弹"新苗工程导师团等活动培育特色文化，同时还开展了传统礼仪活动、节日民俗活动、"三美三好"评选、家风家训展示等活动，吸引村民的

广泛参与，涵"育"乡风文明①。

（五）发展民宿补短板

近年来，十里坪村依托良好的资源优势，大力发展乡村旅游业，目前，春风十里小镇年接待游客30多万人次。但是相比于人气较高的景点，村里的民宿产业还较为薄弱，不仅是数量、规模上，还有档次上，都存在着短板。面对留不住游客、民宿收入低的困境，乡、村、企三方共同出资500万元，将闲置茶厂改造成高端民宿。目前，该民宿已经完成了基础装修，正式经营后，可提供客房30间，还配备有停车场、游泳池、休闲吧等配套设施，预计每年能为村里带来经营性收入15万元。

诸暨市东和乡十里坪村的名气越来越大，春风十里、西路乱弹、有机茶园、特色民宿，一张张金名片为美丽村庄赋能，也为村民们带来了无限机遇。

第十节　金华市武义县大田乡徐村产业振兴
——资源创新重组融合模式

一、基本情况

徐村位于金华市武义县南部，大田乡中部，是大田乡乡政府所在地，如图7-26所示。东界熟溪街道水碓后村，南至下叶山村，西接派塘村，北连五登村。徐氏聚居，诗书继世，忠厚传家，共有村民780人，自明宣德年间发展至今，有将近六百年的历史。徐村生态环境也十分优越，地处平地与山地结合的丘陵地带，依山傍水，古时婺处古道经过，水口溪边形成了独特的"小气候"，因而古树成荫，空气清爽。所以徐村拥有全县最大的枫树、橡子树，挂牌古树达60多株，占大田乡一半。徐村耕地面积为57公顷，山林

---

① 宣国祥，蔡伟光. 诸暨市东和乡十里坪村打造"个性"文化礼堂［EB/OL］.（2017-08-14）. http：//unn. people. com. cn/n1/2017/0814/c14717-29469663. html.

面积为 188 公顷，山林种植以蓝莓、毛竹和茶叶为主，其中蓝莓种植达 66.67

图 7 - 26 武义县大田乡徐村村貌

图片来源：由笔者拍摄。

公顷，因此被誉为武义"蓝莓第一村"。毛竹林共 58.93 公顷，同时还建有省市笋竹两用林基地。此外，徐村处在武义北东大塘口—溪里—徐村的断裂带上，所以还存在埋藏丰富的萤石资源中型矿[①]。

徐村民风淳朴，文化底蕴深厚，是周边村庄的文化、政治中心。除了常见的文化活动"迎龙头""平安戏"，还有"迎胡公""迎行公""迎十八狐狸""迎西游记""迎花灯"和唱道情、唱徐村山歌等传统民俗活动。

二、重要节点

1968～1992 年，国家在徐村设立东风萤石公司徐村矿井，销往日本等国；

1969 年建立林业组，开展植树造林；

1999 年开始建立"市、县、乡笋竹两用林基地"；

---

① 资料来源：徐宇，徐增宜，古梁．徐村：雾露山下的田园古村 [EB/OL]．(2015 - 11 - 30)．http：//wynews. zjol. com. cn/wynews/system/2015/11/30/019966902. shtml.

2008 年引进蓝莓种植，秋太山改种蓝莓；

2013 年徐村对外承包蓝莓生产基地；

2014 年建成蓝莓专业合作社；

2015 年举办第一届蓝莓节；

2016 年徐村与乡政府联合举办第二届蓝莓节；

2017 年第三届蓝莓节，并建设文化礼堂；

2018 年第四届"蓝莓旅游文化节"成功举办。

蓝莓成长发展阶段，如图 7 - 27 所示。

图 7 - 27　徐村蓝莓的成长发展阶段

图片来源：由笔者拍摄。

三、关键事件与重大转型

1968 年国家曾经在徐村设立东风萤石公司徐村矿井，销往日本等国。但是由于萤石矿属于不可再生资源，是与稀土类似的世界级稀缺资源，各国都将其视为战略保护资源，我国政府后来也出台了包括整顿采矿秩序，将萤石出口纳入配额管理等多项措施来保护萤石资源。另一方面，开采萤石矿也会对周边区域的土壤、河流产生污染，不利于可持续发展，所以自 1992 年起，徐村矿井就不再开采当地的萤石矿。

徐村盛产毛竹，中华人民共和国成立后，在没有遇到灾荒的情况下，粮食基本可以自给自足，经济来源除了小部分来自出售杉、松林外，大部分靠出售毛竹。许多村民在农闲时砍伐毛竹，靠手工制造竹排作为交通工具，然后放排到金华、兰溪等地售竹维持生活，使得当地毛竹的质量与数量在这两地码头都小有名气。1999 年，徐村开始建立"市、县、乡笋竹两用林基地"，面积为 7.6 公顷，提升毛竹种植的经济效益。

2008 年徐村引进蓝莓品种改造秋太山老茶园。蓝莓种植受地势和土层深度的限制较少，管理比较简单，对病害抗性较强，其唯一苛刻的要求是土壤 pH 值必须满足在 4.5~5.5，秋太山老茶园的酸性土壤，正为其提供了适宜种植条件。同时，由于蓝莓属于灌木，虽然产值较高，但生物量却比苹果、柑橘等大果类果树小得多，从土壤中吸收的矿质营养和消耗的水分也少得多，特别适于在丘陵山区退化生态系统中种植。所以，选择引进蓝莓种植也将促进当地生态的持续发展，对于该地区农业和农村经济的持续稳定发展具有重要的意义。

此外，蓝莓还是一种具有极高经济价值的野生浆果，含有丰富的抗氧化成分以及多种水溶性的天然花色素苷类物质，对眼部疾病具有非常好的预防和治疗效果，且可食率为 100%，适宜加工。发达国家对于蓝莓的开发利用较早，国际市场需求强劲，而国内市场近几年才被认识和销售，市场开发潜力极大，每公顷蓝莓的收入一般可达 1340 元，是毛竹种植的两倍，黄豆、玉米种植的十几倍。因此，2009 年当时的乡党委书记和乡长为进一步发展当地经济，在浙江省农科院、浙江师范大学专家教授的指导下，考察引进了 6 公顷多蓝莓树苗，同时政府补贴 50% 的种植费用。

2011 年借鉴先进地区的经验，徐村蓝莓种植修建滴灌，大幅提升了蓝莓的产量。2013 年，徐村对外承包蓝莓生产基地，紫冠蓝莓庄园老板张群英签下了十年的租赁合同，第一年就收获了 1 万多斤的蓝莓。这家紫冠蓝莓庄园也是武义第一家有机蓝莓生产单位。回顾其发展历程，2013 年徐村回乡创业的投资人张群英承包下经过集体经营成林后的蓝莓生产基地，在她的努力经营下，紫冠蓝莓庄园不断发展壮大，并形成了规模效应，带动了周边村、农户种植蓝莓，每公顷产值平均达到 1340~2010 元。后来紫冠蓝莓更是登上了央视 7 套《致富经》栏目，实现了村级集体经济和产业带动的双赢。

2014 年，徐村建成了蓝莓专业合作社，一方面，提高了农民组织化水平，通过联合生产，规模经营，有效地将分散的资金、劳动力、土地和市场组织起来，促进生产发展、农民增收；另一方面，合作社促进蓝莓种植等农业科技的推广，通过科学技术和职业技能培训等，培养新型农民、提高农民素质，增强农民科技文化素质，提高了他们适应市场经济、接受新事物的能力。为了提升蓝莓的质量和产量，当地还先后引进了奥尼尔、夏普蓝、芬蒂等国外优良品种。

2015 年，徐村成功举办了第一届蓝莓节，此后的几年间，蓝莓旅游节越办越盛大。2018 年第四届"蓝莓旅游文化节"共接待省内外游客 8 万多人次[①]，人民网、新华网等 50 多家新闻媒体进行了全方位的报道，徐村被浙江自驾旅游杂志社、浙江省自驾车旅游协会评为"浙中水果采摘游十佳目的地"。此时蓝莓销售市场已经形成了体系，蓝莓批发商担心的是种植基地能否持续稳定地供应蓝莓，所以蓝莓合作社还与鲜果采购商代表签订了战略协议，有力促进了蓝莓种植业和乡村旅游业的发展。

2019 年，为了进一步促进蓝莓农旅产业的发展，徐村所在的大田乡先后完成并布局农特产品（蓝莓）展示中心、蓝莓主题餐厅、蓝莓存储冷库等项目，以蓝莓为杠杆撬动的经济产业链正在不断延伸。

到了 2020 年，这近十年的发展，使蓝莓种植户已达 80 多户，农户人均增收 3000 余元，同时还开发出了蓝莓果酒、果膏、酵素等一系列衍生产品的加工业，形成了融采摘游、观光游、节庆游为一体的蓝莓文化活动，带动了全乡乃至全县的蓝莓产业发展，使徐村成为了武义名副其实的"蓝莓第一村"。

徐村的产业转型也离不开对于环境的治理。通过开展"小城镇环境综合整治""五水共治""三改一拆"、美丽乡村建设，原来污水横流的养鸭场变成了美丽民宿，道路、桥梁等配套设施的建设也为特色农业和生态旅游的发展打下了基础；村干部走访乡贤、联系农户征集治理建议，围绕发展定位，在已有浙派民居的基础上，强化蓝莓等特色农业元素，设计村入口景观

---

① 资料来源：江翀，俞鸽.2018 第四届大田蓝莓文化旅游节　暨首届大田旅游推介会开幕［EB/OL］.（2018 - 07 - 09）. https：//wynews. zjol. com. cn/wynews/system/2018/07/09/030998306. shtml，2018 - 07 - 09.

带、蓝莓广场、蓝莓商业街、古埠樟影、水口公园等重点项目，促进徐村生态宜居、农旅兴旺等目标的实现；驻镇导师也为环境治理提供了帮助，共有规划导师、整治导师、文明导师、文化导师和创业导师五类，如表 7 - 1 所示，发挥着"老娘舅""勤俭嫂""刘三姐"般的作用，即针对性预防化解矛盾纠纷、常态化教育提升居民素质和抓时点搭建舞台以文化育人。

表 7 - 1　　　　　　　　　　　　　　　　驻镇导师类型

导师种类	代表导师及负责内容
规划导师	村主任徐国华等，谋划治理蓝图，设计民宿等具体项目
整治导师	徐国正等乡贤，协调村民之间的实际利益，翻新乡村基建
文明导师	组织、指导新闻媒体对环境政治进行宣传报道，表扬先进、曝光落后
文化导师	退休老校长徐增宜等，开展非物质文化遗产的收集、整理、保护等
创业导师	"蓝莓皇后"张群英等，打造种植、销售和观光农业综合体

因此，徐村在第一产业方面以毛竹、茶叶、蓝莓等经济作物种植为主，第二产业依托毛竹种植、蓝莓种植等，制作竹排，积极研发蓝莓酒、蓝莓饮料、蓝莓酱、蓝莓蜜、蓝莓年糕及蓝莓提取物，推动蓝莓深加工，打造完善的产业链。第三产业方面依托当地民俗与治理后的自然环境，多次举办蓝莓文化旅游节，形成"蓝莓种植 + 深加工产业链 + 采摘与民俗体验游"的特色新业态。

在当地产业转型的过程中，还形成了"生产合作社主导 + 专业大户带动"的新模式。农民单家独户的小规模分散经营，种植面积小，产量低，农业生产成本高，难以形成规模优势，加上信息不灵，科技含量低，经济实力弱，农业经济效益并不明显。蓝莓生产合作社联合分散的力量，降低交易费用，促进农民持续增收，同时根据实际生产的需要，通过室内讲授等方式，传播新技术，解决生产经营中的现实问题，提升农民的生产技能和综合素质。创业导师张群英等回乡创业投资，承包经过集体经营成林后的蓝莓生产基地，成为专业大户，也带动了农村产业的融合。他们以原本经营的农业产业为基础，开发拓展产业链条上的蓝莓深加工产业和旅游业等，共同促进了村集体经济的发展壮大。

"政府引导＋改变农业经营制度"是徐村产业振兴的动力。在地方政府的扶持下，蓝莓种植引进了适合当地自然环境的树苗，初期还获得了50%的补贴。当地政府还引导了乡村环境的综合整治，乡贤、农户集思广益，最终良好的生态环境、精心设计的蓝莓主题建筑布局等都为开展蓝莓特色旅游产业提供了条件。随着徐村产业在政府引导下进一步发展，村集体参与、农民入股以及工商资本的运营也结合得越来越紧密，从最初的村集体对创业农户承包种植基地，到蓝莓生产专业合作社的成立，农业经营制度的改变都促进了徐村产业融合新业态、新模式的产生与发展，如表7-2所示。

表7-2　　　　　　　　徐村产业融合的新业态、新模式、新动力

产业融合类型与方式	分类	具体内容
产业融合类型	一产	笋竹两用林基地、茶园、紫冠蓝莓庄园等
	二产	竹排制造，蓝莓酱、蓝莓蜜、蓝莓提取物等蓝莓深加工产业链等
	三产	蓝莓旅游文化节等观光和采摘游，以徐村民俗文化为特色的民宿接待等
产业融合方式	新业态	蓝莓种植＋深加工产业链＋采摘与民俗体验游
	新模式	生产合作社主导＋专业大户带动
	新动力	政府引导＋改变农业经营制度

四、发展方向

徐村计划以原始自然生态田园观光旅游和现代化农村民俗体验旅游为特色，以生态环境、休闲养生、美丽乡村、民俗文化为主线，大力发展蓝莓、草莓、树莓及葡萄等名优水果种植及采摘游。这些名优水果不仅具有巨大的国际市场和国内市场，而且在改变农林种植业结构、改善生态环境等方面均可派上用场，能够达到兼顾社会效益、经济效益和生态效益的目的。同时，徐村还将配套传统文化、民俗农事体验、垂钓休闲、竹排漂流等活动项目，开发雾山古树群、万亩竹林等观景点，丰富旅游活动内容，带动村民发展农家乐、乡村民宿经济，完善之前主要以蓝莓节作为当地旅游业核心的不足，

将徐村打造成武义旅游后花园的乡村驿站及旅游中转站。

第十一节　金华市武义县大田乡瓦窑头村产业振兴

——高校"教育+科技+产业+人才扶贫"帮扶

一、基本情况

瓦窑头村位于武义县大田乡境内，三面环山，森林植被覆盖率极高，生态环境优美，村落呈线条带状分布于竹林山谷之间，具有良好的自然资源。整个村庄呈东南高西北低的走势，山与垅结合的地貌，海拔高度在 154～537 米。村庄历史悠久，瓦窑头村的发展可以追溯到南宋咸淳年间，越山会稽进士夏珪及其后代从永康迁居到夏叶头（今大田乡瓦窑头）村，并在此建窑烧砖瓦，成村后就称这里为瓦窑头村。瓦窑头村古朴宁静，在村内现存有两座始建于清代中期的宗祠，分别是徐氏宗祠和陈氏宗祠，距今有 300 多年的历史，是典型的徽派建筑格局；而瓦窑头村的大会堂建于 20 世纪 60 年代，整栋房子的外墙立面采用当地山上的石头砌筑，保留有浓厚的历史文化底蕴，如图 7-28 所示。当地的自然资源丰富，瓦窑头村村民通过利用当地丰富的果蔬以及竹林等特色产业，实现了规模效益，形成以毛竹产业为龙头，带动吊瓜种植加工、食用笋种植、有机茶采摘、香菇种植等产业同步发展的经济模式。从 2003 年开始，浙江省委和省政府确定了浙江师范大学为武义县大田乡的定点帮扶单位，瓦窑头村也在帮扶小组的帮助下，进一步实现了产业的纵向延伸，实现了深加工、新品种开发等多产业一体化，最终形成瓦窑头所独有的山村有机养生品牌。2009 年浙江师范大学创新帮扶模式，采用"项目帮扶"模式有效地促进瓦窑头村的发展，"浙师大新农人学院"以及"红烂熳"农创+民宿园项目在瓦窑头村的建设和落成，促进了瓦窑头村的产业发展更加特色化、系统化、现代化。

图 7 – 28　瓦窑头村文化礼堂

图片来源：由笔者拍摄。

二、重要节点

2003 年，浙江师范大学被省委、省政府确定为武义县大田乡帮扶单位，对大田乡进行项目帮扶、文化帮扶、教育帮扶和科技帮扶等。

2004 年，大田乡古竹小学校园扩建工程开工，浙师大共计捐资 180 万元。

2005 年，浙师大开设了首期乡村两级干部培训班。

2006 年，大田乡古竹小学扩建工程竣工，大田乡顺利通过"省级教育强乡"的评估。

2007 年，大田乡中心幼儿园建设工程开工，第一个古竹小学教师奖励基金设立。

2008 年，浙师大在大田乡设立农村科教信息站，将低收入农户脱贫和帮扶村的项目帮扶作为工作重点。

2009 年，创新帮扶形式，首次开展项目帮扶，并选派研究生担任大田乡"村官"。

2010 年，浙江师范大学旅游资源与管理学院协助大田乡瓦窑头村制定旅游规划与设计。

2011 年，浙师大美术学院艺术设计系党支部与大田乡瓦窑头村党支部签署结对共建协议。

2014～2015 年，浙师大暑期社会实践队员到大田乡等地开展社会实践活动，涉及支教、安全教育、美丽乡村建设等方面。

2016 年，开展"一对一"贫困学生帮扶、教育教学帮扶。

2017 年，创立"省派农指员助学基金"，资助当地贫困学子。

2018 年，启动新一轮结对帮扶工作计划，浙师大定点帮扶大田乡瓦窑头村。

2019 年，瓦窑头村成功获批武义县秀美乡村建设立项，并成立"浙江师范大学乡村振兴研究院（筹）"和"大田乡乡村振兴智囊团"。

2020 年，瓦窑头村"红烂熳"农创＋民宿园项目成功获批。

三、关键事件与重大转型

2003 年 4 月，由时任中共浙江省省委书记习近平提议，省委、省政府做出了实施"欠发达地区奔小康工程"的重大决策，浙江师范大学积极响应号召，把帮扶武义县大田乡的经济发展工作作为一项政治任务来抓。2003 年 7 月，学校成立帮扶工作领导小组，由学校党委副书记或副校长担任扶贫工作领导小组主任，校办副主任为业务处室负责人，校办秘书科科长为联络员，开始着力于帮扶武义大田乡的发展。在帮扶的过程中，浙江师范大学围绕着"教育＋科技＋产业＋人才扶贫"的帮扶思路开展帮扶工作。首先浙江师范大学充分发挥自身教育资源优势，帮助完善了当地的教育设施建设，提高当地教育质量，实现"教育帮扶"。2004 年浙江师范大学捐资 180 万元帮助大田乡古竹小学校园的扩建；2006 年大田乡古竹小学扩建工程竣工并且大田乡也顺利通过"省级教育强乡"的评估；2007 年大田乡中心幼儿园建设工程开工，浙师大在古竹小学设立教师奖励基金以促进当地教育事业的发展；2014～2015 年浙师大暑期社会实践队员到大田乡等地开展社会实践活动，进行了支教活动和安全教育并促进了美丽乡村建设；2016 年学校在大田乡开展了"一对一"贫困学生帮扶、教育教学帮扶工作；2017年浙师大专门创立"省派农指员助学基金"，资助当地贫困学子，提高当地受教育程度，真正实现"教育帮扶"。

同时，浙师大为大田乡的建设培养和引进了大量优秀的扶贫工作者，实现"人才帮扶"。2005年浙师大在大田乡开设了首期乡村两级干部培训班，帮助提高当地干部的综合素质，到2020年共举办乡村两级干部培训班15期，共计培训1000人次，为全面提高当地干部综合素质提供强有力支持；2008年在大田乡专门设立了农村科教信息站，选派专业教师担任大田乡农村指导员，为当地发展提供专业指导；2009年以来一直选派专业研究生担任大田乡"村官"，为大田乡发展带来先进思想，真正实现了"人才帮扶"。2018年前后，电商平台正在兴起，"浙江师范大学农村电商实践基地"成立并设立武义土特产经销店，线上线下相结合，打响了瓦窑头村农副产品的品牌，拓展了农副产品的市场，带动了瓦窑头村经济的增长；2019年浙江师范大学在瓦窑头村成立了"浙江师范大学乡村振兴研究院"和"大田乡乡村振兴智囊团"，充分利用高校的科研优势，用科技为大田乡经济注入新活力，实现"科技帮扶"①。

2009年浙江师范大学创新帮扶形式，首创"项目帮扶"的模式，为大田乡引进帮扶项目，促进大田乡在基础建设、生态保护、人文发展等方面实现共同发展。2008年在大田乡专门设立了农村科教信息站，成立专业的扶贫工作小组并选派专业的农村指导员，专门管理大田乡的帮扶工作；2010年浙江师范大学旅游资源与管理学院和美术学院艺术设计系共同协助大田乡瓦窑头村，制定了详细长远的旅游规划与设计，并推进了"新农人学院"项目；2020年瓦窑头村"红烂熳"农创+民宿园项目成功获批。在18年的帮扶过程中，浙师大累计向大田乡投入了帮扶资金640万余元，引进帮扶资金370余万元，实施帮扶项目70余个，帮扶慰问低收入农户300余户，真正促使大田乡在乡村治理、经济文化、旅游生态等方面都得到全方位的改观，实现了将项目引进来、把游客留下来、让村子活起来的帮扶目标。

---

① 资料来源：长跑18年　交出定点帮扶的"浙师答卷"［EB/OL］.（2021-04-09）. http：//news. zjnu. edu. cn/2021/0409/c8449a355649/page. htm.

目前，瓦窑头村的发展正在有序地向前推进，"项目帮扶"的扶贫模式有效帮助瓦窑头村实现长期发展。其中，"红烂漫＋农创民宿"项目和"新农人学院"项目是目前瓦窑头正在建设的两个重要项目，这两个项目的推进可以帮助瓦窑头村真正实现资源的有效利用，在改善村容村貌的基础上，发展独具特色的农村旅游产业，实现"绿水青山就是金山银山"，提高农民经济水平。

2010年在浙江师范大学旅游资源与管理学院和美术学院艺术设计系的共同协助下，大田乡瓦窑头村推进了村庄整体景观的规划设计，规划主要以村民住房不规则和多元化空间结构为依托，注重瓦窑头村整体风格和乡土特色，而"新农人学院"项目属于村庄整体设计中的一个特色部分。"新农人"是指具有一定的知识水平，受过农业培训的农民；而"新农人学院"项目的建设主要就是为了吸引和培养更多有文化的、有技术的"新农人"，来促进瓦窑头村未来的经济发展，促进当地农民就业。未来"新农人学院"的建成定会成为瓦窑头村持续发展的不竭源头。

2016年开展了"农业创新＋民宿"的经济发展新模式，旨在立足当地特色农产品的基础上，推进乡村旅游产业发展，从而形成融生态、民俗与"三农"于一体的特色农村。"红烂漫"作为瓦窑头村的特色红色标志，具有浓厚的瓦窑头村特色。在瓦窑头村村民的一致同意下，瓦窑头村注册了"红烂漫"商标，并在帮扶小组的帮助下，利用"红烂漫"规划建设"红烂漫＋农创民宿"项目。2020年"红烂漫＋农创民宿"建设项目已经获得了社会资本——浙江辰凯建设有限公司的投入，目前正在有序地开展建设实施中。"红烂漫＋农创民宿"项目是由武义县大田乡瓦窑头村股份经济合作社领导开展的，属于瓦窑头村村民的共同财产，项目建成完成后将按照村民的持有股份进行分红，从而实现全村村民集体共同富裕，实现"项目帮扶"。

四、发展方向

近年来，瓦窑头村在农村垃圾分类、污水处理、村容村貌治理、配套基础设施建设、美丽乡村提升工程建设等方面上已有一定的基础，但是在改善人居环境、改善农民生活环境、提高农村文明程度方面还有一定的差距。因此，从长远发展来看，瓦窑头村将依托当地良好的自然资源，通过将资源有效整合，加快农村现代产业体系建设、落实对口帮扶项目——"浙师大新农人学院"项目以及"红烂熳农创＋民宿"项目，从而对村庄整体人文生态系统进行开发，将瓦窑头村打造成为集"观光＋研学＋休闲＋旅游＋吃住"等一条龙服务的全域旅游新坐标，成为山村有机养生的综合旅游地，促进游客在尽情享受山野村趣的同时深入水乡农家，感受自然。

第十二节　丽水市松阳县上田村产业振兴
——构建新文旅综合体

一、基本情况

上田村属于半岭自然村，地处松、遂、龙三县交界处，位于海拔 455 米高地上。上田溪是上田村的重要河流，将上田村分为南北二面，村舍沿溪呈团聚状。村内有村中路、村关路、村坤路、碓前路、水井弄、大路下弄等巷弄 42 条，石拱廊屋桥、石板桥、蹬步等桥梁 11 座。整个村落的道路、河流、民居等都保持着较完整的清末民初格局风貌和建筑式样[①]，如图 7－29所示。

上田村村内现存数量庞大的历史悠久建筑，其中村内最古老的居住房屋是以三角坛为中心的毛氏日、月、星三房清初古屋，而在上田村的村头、村脚、刘门、上田里、迎神坛、满楼下、大路卜、仓弈、山顶、松树坑、塘源头等处都有清代、民国的建筑，还有百柱落地的大厦一座，五植、三植简朴无华的老宅 30 多幢，均风格各异，古色古香。上田村还存有毛氏宗祠、文昌阁、禹王宫、五谷殿、兰田桥、贞节石牌坊、村脚石栏杆、古时的九桥十

---

① 资料来源：百度百科．上田村 ［DB/OL］．https：//baike. baidu. com/item/% E4% B8% 8A%E7% 94% B0 % E6% 9D% 91/50486.

图 7 – 29　上田村整体村容村貌

图片来源：由笔者拍摄。

三碓、上坝、下坝、两蹬步，以及各式各样、丰富多彩的民俗习惯，都是先人留下的宝贵的历史文化遗产。

上田村目前主要发展民宿产业，现有客房规模 33 间；其次是打造了生态农业基地，包含生态养殖、民宿食材基地、茶叶采摘体验区、康养步道、露营平台、梯田式水稻种植基地等。通过近几年的发展，上田村已经有效构建了以湿地农田为基础，探索原生态竹林养鸡模式，开发捕捉萤火虫、青蛙体验区，还有地方特色农产品等的经济发展模式，特色农产品包括番薯干、端午茶等，端午茶可以根据游客的体质进行个性化定制，充分满足了现代人个性化需求，是浙江省的非物质文化遗产。

二、重要节点

2013 年，上田村位列首批中国传统村落名录并获得国家"第一批传统村落保护资金"，成为了浙江省入选的 15 个传统村落之一，同时也是丽水市唯一一个上榜的传统村落。

2018 年 11 月，在县委县政府的支持下，上田乡村振兴改革试点方案开启。

2019 年 2 月，上田乡村振兴开发有限公司成立，项目建设持续推进。

2019 年 10 月，原乡上田一期建成投入试运营，如图 7 - 30 所示。

图 7 - 30　原乡上田自己动手做（DIY）基地

图片来源：由笔者拍摄。

2019 年 11 月，第一届城乡联系国际论坛边会在上田村成功举行。

2020 年 4 月，原乡上田二期建成投入正式运营，成为全县乡村新的亮点和打卡点。

2020～2021 年，上田村加速产业融合发展速度，推进民宿村发展。

三、关键事件与重大转型

近年来，松阳牢固树立"绿水青山就是金山银山"发展理念，突出义化引领、品质发展，坚持接力创业，倾注工匠精神、下足"绣花功夫"，从拯救老屋、特色工坊建设、组织化提升等"小切口"工作入手，做好富民增收、乡村振兴等"大文章"，先后成为全国传统村落保护利用试验区、"拯救老屋行动"整县推进试点县、联合国首个乡村发展示范县、文化和旅游部调研联系县，创成丽水市首个国家全域旅游示范区，松阳经验入选全省全域旅游发展典型案例。从 2018 年开始，上田村在地方政府、村集体、村民、工商资本的共同努力下，探索出一条独具特色的"上田模式"，大力发展旅游、民宿，让深山中的古村重新焕发生机与活力，带动当地经济发展，开辟乡村产业融合新模式。

上田村秉承"保护为主、抢救第一、合理利用、加强管理"的指导方针，把"拯救老屋"作为延续乡村历史文脉、推动乡村振兴的重要抓手，以低级别私人产权文物建筑保护为切口，系统推进乡村的生态修复、经济修复、文化修复、人心修复。"拯救老屋行动"还列入国家《乡村振兴战略规划（2018—2022年)》，荣获浙江省公共管理创新案例"十佳创新奖"，省政府工作报告提出全面推广"拯救老屋"松阳模式。上田村采取"建筑针灸"策略，以小体量文化建筑为切入，建立一二三产业深度融合、产供销系统完整的全产业链发展模式，系统推动乡村经济发展模式的调整和生产生活方式的变革。

从2018年开始，上田村积极探索以集体经济制度为基础，以混合所有制、农合联等多样化联合发展为特征的经济运行新机制，运用现代手段经营传统乡村，全力复活乡村的经济活力，复活低碳、生态、环保的生产生活方式，推动传统村落的"活态保护、有机发展"[①]。2018年11月，在县委县政府的支持下，上田乡村振兴改革试点方案开启，上田村集体和村民以田地、房屋等资源入股，与政府资金共同建设运营"原乡上田"文旅综合体。从2019年2月起，上田乡村振兴开发有限公司成立，持续推进了各个强村项目建设，其中上田股份经济合作社通过将各级财政扶持村集体经济项目补助资金，及村集体所有资产、资源的经营权或使用权作价入股，使上田村所有村民都享受保底收益；柴宝农产品专业合作社通过将上田村村民以货币资金认购股权筹集的资金入股，使出资村民享受保底收益；花田泥农业专业合作社将农户流转到合作社的土地经营权和林权作价入股，同样使村民享受保底收益；上田乡村旅游专业合作社将入社社员所有的闲置房屋使用权作价入股，使入社社员享受保底收益；以及由三都乡10个行政村共同出资成立的乡强村集体经济发展公司和将县财政整合的项目建设补助资金划转成县强村公司持有股份的县田园强村投资公司。到2020年，上田乡村振兴开发有限

---

① 唐宝. 山明水秀中扮靓靓丽水花园乡村［N］. 浙江日报，2021－04－30.

公司已经实现有效的结构化组织，既充分调动村民个体积极性，又有利于实现共同富裕的新农村建设模式，2020 年村民通过参与农业种植、餐饮服务等年均增收 2 万余元，村集体收入达到 135.3 万元。实现资源变资产、资金变股金、农民变股东，上田村也从原本老旧破败的"空壳村"变成了小有名气的"网红村"，而上田模式也被推选为 2020 年全国创新社会治理典型案例。

四、发展方向

上田村在县委的领导下开始乡村振兴的改革探索之路，旨在生态文明背景下，探索以集体经济制度为基础，以混合所有制、农民专业合作社等多样化联合合作发展为特征，地方政府、村集体、村民三方共同参与，既充分调动村民个体积极性，又有利于实现共同富裕的新农村建设模式，有效实现了社会效益，充分带动当地以及周边居民（周边居民采用现金入股）就业，该经验值得借鉴。为了进一步发展，上田村在管理制度、参与机制以及深度产业发展方面进行积极探索：

1. 探索构建务实管用制度

一是完善合理的运作机制。上田村未来的发展在原有的村级管理、公司运行、合作社管理等制度基础上，对凸显的制度漏洞进行完善补充，补齐尚未建立的制度，如其他合作社制度、利益分配细则，确保制度不脱节，运行不受阻。要对公司与合作社之间的运行关系进行探索，走出一条统一管理、分散经营的统分结合的路子，既能实现合作社在公司体系下，实行财务统一管理、经营统一指挥、人员统一调配、收益统一分配，又能实现合作社的自主发展。二是探索合理的利益分配机制。在上田原有的两种利益联结方式上，把农户受益、村集体受益放在关键位置，建立利益联结与激励相捆绑机制，建立盈利分配机制，使农户在生产、经营等环节主动参与，并合理享受利益分配。三是探索合理的参与和退出机制。研究社会资本参与共建的机制，从公司发展的需要可考虑适度引进愿意和村集体合作的优质工商资本参与建设。同时要研究政府逐步退出机制，探索股份转化、优质资源、资产转化等形式，为村级企业良性发展让出道路。

2. 探索农村本土人才参与机制

一是壮大就业创业群体。以半岭民宿及花田泥农业基地为载体，加快引导外出年轻人回村就业；吸引乡土人才回村创业，并与村集体事业开展合作。二是优化就业创业环境。继续争取相关部门资金，开展村庄环境整治、老屋修缮等项目，为村民提供良好的硬件环境；县级层面优化完善回乡就业、创业人员的服务体系，加强回乡就业、创业人员的职业技能培训等，提供良好的软件环境。三是建立就业创业激励机制。从县、乡两级层面出台返乡就业创业有关扶持政策，对在村集体就业或取得一定成效的给予一定奖励，提升村集体、村民干事创业的信心。

3. 探索推动乡村产业深度融合

一是明确发展方向和定位。全产业链的发展方向坚定不动摇，构建以一产为基础带动二三产业发展，以二三产业推动一产发展的融合发展方向。打造原生态有机农耕乡村生活的定位坚定不动摇，重塑乡村价值。二是发掘新功能新价值。充分挖掘村里的现有农业资源、建筑资源以及人文资源，使休闲观光、文化体验、中医药康养等价值相互融合。三是培育新产业新业态。继续开发半岭的原乡共享民宿，以此为基础，加快景区化农业及户外健身步道、各类工坊等业态的配套植入。四是打造新载体新模式。全力做大做强半岭民宿综合体平台，从内部供给的角度解决部分生态精品农产品，以乡村产业综合体的形式实现农产品多层次增值；引导村内农民专业合作社开展适度规模经营，延伸农业产业链条、组建农业产业化联合体，实现农民持续增收。

第十三节　丽水市松阳县山头村产业振兴
——功能拓展模式

一、基本情况

山头村位于浙江省丽水市松阳县大东坝镇，距离松阳县城约 30 公里，坐落在海拔 500 米的金钟山半山腰，是高山上的村庄，因此取名为山头村。山头村现有 352 户人家，风景秀丽，社会和谐稳定，被誉为"江南客乡"。而白老酒是山头村的特色产业，全村 1000 余人口中接近一半以上的人口都从事白老酒产业，年产量达到了 20 多万公斤，现在已经形成较高的知名度和美誉度，发展日益兴盛①。为了进一步扩大白老酒的影响力，完善产业发展，山头村白老酒工坊项目从 2010 年正式开始筹备，2018 年该项目开工建设，2019 年正式完工，如图 7-31、图 7-32 所示。山头村白老酒工坊建设项目采用的是"村集体入股 + 社会资本入股"的集资方式，目前已经实现了村集体和农户双收的目标，对推动当地白老酒产业发展和当地经济、文化等方面的建设具有十分重要的意义。

图 7-31　山头村工坊内部结构

图片来源：由笔者拍摄。

---

① 在松阳的酒工坊，有酒也有故事 ［EB/OL］.（2020-05-04）. https：//new.qq.com/omn/20200504/20200504A0ILZB00.html.

图 7 - 32　山头村白老酒酿造工艺

图片来源：由笔者拍摄。

二、重要节点

2010 年，山头村白老酒工坊项目开始筹备；

2014 年，DnA 建筑事务所开始集中参与松阳县的乡村建设；

2015 年，科技特派员项目——水稻化肥农药减量增效技术示范项目立项；

2018 年，白老酒工坊项目开工建设；

2019 年，白老酒工坊项目正式完工；

2020 年，山头村获评浙江省第一批 A 级景区村庄。

三、关键事件与重大转型

松阳大东坝镇山头村是白老酒的原产地，是松阳酒文化的代表之一，白老酒集中展现了石仓人民的智慧结晶和劳动创造。目前，白老酒已经成为山头村的特色产业，全村 1000 余人口中接近一半以上的人口都从事白老酒酿造产业，年产量达到了 40 多万斤且品质都处于上等水平。山头村高品质白老酒的秘诀在于酿酒的水质和糯米的品质，而山头村正是金钟山山泉水的水源地，常年保持一类水质；优质的水源同样孕育了颗粒饱满、米香充实的本地糯米；两者兼具，共同促成了山头村高品质的白老酒。但是，山头村这种以家庭为单位的传统酿酒方式存在着生产环境低散、没有树立品牌等问题，导致白老酒产业规模得不到扩大。

2010 年在当地政府、山头村股份经济合作社以及村集体三方的共同筹备和努力下，山头村白老酒工坊项目正式展开。

2014 年北京 DnA 建筑事务所开始集中参与了松阳县的整体乡村建设，这是一家擅长将建筑的文脉、功能进行有效结合诠释的建筑事务所。从 2014 年开始，DnA 建筑事务所创始人徐甜甜及其团队对整个松阳地区进行实地调研，了解当地最具有代表性的历史文化、产业元素，并逐步形成了以松阳为基础、以村庄功能为载体的针灸式设计方案，来实现激活整个地区的活力，白老酒工坊就是其中之一。在进行多次的实地调研、沟通方案后，徐甜甜及其团队最终形成了一份对白老酒工坊的整体设计规划并于 2018 年 4 月白老酒工坊正式开工建设①。

2015 年科技特派员项目——山头村水稻化肥农药减量增效技术示范项目立项。山头村水稻化肥农药减量增效技术是提高白老酒的品质以及产量的进一步保障，该项目的立项为白老酒工坊的建设与发展提供了基础。

2019 年白老酒工坊建设完成，共用地 826 平方米，建筑用地共 714.52 平方米，建筑面积共 1995.58 平方米。白老酒工坊整合了原有的家庭工作坊，搭建了一个可标准化生产、商品化经营的联合空间。整个工坊集合了入口广场、水稻种植区、休闲广场、林下观景平台、白老酒制造工艺展示区、游客观摩品味区、成品展示售卖厅等空间，集中展示当地的人文特色、生产生活形态，也是当地居民和外来游客开展社交娱乐活动的公共文化空间，还是当地传统农特产品、传统手工艺品展示售卖的发展空间，实现了融功能性、艺术性、思想性为一体，真正成为了引导当地新业态发展、激活地区复兴的有效载体②。

2019 年建设完成的白老酒工坊是山头村产业发生转型的关键，山头村

① 浙江文物网. 松阳：文化引领的乡村复兴探索之路［EB/OL］.（2018 – 05 – 29）. http：// wwj. zj. gov. cn/art/2018/5/29/art_1675211_37011776. html.

② 让松阳乡村故事　传播世界各地［N］. 江南游报，2018 – 11 – 15.

在"村集体入股 + 社会资本入股"的动力机制作用下，产生了"糯稻种植 + 酿酒 + 养生旅游"的新业态，进而形成了"母品牌延伸与作坊加盟"的新模式，从而为山头村的白老酒产业实现了品牌化、规模化发展，并促进了山头村生态农业、乡村旅游等的发展，实现了产业的进一步融合发展，从而有效提高了当地的整体收入水平。

1. 新业态：糯稻种植 + 酿酒 + 养生旅游

白老酒工坊在第二产业酿酒方面，制造车间功能齐全，酿酒工艺通过硅藻桶过滤、蒸馏、高温灭菌、保温等一系列步骤进行特殊工艺制造，进而包装、出售。最原始的工艺是由客家人从福建带过来的，直到今天周边老百姓的酿酒工艺依旧采用类似的方法。但是在工坊白老酒的酿造过程和销售流程都得到了升级，目前为止，酿酒产量已达三四万斤。为了提高这种类似米酒的当地特色酒的品种，同时强化与群众的利益连接机制，在第一产业方面，本地原种糯稻的种植也因合作社的成立而进一步扩大。由于白老酒需要一段时间的窖藏来提升其品质，所以工坊地下是酒窖，一楼是生产间，二楼是休闲空间，还有"居酒屋"作为白老酒工坊配套项目，为游客提供酿酒体验、品酒、休闲等服务，并结合"牛栏区"整个区的二十几个牛栏整体改造之后打造的民宿，充分挖掘白老酒酿造产业价值链，形成"糯稻种植 + 酿酒 + 养生旅游"的新业态。

2. 新模式：母品牌延伸与作坊加盟

白老酒工坊生产线的现代化，例如装坛车间对酒坛的高温清洗，上下传输管道等的建设不仅使酒的品质更有保障，产量也得到了大幅度的提升。工坊自有的酒缸每年可以酿酒 15 万公斤，而加工生产线每年可以生产 150 万公斤，这就相当于还有 90% 的余量。因此，周边农户除了可以自酿自销，还可以在酒的品质符合要求的情况下，作坊加盟，按照订单的量去生产，经过该工坊的加工检验后，贴牌销售。即进行母品牌的延伸，用已经树立口碑的石仓工坊母品牌，为"百姓酿酒"的子品牌带来免费的效应，将品牌的作用进一步放大。

3. 新动力：混合所有制 + 新技术

石仓白老酒工坊采用特产集体基地的混合所有制，经营公司总注册资本金 300 万元，其中工坊项目公司占 35% 股份（含 3 年租金 25 万元折成股份），生产合作社占 1.5% 股份，合众合作社占 15.9% 股份，镇强村公司占 27.6% 股份，社会资本占 20% 股份。工坊的项目公司采用的是"村集体入股＋社会资本入股"，村集体的资金金额因其贫富程度的不同而不同，相对贫困的村可以由其村干部负责筹资贷款，并纳入干部考核机制，对村集体贡献大的优先任用。合众合作社由全村的老百姓自愿入股，入股每户最低 1000 元/股，最高 5000 元/股。通过这些制度层面的创新，工坊实现了村集体和农户的双收，与群众的利益联结机制得到了进一步的强化。

2020 年山头村获评了浙江省第一批 A 级景区村庄，这个荣誉充分肯定了山头村的在环境保护、基础建设以及产业发展等方面做出的努力，同时也肯定了山头村白老酒工坊项目在生态产品价值建设方面的贡献，白老酒工坊的建设加快了山头村在"生态经济化、经济生态化"方面的发展。

从山头村利用白老酒工坊实现成功转型发展的案例中可以看出，有效的制度、模式创新是促进共同富裕的重要动力，不仅可以帮助当地产业突破产品质量标准要求的限制，还能激发了集体、农民个人、工商资本等各方投资活力与人才创新创业热情，为农村产业融合带来了活力，实现有效促进农村产业振兴和农民收入水平提高的目标。

四、发展方向

山头村白老酒以其独特的制作配方和制作工艺形成乡村特色文化品牌，但是也仍然存在着知名度有待提升的问题。因此，为了进一步实现农村产业融合一体化，首先，山头村下一步的发展方向会放在品牌打造、标准制定、文化挖掘、市场营销等方面，进一步将品牌落实到位，积极建立生态产品价值实现机制，探索价值提升和转化的实现路径，从而让山头村白老酒这个传统产业焕发新的活力，带动村庄发展、村民增收，走出"生产发展、生活富裕、生态良好"的发展新路。其次，山头村未来的发展重心会放在进一步激活乡村新业态，大力发展高品质生态农业，推动民宿经济、文化创意、运动休闲、养生养老、农业特色工坊等业态深度融合方面。最后，强化数字赋能，大力推动电商经济、直播经济进入山头村也是未来发展的一个重要方面。

第十四节　湖州市南浔区荃步村产业振兴

——深挖本土资源，建设美丽精品村

一、荃步村简介

荃步村，位于湖州市南浔区练市镇西北部，距镇中心3.5公里，湖盐公路1公里，村内水网交织，水陆交通极为便利。现有村民小组16个，农户508户，总人口1896人，总耕地面积198.53公顷，行政区域面积3.13平方公里。荃步村为湖州市著名的古村之一，村中心有护国报恩寺，因明太祖朱元璋曾避居千步报恩禅寺一说而得名，千步护国报恩寺名闻海内外。

作为练市镇三大中心村之一，荃步村具有得天独厚的条件，形成中心村商业街、农贸市场、报恩寺旅游三大特色。目前荃步村拥有个私企业67家，形成以木业、轻纺业、旧设备回收、交通运输业为主的四大产业。多年来全村经济收入稳步增长，至2020年，荃步村村级集体经济达到100万元，人均可支配收入已经超过37000元。

荃步村作为2004年省级全面小康建设示范村创建村之一，在抓好示范村建设的同时，坚持示范村建设与村域经济发展相结合，做到以经济带动建设，以建设促进发展，坚持经济效益、社会效益和环境效益相统一，使示范村建设与全村经济社会发展相结合。在示范村建设管理过程中，对村域经济的发展进行了合理规划布局，在示范村规划编制中，专门预留部分土地作为产业发展用地，同时要求部分影响示范村建设的个私企业进行搬迁，鼓励分散个私企业迁入规划区内，实现村域经济集中发展。荃步村也先后获得"浙江省文明村""浙江省卫生村""浙江省民主法治村""浙江省美丽宜居示范村""湖州市美丽乡村"等荣誉称号。

二、荃步村产业发展基础

（一）湖羊产业

湖羊源于北方蒙古羊，距今已有一千多年的历史，是我国一级保护地方畜禽品种，也是太湖平原一带的重要家畜之一。南浔区练市镇历来家家户户以养羊为业，被授予"湖羊文化明镇"称号。位于练市镇的荃步村与湖羊产业紧密相连，湖羊产业逐渐成为村民的重要经济来源。近年来，练市镇作为湖羊产业的重要基地，深入挖掘湖羊的深厚文化基础。在荃步村举办的"湖羊文化节"，在打造练市名片的同时给荃步村湖羊产业发展带来了更大的机会，吸引了大量游客前往品尝、观光体验，促进荃步村的经济发展和经济增收，不断地将湖羊产业推向新的高潮，进一步扩大了荃步村的影响力。在练市镇的未来规划版图上，也将结合荃步村美丽乡村风景区的资源优势，建立国家级一流示范园区，并规划、开发万头湖羊生态养殖区，打造新的生态农业圈。湖羊产业助荃步村走上振兴之路。从 2010 年起，荃步村已经多次举办湖羊文化节，通过不断挖掘湖羊深厚的文化积淀，提高湖羊养殖、交易、加工等整个产业链的科学发展水平，完善产业链条，建立了湖羊产业与餐饮、旅游、文化等行业的产销一体化互动模式，走出了农旅结合的乡村振兴特色之路①。

（二）特色文化旅游

荃步村自唐建村，是一座有着 1200 年历史的古村落，悠久的历史也为荃步村积淀了深厚的历史文化底蕴。村内有一座报恩禅寺，距今已有千年历史。据说在元朝末期，朱元璋因为遭到元军追杀而跑到湖州这一带，并躲在这座庙里摆脱了元军的追杀。后朱元璋登上皇位，亲自下令重修这座寺院，并赐名"护国报恩寺院"。千年以来，这座寺院成为了荃步村"知恩报恩"

---

① 浙江日报. 湖羊文化源远流长　南浔练市特色产业助力乡村振兴［N/OL］.（2019 - 10 - 23）. https：//baijiahao. baidu. com/s?id = 1648142153318584799&wfr = spider&for = pc.

文化的载体和标志，而"知恩报恩"也成了这个小村的文化。荃步村借助深厚的历史文化资源，发展特色文化旅游，以报恩寺的"报恩文化"为核心，扩建了报恩禅寺、报恩漾、报恩文化礼堂等主要景点。荃步村景区充分利用本土特色资源，策划各类农村旅游节庆活动，并根据不同季节的特点策划开展各项季节活动。春季，荃步村以本村著名的"报恩文化"为核心，举办报恩文化旅游节，展示当地民俗文化特色；夏季，举办草坪音乐节，开展大型亲子嘉年华；秋季，联合练市镇承办湖羊文化节，推广宣传湖羊品牌；冬季，举办乡村百人长桌宴。真正做到与当地文化特色相结合，通过深度挖掘当地文化底蕴的休闲文化旅游产业，把文化旅游资源优势逐步转化为经济优势。

（三）休闲生态农业旅游

作为首批入选浙江省 3A 级景区的村庄，一直以来荃步村致力于生态建村打造"美丽乡村"，注重乡村环境整治与乡风文明建设，将乡村美丽田园风光展现出来，凸显出"一步一景"的美丽乡村。环境越来越好，发展乡村旅游的条件也逐渐成熟，依托于自然生态环境的农村旅游项目也开始发展起来。经过科学的建设发展规划，荃步村先后引进了四个农业旅游项目，与周边多家旅行社达成合作，接待前来观光的游客。为了延伸休闲生态农业旅游，荃步村着重打造了各色花海田，引进农耕亲子乐园、谷堆乡村生活营造示范基地等项目，可供游客观光、采摘、亲子等休闲娱乐活动。

三、荃步村产业发展重要举措

（一）挖掘湖羊资源，延伸湖羊产业链

湖羊由于其自身优良性状，成为了我国一级保护地方畜禽品种，湖羊的价值也越来越被重视，近几年浙江省鼓励振兴湖羊产业。练市镇作为湖羊产业的重要基地，历来家家户户都以养羊为业。荃步村也不例外，湖羊产业是荃步村的重要经济来源之一。一直以来，湖羊养殖基本上以散养为主，致使当地未能形成完整的产业链，农户养却难销。为了扩大湖羊产业，练市镇从

2002 年起便相继出台扶持发展湖羊生产的奖励政策，荃步村也是受益村之一。为进一步扩大湖羊产业的品牌价值，自 2019 年起荃步村承办"湖羊文化节"，打造了湖羊特色品牌，提高了湖羊品牌的知名度。通过文化节的举办，除了养殖成品羊肉和销售以外，湖羊羊油也能制作成护肤产品售卖，湖羊产业还能与旅游相结合，供游客观光，同时也吸引了更多外资进村投资创业，进一步刺激荃步村的经济发展。通过不断深挖湖羊的资源，荃步村湖羊产业链相较于之前有了很大的延伸，将一二三产业完整地连接起来，已经形成了一条从湖羊饲养到湖羊售卖再到羊肉餐饮等较为完整的产业链。在近几年，湖羊养殖的数量与质量相较之前有了明显的提升，湖羊也成为了东西部扶贫协作的特色产业，进一步提高了湖羊的产业价值。

（二）深挖历史文化资源，整体规划

荃步村的发展首先是对村域进行科学健全的整体规划。为了创建美丽乡村小镇精品村，当地采取"先规划、后建设""精品规划、精品建设"的规划理念，大胆引入社会资本共同参与农村开发建设，邀请北京、上海多家规划公司进行规划设计。在浙江谷堆乡创旅游发展有公司的规划建设下，荃步村锚定了"湖羊产业示范基地"和"南浔区乡村旅游第一站"的初步规划，并且引入"农耕亲子乐园"项目，以家庭亲子体验的主打亮点长期留存客户，吸引产业。其次，发展特色旅游。荃步村有座始建于唐代的护国报恩寺，也叫"千步院"，据说朱元璋曾在该寺避难，后怀报恩之心进行大规模重建，寺庙环境清幽，高僧甚众，现在也香火不断。于是当地以报恩寺的"报恩文化"为核心，又扩建了报恩禅寺、报恩漾、报恩书画馆、报恩文化礼堂等主要景点，全力打造融佛教禅修文化旅游和休闲生态农业旅游为一体的景区，成功申办了报恩文化节和湖羊文化节，既丰富了旅游体验，又传扬了当地特色文化。

不仅如此，荃步村还瞄准了本土历来传承的特色"船拳"进行文化底蕴的深度挖掘。练市镇素有"船拳之乡"的美称，船夫们在农船上打拳练武，始称"船拳"。该拳术以"五虎拳"为代表，风格独树一帜，如今也成了当地旅游的特色名片。最重要的，则是坚持生态建村。当地尤为注重环境整治与乡风文明建设，在村内种植了格桑花、硫华菊、百日草、油菜花、桃花等多种植物，打造出"一步一景"的网红花海，将乡村的美丽韵味传播开来，更是借助南浔古镇、乌镇两大国家 5A 级旅游景区带来的旅游溢出效应，走出了特色乡村旅游之路。

（三）集体入股，成立合作社

荃步村以前和大多数浙江的农村一样，村民们住得都很分散，为了能够让土地集约化利用，浙江省在前年开始进行全域土地整治，农房集聚在一起，形成了如今成片的农房，居住条件好了，环境也好了。农田集聚后便做起集约农业，荃步村的村民集体入股，成立了强村公司，统一招引企业，统一管理，完成效益农业。

产业兴，则乡村兴。近年来，荃步村在实干中践行"两山"理念，努力将美丽乡村转化为美丽经济，创新打造了"强村公司＋专业团队＋农户"三位一体的乡村旅游经营平台——幸福合作社。由村集体出资成立荃虹农旅公司，投资基础设施、收购闲置农房、流转土地；引进专业运营团队"谷堆乡创"，规划旅游项目以及整体市场运营；吸收乡村农厨、乡村农宿、种养殖户等各类经营者入社，形成景区建设、市场运营、农民增收为一体的乡村经济发展共同体。截至目前，幸福合作社已有社员 18 户，涵盖乡村美食特产、非遗表演、家庭农场、稻虾养殖、乡村农宿等多类产业。

四、荃步村产业振兴的经验总结

（一）村域规划的科学健全

村域发展要进行整体规划，为提高土地利用率，把分散的资源整合在一起共享效益。荃步村进行土地流转、闲置厂房盘活、项目入股保底分红等项目活动，进一步推进了农业产业聚集，使得荃步村得以放开手脚发展。荃步村入股的强村公司，开展宅基地盘活利用、物业管理、生态农业等经营性活动，并以项目联建等方式整合绿色产业、红色产业等优质资源，通过规模化、产业化发展，带动村集体经济发展，实现"人人成股东、人人有分红"的局面。通过强村公司带动村级经济合作组织，再带动广大村民形成联动式的发展模式，既能为集体经济积累资金，又能充分利用农村闲置劳动力为村民带来经济收益。

（二）因势利导，深挖本土历史文化

荃步村充分利用了其得天独厚的历史文化资源，发展"知恩报恩"文化，以"知恩报恩"文化为核心，积极探索乡村旅游与乡风文明融合发展，并不断发挥新时代文明实践阵地的作用，充分开发荃步景区，展示本土历史传统文化特色。不仅如此，荃步村还根据报恩文化举办报恩文化节，作为荃步村特色文化旅游项目之一。在文化节上紧扣"报恩"主题，推出一系列活动，充分展示本土历史文化特色，讲好荃步故事，吸引不少游客的同时更打开了民俗产品的销售渠道。且荃步村不断谋划新节目，使本土历史文化资源与旅游充分结合，全面开发本村历史文化，促进一二三产业融合发展。

（三）因地制宜，持续发展

荃步村的发展一直致力于"绿水青山就是金山银山"的理念，推进美丽乡村建设，打造美丽乡村升级版。依托于自身自然生态优势发展，经济才能够得到可持续发展，荃步村重视村内环境建设，依托乡村田园特色，引进乡村生活营造示范基地、亲子农耕乐园等项目，把传统村落改造好、保护好。荃步村不仅继承历史风貌，也突显出现代特色，打造出一道道靓丽的民居风景线，用好的自然生态、田园风光等乡村资源，打造出农耕文化体验、乡村休闲农业旅游等特色村庄，展示出美丽乡村的自身魅力。

| 第八章 |

未来浙江省乡村产业振兴的
方向与路径

　　乡村的未来应该是产业兴旺、生态宜居、乡风文明、治理有效、生活富裕的，实现乡村振兴的首要任务是产业振兴。当前我国已经全面建成小康社会，但农村问题仍是重点和难点，存在着产业门类不全、产业链条短、要素活力不足和质量效益不高等问题，解决农村问题的关键还是要以发展为着力点，而产业兴旺作为乡村振兴的重要基础，是首要任务，是解决农村一切问题的前提，因此，必须抓住建设现代化强国和振兴乡村的机遇，乘势而上，加快发展乡村产业。

　　浙江省作为美丽乡村的全国样板，乡村建设成效在全国范围内也一直处于领先地位。在"八八战略"和"两山理论"的指引下，浙江省以绿色生态理念引领产业发展，结合政府引导，尊重农民首创精神，建设了全国第一个"农民城"，第一个"淘宝"村，形成"一村一品""一村一业"，善于创新，不断深化农村供给侧结构性改革，探索高质量发展路径，打造共同富裕示范区，实现藏富于民，共富共享。

　　推动乡村产业振兴，浙江做了许多富有成效的先行探索，乡村产业发展取得积极的成效。在科技驱动、资金推动、人才和乡贤助力下，涌现出一批新产业新业态新模式和一批值得借鉴和推广的经验做法。例如：慈溪市附海镇走出了一条"以农促旅，以旅兴农"的农旅一体化发展道路；奉化市滕头村通过生态农业、立体农业延伸农业产业链，实现一二三产业融合发展；

丽水市遂昌县依托于农村电子商务，带动了农业经济效益显著增长等。

当前，浙江省乡村产业发展面临政策、市场和技术三大机遇。政策方面，中共十九大以来，国家提出乡村振兴战略，推动更多资源要素向农村倾斜，城乡融合发展进程加快，乡村产业发展环境不断优化。市场方面，城乡居民可支配收入不断提高，对高质量农产品的需求不断增加，农旅融合、乡村健康养生产业发展迅猛，乡村产业发展市场前景辽阔。技术方面，"互联网＋"、大数据、生物技术、5G等新一轮产业革命和技术革命在农业中不断应用，新产业新业态涌现，将引领乡村产业升级。与此同时，也要看到浙江省乡村产业发展面临着一些问题。乡村产业项目缺乏科学指导，部分地区未能结合当地实际，选择合适的发展项目和商业模式，导致一批项目生搬硬套，虽然有效益，但效益不高；产业融合发展不协调，第一产业向后端延伸不够，第二产业向两端拓展不足，第三产业向高端开发滞后，利益联结机制不健全，小而散、小而低、小而弱问题突出，乡村产业转型升级任务艰巨；产业项目缺乏专业人才、创新、技术支持，资金、技术、人才向乡村流动仍有诸多障碍，资金稳定投入机制尚未健全，人才激励保障机制尚不完善，社会资本下乡动力不足。

在乡村全面振兴和国务院支持浙江高质量发展建设共同富裕示范区的背景下，乡村产业应成为提升农村、繁荣农村、富裕农民的产业，乡村产业要姓农、立农，更要兴农。作为美丽乡村全国样本的浙江，要运用新的理念、技术和机制来探索和实践未来乡村产业振兴的方向和策略，将乡村打造得像某些发达国家的乡村一样，增强农民的获得感、幸福感和安全感。

第一节　未来浙江省乡村产业发展方向

浙江省农业资源禀赋较少，各地农业经济基础、村民科学文化素养、乡村风俗等各不相同，这些差异决定了浙江省乡村产业的发展需要从本省农情出发，结合浙江高质量发展和建设共同富裕示范区的目标要求，明确浙江省乡村产业发展的方向。

以习近平新时代中国特色社会主义思想为指导，贯彻新发展理念，以"八八战略"为总纲，坚持高质量发展、培育高质量乡村产业体系、建设高质量产业支撑体系、落实高效率支持保障四条主线，走特色化、融合化、绿色化、品牌化、数字化的发展路子，围绕现代种植业、现代养殖业、农产品加工业、乡土特色产业、乡村商贸流通业、乡村休闲旅游业、乡村信息产业、综合服务业、农资农机产业、乡村资源环保产业十大乡村产业，推动浙江省乡村产业发展继续"走在前列"。

一、坚持创新发展

产业兴旺需要通过重组各种农业生产要素的利用，发展新型农业业态，重构农业产业经营形态。重构意味着原有的生产要素需要重新配置变得更有活力，因此必然面临着乡村产业创新。创新与乡村产业振兴是相互影响、相互制约的，创新驱动乡村产业振兴，而乡村产业振兴内生地推进乡村产业技术和产品的创新，以及适应性的制度、组织方式和管理方式的创新，进而推动产业振兴。

二、坚持协调发展

乡村是复杂的多系统，其中人口、土地、产业分别是社会、资源、经济系统的重要内容和核心要素，三者之间的协调发展是乡村实现可持续发展的关键。此外，在社会因素的影响和自然资源条件的限制下，城乡产业发展还存在很大差距，关键的突破口在于城乡产业联动发展。因此，必须通过协调发展挖掘发展潜力，以协调发展促进城乡产业协调，促进"农村人—地—业协调"，促进乡村一二三产业协调。

三、坚持绿色发展

乡村绿色发展是乡村振兴道路的七根支柱之一，决定着"三农"的持续发展问题。近些年，国家持续强调"生态文明""绿水青山就是金山银山""绿色发展、生态优先",为乡村产业发展指明了方向。乡村产业不同于城市产业,代表的是绿色、无污染和可持续。因此,必须有别于城市粗放型发展方式,不搞"先污染、后治理",坚持绿色发展理念,构筑绿色发展的产业链、价值链,走环境友好型、资源节约型的可持续发展道路。

四、坚持开放发展

广义上,农业产业开放主要涉及农产品进出口贸易、农业对外投资以及农业国际交流等,狭义上,乡村产业开放涉及企业的引进,人才、资金等要素的流动等。改革开放以来,大量的农村资源和人口转移到城市,城市作为最大的受益者,产业发展,经济腾飞。在下一轮的深化改革开放进程中,在乡村振兴的背景下,要补齐农业农村开放合作短板,用开放推进乡村产业振兴。

五、坚持共享发展

乡村产业发展是为了实现乡村振兴,提升农业、繁荣农村、富裕农民。坚持共享发展一方面是利用共享经济模式推动乡村产业发展,另一方面是通过产业发展共享发展成果,实现产业增收、利益共享、村民共富。互联网时代的到来使得共享经济得以快速发展,利用共享经济理念搭建乡村产业发展平台具有一定的时代性和前瞻性。而浙江高质量发展建设共同富裕示范区,推动乡村共享发展收益本就是应有之义。

第二节　未来浙江省乡村产业发展路径

产业兴旺是乡村振兴的重要基础,是解决农村一切问题的前提。乡村产业根植于县域,以农业农村资源为依托,以农民为主体,以农村一二三产业融合发展为路径,地域特色鲜明、创新创业活跃、业态类型丰富、利益联结紧密，是提升农业、繁荣农村、富裕农民的产业。当前，乡村产业发展政策驱动力增强，党和政府坚持农业农村优先发展方针，加快实施乡村振兴战略，更多的资源要素向农村聚集，"新基建"改善农村信息网络等基础设施，城乡融合发展进程加快，乡村产业发展环境优化。乡村产业市场驱动力增强，消费结构升级加快，城乡居民的消费需求呈现个性化、多样化、高品质化特点，休闲观光、健康养生消费渐成趋势，乡村产业发展的市场空间巨大。乡村产业技术驱动力增强，世界新科技革命浪潮风起云涌，新一轮产业革命和技术革命方兴未艾，生物技术、人工智能在农业中广泛应用，5G、云计算、物联网、区块链等与农业交互联动，新产业新业态新模式不断涌现，引领乡村产业转型升级。为此必须坚持立农为农，市场导向，融合发展，绿色引领，创新驱动。

浙江省人多地少，人均耕地面积仅为 0.036 公顷，仅为全国人均水平的36%，在有限的国土空间内，要实现乡村产业的高质量发展，就注定了其现代农业发展之路无法以规模和产量取胜，也注定了其必须坚持走创新驱动、融合发展、绿色引领、因地制宜的路子。推动创新创业升级，培育发展新产业新业态，增强乡村产业发展新动能；推进城乡产业融合与农村一二三产业融合发展；坚持绿色引领，推动乡村产业绿色可持续，建设美丽田园；立足当地特色资源，坚持"一村一品，一地一业"，因地制宜，突出特色，宜农则农、宜工则工，宜商则商；完善政策措施，优化乡村产业发展环境，引导工商资本下乡，完善用地保障，健全人才保障。

一、创新驱动

创新与乡村产业振兴相互影响、相互制约，创新是乡村产业振兴的驱动力量，乡村振兴是对创新提出的潜在要求。推动创新创业升级，增强乡村产业发展新动能。落实创新创业政策，搭建能人返乡、企业兴乡、市民下乡平台，将智创、文创、农创引入乡村，促进资源要素活力竞相迸发和创新创业源泉充分涌流。强化科技创新引领，引入创新创业元素，促进农村创新创业，鼓励新增家庭农场、农家乐民宿、农村电商经营户，培育发展新产业新业态。

发展乡村新型服务业。乡村新型服务业是适应生产生活方式变化应运而生的产业，业态类型丰富，经营方式灵活，发展空间广阔。提升生产性服务业，开展农技推广、土地托管、代耕代种、烘干收储等农业生产性服务，以及农资供应、农机作业及维修、农产品营销等服务。拓展生活性服务业，改造提升餐饮住宿、电器维修、再生资源回收等乡村生活服务业，积极发展养老护幼、卫生保洁、体育健身等乡村服务业，鼓励各类服务主题建设运营覆盖娱乐、健康、家政等领域的在线服务平台，推动传统服务业升级改造，为乡村居民提供便捷服务。

搭建创业平台。通过搭建平台、优化服务、加大宣传等多种手段，吸引大学生从事现代农业。成立浙江省农创客发展联合会，与浙江省农业区域合作促进会等金融、创投平台签订战略合作协议。联合有关创投机构、农业技术专家，与农创客签订投资意向、融资服务、技术对接等协议。举办省市县农创客培训提升班，组织大学生农业就业创业招聘会，设置农创客创业合作招募区。建设农村创新创业园区，引导地方建设一批资源要素集聚、基础设施齐全、服务功能完善、创新创业成长快的农业创新创业园区。依托现代农业产业园、农产品加工园、高新技术园区、电商物流园等，建立农村创新创业园区。建设孵化实训基地，依托大中型企业、知名村镇、大中专院校等平台和主体，建设一批融"生产+加工+科技+营销+品牌+体验"于一体、"预孵化+孵化器+加速器+稳定器"全产业链的农村创新创业孵化实训基地。

二、融合发展

促进产业融合发展，增强乡村产业聚合力。发展多类型融合产业，形成"农业+"多业态发展态势，培育多元融合主体，引导新型农业经营主体与小农户建立多种类型的合作方式。立足当地产业资源优势，打造产业融合载体，建设一批产业园。构建利益联结机制，推广"订单收购+分红""农民入股+保底收益+按股分红"等模式。

坚持农村三产融合。推进农业规模化、标准化、集约化，纵向延长产业链条，横向拓展产业形态，形成"农业+休闲观光""农业+服务业""农业＋互联网"等多业态发展态势。发展全产业链模式，推进第一产业向后延、第二产业两头连，第三产业走高端，加快农业与现代产业要素跨界配置。以加快发展二三产业为重点发展乡村产业，鼓励各种新业态新模式，增强乡村产业发展活力。

坚持城乡产业融合。乡村产业根植于县域，以农业农村资源为依托。推动形成城乡融合发展格局，为农业农村现代化奠定坚实基础。围绕农村一二三产业融合发展，与城镇化联动推进，优化提升城乡产业空间布局、结构布局、功能布局。优化城乡产业布局，城市产业结构优化升级与农村二三产业发展紧密结合，融合发展，联农带农。发挥中心城镇对农村的带动和辐射作用，推动特色小镇的产业中枢功能，促进农业增收，农民增收和农村发展。

打造产业融合载体。立足县域资源禀赋，突出主导产业，建设一批现代农业产业园和农业产业强镇，创建一批农村产业融合发展示范园，形成多主体参与、多要素聚集、多业态发展格局。强化平台建设，构建起市、县、乡梯次发展的产业园融合发展机制，打造精品化"三产融合"载体。

三、绿色引领

践行"绿水青山就是金山银山"的理念，促进生产生活生态协调发展。健全质量标准体系，培育绿色优质品牌。"绿水青山就是金山银山"，良好的生态环境是农村最大的优势和宝贵财富。浙江作为"两山理论"的发源地，更应正确处理好发展与保护环境的关系，牢固树立美丽乡村理念，大力发展生态农业，提高经济发展"含绿量"，促进生产生活生态协调发展，推动乡村产业生态振兴。坚持人与自然和谐共生，推动乡村产业形成绿色发展方式，让乡村产业绿起来。

推广乡村产业绿色技术，提升农产品质量安全。浙江省作为农业绿色发展试点先行区，应加快组织制订实施农业绿色发展试点先行区行动计划，加快推进农业绿色发展的先行先试。构建市场导向的绿色技术创新体系，坚持科技支撑，加大减肥减药力度，推广新型农作制度和绿色防控技术，加快研发应用绿色环保技术，推广秸秆高效利用技术、乡村产业绿色环保技术，推进农业绿色发展提供有力支撑。

推进农业废弃物资源化利用。大力推广农牧结合、粮经（水旱）轮作、稻鱼共生等新型农作制度。坚持种养结合，完善农牧对接机制，推进畜禽粪污资源化高效利用。坚持疏堵结合、用禁互促，大力推进秸秆、尾菜和农产品加工副产物资源化利用，全面禁止秸秆露天焚烧。

加强农业面源污染防控。健全农业面源污染监测与治理体系，实施源头控制、过程拦截、末端治理与循环利用相结合的综合防治。实施畜禽养殖污染治理工程，严格执行畜禽养殖场环境准入与退出制度，推动污染治理设施提标改造，提升畜禽排泄物资源化利用水平。加强灌溉水水质管理，推进高效节水灌溉，确保符合农田灌溉水水质标准。

四、因地制宜

发展乡村产业，必须顺应产业发展规律，立足当地特色资源，坚持"一村一品，一地一业"，因地制宜，突出特色，宜农则农、宜工则工，宜商则商。突出乡村优势特色，培育壮大乡村产业，做精乡村特色产业，做精丝绸、黄酒、茶叶等历史经典产业，兼顾历史经典产业的特色小镇，发挥特色小镇的产业中枢作用。积极开发农家美食，农产品特色产业拓宽产业门类。发展特色农产品村、淘宝村、民宿精品村、农民艺术村、创客村等专业产业村。

因地制宜，打造农业品牌。品牌战略是浙江省乡村农业发展的必然选择。实施农业品牌提升行动，加强地方特色农业品牌保护与提升，引导农民与企业共创地方农产品品牌，培育一批"土字号""乡字号"产品。充分挖掘当地优质特色农业资源，根据乡村农业发展特色和资源禀赋，实施品牌战略。以品牌带动生态农业、健康食品、乡村旅游等特色产业加快发展。

加大宣传，强化品牌经营。宣传推广品牌效应，扩大乡村及其产品的品牌效应。提升产品品质，挖掘品牌内涵，提高品牌知名度，培育一批"珍品""礼品""贡品"。以市场需求为导向，引导乡村品牌及其产品品牌向着功能多元化、供给全年化和品质优质化发展。结合线下流行软件和信息交流平台完善网络营销、直播带货等销售方式。开展各种节庆活动和乡村特色节日活动宣传，引导游客走进乡村。

五、政策保障

优化乡村产业发展环境。对人、地、钱资源进行整合，出台乡村振兴的专项政策，专项行动，吸引人才、技术、资金等资源向乡村汇聚，实现资源高效配置。健全财政投入机制，创新乡村金融服务，发挥政府财政资金杠杆作用，有序引导工商资本下乡，完善用地保障政策，健全人才保障机制，引入并留住一批返乡创业青年，高校毕业生，一大批懂市场、会经营的"新农人"。提供公共服务，规划建设好乡村水、电、路等基础设施。

鼓励社会资本加速下乡。努力破解社会资本下乡的瓶颈制约，制定乡村产业重点投资领域和负面清单，引导社会资本重点发展现代种养业、乡土特色产业、农产品加工业、乡村休闲旅游业、乡村新型服务业和乡村信息业。完善"人地钱"支持政策，研究出台支持"引人育人留人"政策，同步培育"田秀才""土专家""乡创客"等乡土人才。社会资本既可以投资乡村产业发展，也可以参与具有一定收益的农业基础设施建设，还可以参与乡村规划、教育养老、乡村旅游等服务业。不断改善农村交通、通信、信息等基础设施，搞好扶持服务，打破制约城乡社会资本要素公平配置的藩篱。

完善用地保障政策。耕地占补平衡以县域自行平衡为主，在安排土地利用年度计划时，加大对乡村产业发展用地的倾斜支持力度。探索针对乡村产业的省市县联动"点供"用地。推动制修订相关法律法规，完善配套制度，开展农村集体经营性建设用地入市改革，增加乡村产业用地供给。有序开展县域乡村闲置集体建设用地、闲置宅基地、村庄空闲地、厂矿废弃地、道路改线废弃地、农业生产与村庄建设复合用地及"四荒地"（荒山、荒沟、荒丘、荒滩）等土地综合整治，盘活建设用地重点用于乡村新产业新业态和返乡入乡创新创业。完善设施农业用地管理办法。

健全人才保障机制。各类创业扶持政策向农业农村领域延伸覆盖，引导各类人才到乡村兴办产业。加大农民技能培训力度，支持职业学校扩大农村招生。深化农业系列职称制度改革，开展面向农技推广人员的评审。支持科技人员以科技成果入股农业企业，建立健全科研人员校企、院企共建双聘机制，实行股权分红等激励措施。实施乡村振兴青春建功行动。

参 考 文 献

［1］蔡松柏，何峰，钟蓉，等．荷兰土地整理的特点及对我国土地整理工作的借鉴［J］．高等教育与学术研究，2008（2）.

［2］曹彰完，安玉发，池成泰．韩国新农村运动的经验及启示［J］．世界农业，2006（9）：38－41.

［3］陈万钦．促进北京科技成果向河北转化的调查与建议［J］．经济与管理，2016，30（4）：19－22.

［4］陈锡文．城乡统筹解决"三农"问题［J］．改革与理论，2003（3）：10－11.

［5］陈锡文．实施乡村振兴战略，推进农业农村现代化［J］．中国农业大学学报（社会科学版），2018，35（1）：5－12.

［6］陈学云，程长明．乡村振兴战略的三产融合路径：逻辑必然与实证判定［J］．农业经济问题，2018（11）：91－100.

［7］程广斌，杨春．区域产业融合水平评价及其影响因素研究——以长江经济带为例［J］．华东经济管理，2020，34（4）：100－107.

［8］党国英．乡村振兴战略的现实依据与实现路径［J］．社会发展研究，2018，5（1）：9－21.

［9］邓大才．解构"三农"［J］．科技导报，2002（10）：3－7.

［10］丁川．我国农村产业发展的影响因素分析［J］．南方农业，2021，15（3）：169－170.

［11］樊纲．经济学家攀纲指出农业的根本出路：农民的非农产业化［J］．领导决策信息，2000（35）：18.

［12］樊维聪．乡村振兴视野下农村产业发展研究［J］．农业工程，2019，9（12）：132－134.

［13］范建华 . 如何理解乡村振兴战略的重大意义？［J］. 中国生态文明，2018（1）：87.

［14］冯文丽，史晓 . 京津冀农业保险发展差距及影响因素的实证分析［J］. 经济与管理，2018，32（5）：8 – 13.

［15］付岚岚 . 乡村振兴战略下产业特色小镇空间发展对策研究［D］. 合肥：安徽建筑大学，2019.

［16］高帆 . 中国"三农"问题的突围之途［J］. 学术研究，2009（12）：59 – 65.

［17］高红贵，赵路 . 长江经济带产业绿色发展水平测度及空间差异分析［J］. 科技进步与对策，2019，36（12）：46 – 53.

［18］郭燕妮 . 乡村振兴战略背景下延安乡村产业振兴研究［D］. 延安：延安大学，2019.

［19］郭远智，刘彦随 . 中国乡村发展进程与乡村振兴路径［J］. 地理学报，2021，76（6）：1408 – 1421.

［20］韩喜艳，高志峰，刘伟 . 全产业链模式促进农产品流通的作用机理：理论模型与案例实证［J］. 农业技术经济，2019（4）：55 – 70.

［21］黄承伟 . 推进乡村振兴的理论前沿问题［J］. 行政管理改革，2021（7）：1 – 10.

［22］黄祖辉，徐旭初，蒋文华 . 中国"三农"问题：分析框架、现实研判和解决思路［J］. 中国农村经济，2009（7）：4 – 11.

［23］贾春光，程钧谟，谭晓宇 . 山东省区域科技创新能力动态评价及空间差异分析［J］. 科技管理研究，2020，40（2）：106 – 114.

［24］江永红，戚名侠 . 生成机制、个人禀赋与家庭农场主培育［J］. 中国人口·资源与环境，2018，28（5）：170 – 176.

［25］姜长云 . 推进产业兴旺是实施乡村振兴战略的首要任务［J］. 学术界，2018（7）：5 – 14.

［26］姜长云 . 以农业产业化组织推进农村产业融合的经验与对策——对山东潍坊的调查与思考［J］. 区域经济评论，2017（3）：75 – 83.

［27］姜天龙，舒坤良 . 农村"三产融合"的模式、困境及对策［J］. 税务与经济，2020（5）：57 – 61.

［28］姜峰. 农村一二三产业融合发展水平评价、经济效应与对策研究 ［D］. 哈尔滨：东北农业大学，2018.

［29］蒋辉，吴永清. 乡村产业振兴研究［M］. 北京：社会科学文献出版社，2021.

［30］靳晓婷，惠宁. 乡村振兴视角下的农村产业融合动因及效应研究 ［J］. 行政管理改革，2019（7）：68-74.

［31］李健，韦素琼. 福建省高新技术产业发展的空间差异研究［J］. 福建师范大学学报（哲学社会科学版），2011（2）：7-13.

［32］李凌汉. 影响农村内生发展动力的因素及实现路径——基于扎根理论的分析［J］. 观察与思考，2020（12）：75-85.

［33］李仁熙，张立. 韩国新村运动的成功要因及当下的新课题［J］. 国际城市规划，2016，31（6）：8-14.

［34］李实，陈基平，滕阳川. 共同富裕路上的乡村振兴：问题、挑战与建议［J］. 兰州大学学报（社会科学版），2021，49（3）：37-46.

［35］李实，陈基平，滕阳川. 共同富裕路上的乡村振兴：问题、挑战与建议［J］. 兰州大学学报（社会科学版），2021，49（3）：37-46.

［36］李涛，朱鹤，刘家明，等. 江苏省乡村旅游产业发展水平及空间差异分析［J］. 地域研究与开发，2017，36（3）：86-91.

［37］李天真. 如何提高农业会展对农产品贸易的促进作用［J］. 科技经济导刊，2019，27（22）：199，198.

［38］李晓龙，冉光和. 农村产业融合发展如何影响城乡收入差距——基于农村经济增长与城镇化的双重视角［J］. 农业技术经济，2019（8）：17-28.

［39］梁立华. 农村地区第一、二、三产业融合的动力机制、发展模式及实施策略［J］. 改革与战略，2016，32（8）：74-77.

［40］廖淑敏. 广西农产品加工业的金融支持研究［D］. 南宁：广西大学，2017.

［41］林毅夫. 城市发展和农村现代化应当并重［J］. 内部文稿，2001（20）：4-6.

［42］刘国斌，李博. 农村一二三产业融合发展研究：理论基础、现实

依据、作用机制及实现路径 [J]. 治理现代化研究，2019（4）：39－46.

[43] 刘合光. 激活参与主体积极性，大力实施乡村振兴战略 [J]. 农业经济问题，2018（1）：14－20.

[44] 刘志华. 发展中大国的农业农村现代化特点探析——以印度、埃及、巴西和苏联为例 [J]. 山东农业工程学院学报，2021，38（1）：1－9.

[45] 柳雨歆. 浙江省产业结构演进分析 [J]. 消费导刊，2018（9）：143.

[46] 卢新海，柯楠，匡兵，等. 中部地区土地城镇化水平差异的时空特征及影响因素 [J]. 经济地理，2019，39（4）：192－198.

[47] 鲁钊阳. 农业生产性服务业发展对城乡收入差距的影响 [J]. 南京社会科学，2013（2）：23－29.

[48] 陆学艺. 农村发展新阶段的新形势和新任务 [J]. 内部文稿，2000（18）：24－27.

[49] 罗必良. 明确发展思路，实施乡村振兴战略 [J]. 南方经济，2017（10）：8－11.

[50] 罗荷花. 工商资本助推乡村产业振兴 [N]. 中国社会科学报，2020－09－02（6）.

[51] 罗君名. 基于生态优势转化的乡村旅游发展探讨 [J]. 市场论坛，2020（1）：76－79，95.

[52] 马华，马池春. 乡村振兴战略的逻辑体系及其时代意义 [J]. 国家治理，2018（3）：7－12.

[53] 孟光智. 培育和发展农业新业态　推进榆林农业供给侧改革 [J]. 陕西发展和改革，2020（1）：38－41.

[54] 孟明浩，俞益武，张建国. 古村落旅游产品体验化设计研究——以浙江兰溪市诸葛村为例 [J]. 商业研究，2008（1）：195－198.

[55] 欧阳楚田. 新形势下农村产业发展现状及有效对策 [J]. 乡村科技，2020（34）：42－43.

[56] 彭杰武. 我国新农村建设中农村产业发展研究综述 [J]. 安徽农业科学，2012，40（29）：14572－14575.

[57] 齐文浩，朱琳，杨美琪. 乡村振兴战略背景下农村产业融合的农

户增收效应研究 [J]. 吉林大学社会科学学报, 2021, 61 (4): 105 - 113, 236 - 237.

[58] 祁占勇, 王志远. 乡村振兴战略背景下农村职业教育的现实困顿与实践指向 [J]. 华东师范大学学报 (教育科学版), 2020, 38 (4): 107 - 117.

[59] 邱春林. 国外乡村振兴经验及其对中国乡村振兴战略实施的启示——以亚洲的韩国、日本为例 [J]. 天津行政学院学报, 2019, 21 (1): 81 - 88.

[60] 沈费伟, 刘祖云. 发达国家乡村治理的典型模式与经验借鉴 [J]. 农业经济问题, 2016, 37 (9): 93 - 102, 112.

[61] 孙晓华, 刘小玲, 翟钰. 地区产业结构优度的测算及应用 [J]. 统计研究, 2017, 34 (12): 48 - 62.

[62] 完世伟. 创新驱动乡村产业振兴的机理与路径研究 [J]. 中州学刊, 2019 (9): 26 - 32.

[63] 汪思雯, 王雨楠, 吴之杭, 等. 古村落保护和旅游发展共赢之路探究——以浙江省兰溪市诸葛八卦村为例 [J]. 经贸实践, 2018 (6): 74 - 76.

[64] 王国华, 李克强. 农村公共产品供给与农民收入问题研究 [J]. 财政研究, 2003 (1): 46 - 49.

[65] 王露爽, 张建杰, 王淼, 等. 乡村振兴背景下农村产业发展现状及对策研究——以保定市为例 [J]. 河北农业大学学报 (社会科学版), 2021, 23 (1): 73 - 79.

[66] 王雅兰. 基于新型经营主体视角的农村一二三产业融合问题研究 [D]. 福州: 福建农林大学, 2018.

[67] 王永华, 马明. 中国农业现代化发展水平的空间分布格局及其演变 [J]. 江汉论坛, 2018 (2): 30 - 35.

[68] 魏丹, 张目杰, 梅林. 新乡贤参与乡村产业振兴的理论逻辑及耦合机制 [J]. 南昌大学学报 (人文社会科学版), 2021, 52 (3): 72 - 80.

[69] 温涛, 王永仓. 中国的金融化对城乡收入差距施加了怎样的影响 [J]. 农业技术经济, 2020 (4): 4 - 24.

[70] 温铁军, 董筱丹. 村社理性: 破解 "三农" 与 "三治" 困境的一

个新视角 [J]．中共中央党校学报，2010，14（4）：20－23．

［71］温铁军．"三农问题"的症结在于两个基本矛盾 [J]．群言，2002（6）：12－14．

［72］吴敬琏．农村剩余劳动力转移与"三农"问题 [J]．宏观经济研究，2002（6）：6－9．

［73］吴妙薇，张建国，崔会平，等．诸葛八卦村游客行为特征与旅游体验评价研究——基于百度指数和网络文本分析 [J]．中国农业资源与区划，2019，40（12）：259－267．

［74］吴永华．开发利用农作物多种功能促进乡村新产业新业态发展的探讨 [J]．浙江农业科学，2019，60（12）：2165－2167．

［75］肖军．绿色革命对印度农业发展的影响 [J]．世界农业，2017（1）：53－57，239．

［76］徐腊梅，马树才，李亮．我国乡村发展水平测度及空间关联格局分析——基于乡村振兴视角 [J]．广东农业科学，2018，45（9）：142－150，封3．

［77］徐振伟．印度第二次"绿色革命"与印度的粮食安全 [J]．天津师范大学学报（社会科学版），2016（2）：55－62．

［78］杨丽琴，张继英．甘肃省农业产业化发展的空间差异分析 [J]．甘肃高师学报，2010，15（5）：124－126．

［79］姚旭兵，罗光强，宁瑞芳．人力资本结构影响新型城镇化的门槛效应 [J]．城市问题，2017（2）：4－13．

［80］尹成杰．实现乡村振兴战略的七大任务 [J]．农村经营管理，2018（8）：20．

［81］袁建伟，曾红，蔡彦，等．乡村振兴战略下的产业发展与机制创新研究 [M]．杭州：浙江工商大学出版社，2020．

［82］翟坤周．新发展格局下乡村"产业—生态"协同振兴进路——基于县域治理分析框架 [J]．理论与改革，2021（3）：40－55．

［83］詹慧龙，唐冲，王娜，等．我国农村产业发展的影响因素分析 [J]．产业经济研究，2007（5）：53－58．

［84］张浩．中国城市化建设必须思考的建筑美学——以浙江为例的考

察（节选）[J]. 新美术，2011，32（2）：81-88.

［85］张合林，都永慧. 我国城乡一体化发展水平测度及影响因素分析[J]. 郑州大学学报（哲学社会科学版），2019，52（1）：45-49，127.

［86］张红宇. 乡村振兴战略与企业家责任[J]. 中国农业大学学报（社会科学版），2018，35（1）：13-17.

［87］张慧丽. 基于风水文化的古村落旅游开发——以浙江金华兰溪诸葛八卦村为例[J]. 传承，2008（16）：66-67.

［88］张家海，邓正春，陈志兵，等. 实施乡村振兴战略，推进农村产业发展[J]. 作物研究，2019，33（z1）：28-29.

［89］张建国，孟明浩，崔会平，等. 基于古村落保护与发展的休闲农业规划研究——以诸葛村休闲农业带规划为例[J]. 湖北农业科学，2011，50（9）：1925-1929.

［90］张麦生，陈丹宇. 我国农村产业融合的动因及其实现机制研究[J]. 农业经济，2020（8）：6-8.

［91］张仁开，杜德斌. 中国R&D产业发展的空间差异及地域分类研究[J]. 地域研究与开发，2006，25（4）：20-24.

［92］张荣天. 长江三角洲农业现代化评价及空间分异[J]. 中国农业资源与区划，2015（2）：111-117.

［93］张艳红，等. 高质量发展背景下湖南农村产业融合发展水平测度与空间分异研究[J]. 经济地理，2021（7）：1-15.

［94］赵如. 乡村振兴战略下的农民企业家胜任力培育[J]. 农村经济，2018（7）：16-21.

［95］赵霞，姜利娜. 荷兰发展现代化农业对促进中国农村一二三产业融合的启示[J]. 世界农业，2016（11）：21-24.

［96］钟漪萍，唐林仁，胡平波. 农旅融合促进农村产业结构优化升级的机理与实证分析——以全国休闲农业与乡村旅游示范县为例[J]. 中国农村经济，2020（7）：80-98.

［97］周建华，贺正楚. 法国农村改革对我国新农村建设的启示[J]. 求索，2007（3）：17-19.

［98］周立，李彦岩，王彩虹，等. 乡村振兴战略中的产业融合和六次

产业发展［J］. 新疆师范大学学报（哲学社会科学版），2018，39（3）：16-24.

［99］周丕东，黄婧. 欧美发达国家促进农业产业集群发展的主要做法及经验：以美国、法国、荷兰为例［J］. 农技服务，2019，36（6）：101-102.

［100］周鑫，文剑钢，郑皓. 兰溪诸葛八卦村形象特色规划探析［J］. 小城镇建设，2010（5）：96-99.

［101］竹歲，一紀，KAZUKI T, et al. Rural Development in Korea：Retrospect of Exogenous Policies and Prospect of Endogenous Development（Collaborative Research Project）［J］. St Andrews University Bulletin of the Research Institute，2001，27（2）：91-104.

［102］CHAMBERS R. Rural development：putting the last first［M］. Routledge，2014.

［103］LIU J. Rural Development and Its Planning Management in France：an Experience in Line with the Principle of Urban-rural Development［J］. Urban Planning International，2010，25（2）：4-10.

［104］LIU P. The Creative Agriculture and the New Rural Development in Japan［J］. Contemporary Economy of Japan，2009（3）：56-64.

［105］VLIST M. Land use planning in the Netherlands：finding a balance between rural development and protection of the environment［J］. Landscape and Urban Planning，1998，41（2）：135-144.

后 记

书稿的写作过程注定是不平凡的，因为书稿启动后两个月便遭遇了新冠肺炎疫情，这对我们的调研产生了不小的困扰。好在有各级领导的支持和团队的不懈努力，著作历时两年如期完成了。

著作是在浙江师范大学自主设计项目《新时代乡村振兴的理论向度与实践路径研究（2019ZS02）》资助下开展的。研究得到了浙江师范大学乡村振兴研究院和金华市乡村振兴学院的大力支持，在此表示诚挚的谢意！研究过程中，项目组调研了浙江省多地乡村，积累了较多的素材和较为丰富的认识。2020年9月15日，项目组调研了武义县大田乡瓦窑头村和武义后陈村；2020年11月25～26日，项目组前往丽水市松阳县调研了原乡上田村、杨家湾村、陈家铺村、石仓（蔡宅村）；2020年11～12月，项目组调研了金华市苏孟乡15个行政村；2021年6月29日，项目组调研了金华市金东区琐园村和义乌市何斯路村；2021年6月30日，项目组调研了兰溪市诸葛八卦村；2021年7月5日，项目组调研了金华市磐安县榉溪村和东山头村；2021年11～12月，项目组调研了金华市开发区洋埠镇15个行政村；2022年5月9～10日，项目组微信访谈了绍兴市棠棣村、杭州市萧山区三围村和丽水市青田龙现村；2022年5月18日，项目组微信调研了湖州市练市镇荃步村；2022年5月20日，项目组调研了绍兴市诸暨十里坪村和春风十里小镇。各级政府和领导给予了大力的支持和帮助，在此一并致谢！著作的完成还要感谢金华职业技术学院农学院谢庆勇院长和胡繁荣教授为调研提供了诸多便利条件，感谢丽水市松阳县潘志超总经理给予的接待安排。

著作由朱华友组织设计并参与全部的研究和撰写过程，庄远红同学和李静雅同学参与了全书的编稿工作。写作分工如下：第一章（朱华友），第二章（吉盼），第三章（马志宇），第四章（李静雅、朱华友），第五章（陈泽侠、朱华友），第六章（庄远红、朱华友），第七章（李静雅、庄远红、马志宇、吴斌、吴莹丽、宋田香、方慧敏、陈静、吴小敏、朱华友），第八章（张帝、朱华友）。

著作参考了大量国内外学者的文献，在此一并致谢！

作者

2022 年 6 月